EXPANDING
THE BOUNDARIES

拓展业态的边界

文化产业的
转型升级与跨界融合

王林生 著

中国工人出版社

我国文化产业进入高质量发展新阶段

金元浦

什么是高质量发展？2021 年 3 月 7 日习近平总书记在参加十三届全国人大四次会议青海代表团审议时指出："高质量发展是'十四五'乃至更长时期我国经济社会发展的主题，关系我国社会主义现代化建设全局。高质量发展不只是一个经济要求，而是对经济社会发展方方面面的总要求；不是只对经济发达地区的要求，而是所有地区发展都必须贯彻的要求；不是一时一事的要求，而是必须长期坚持的要求。"他强调："立足新发展阶段、贯彻新发展理念、构建新发展格局，推动高质量发展，是当前和今后一个时期全党全国必须抓紧抓好的工作"。[①] 这是进一步推动国家发展的新的顶层设计，是"十四五"乃至更长时期我国经济社会发展的总蓝图与总路线，是对各级政府、各个行业、全体人民发出的严肃的要求，也是全面深化改革、推进创新升级的新的动员令。

在"十四五"开局之年，我国文化产业也进入了一个新的历史阶段。以高质量发展为总体导向，我们面临着新的挑战、新的问题、新的困难和新的变革。我们应该如何深入理解文化建设的新发展理念？2020 年 9 月，习近平总书记在教育文化卫生体育领域专家代表座谈会上首次用"四个重要"深刻阐释了新时代文化建设的崭新坐标，习近平总书记强调："统筹推进'五位一体'总体布

① 《习近平在参加青海代表团审议时强调：坚定不移走高质量发展之路 坚定不移增进民生福祉》，来源：http://www.gov.cn/xinwen/2021-03/07/content_5591271.htm.

局、协调推进‘四个全面’战略布局，文化是重要内容；推动高质量发展，文化是重要支点；满足人民日益增长的美好生活需要，文化是重要因素；战胜前进道路上各种风险挑战，文化是重要力量源泉。”我们必须全面、准确地贯彻执行习近平总书记做出的战略部署。我国文化产业必须在“创新、协调、绿色、开放、共享”五大理念中，坚持把创新放在首位，并协调其他。我国文化产业必须将高质量发展同满足人民群众更高的美好生活的需要紧密结合起来，推动坚持生态优先、推动创造高品质生活，实现创新与人民需求的有机结合，共享发展。

回顾过去，我国文化产业曾经历过一个粗放型、“铺摊子”、一哄而上的发展阶段，经历过一个产业转型、内部洗牌、升级换代的阶段。目前正开始向高质量、高层次、精细化发展模式转换，进一步将文化与高科技融合为一，将传统文创与数字化融合为一，将公共文化服务与文化经济融合为一，将创意设计与装备制造业、消费品业、信息业、建筑业等几乎大多数行业实现跨界融合。可以确信，“十四五”时期文化建设在国民经济和社会发展中将处于更加重要和突出的地位。2020 年 11 月，《文化和旅游部关于推动数字文化产业高质量发展的意见》（以下简称《意见》）的出台与实施，意味着以数字技术为推动力量的文化产业将迎来一波新的发展高潮。国家的顶层设计赋予了文化产业在新发展阶段的重要使命，而且文化产业在与当代互联网数字科技的结合下呈现出一些新的创新发展的态势。

新时代：文化产业发展的新语境

产业发展总与时代走向密切相关。文化产业的高质量发展之路，是时代对文化产业提出的必然性要求。当前，“百年未有之大变局”正在到来，就国际层面而言，第四次科技革命方兴未艾，现代互联网科技与生产生活的结合，数据分析、云计算、人工智能、区块链、物联网等新兴行业，在提高生产力水平、丰富物质供给的同时，正在颠覆诸多领域的产业形态、分工和组织方式，实现行业的跨界与融合，重构社会生产生活秩序和文化伦理。“百年未有之大变局”，为中国产业的转型升级带来了历史性的机遇。2018 年 7 月，习近平在约翰内斯堡参加金砖国家工商论坛上的讲话中指出：

当今世界正面临百年未有之大变局。对广大新兴市场国家和发展中国家而言，这个世界既充满机遇，也存在挑战……未来 10 年，将是世界经济新旧动能转换的关键 10 年。人工智能、大数据、量子信息、生物技术等新一轮科技革命和产业变革正在积聚力量，催生大量新产业、新业态、新模式，给全球发展和人类生产生活带来翻天覆地的变化。我们要抓住这个重大机遇，推动新兴市场国家和发展中国家实现跨越式发展。①

新一轮科技革命使世界的发展进入了以 5G 为背景的“加速度”时代，大数据、工业 4.0、网络人工智能化已成为时代进程中的三大潮流，信息通讯技术、计算机技术、视听表达技术、仿真技术、新材料技术、节能环保技术是推动潮流发展的六大核心技术。面对世界高速创新的变革，我国已将数字技术促进文化发展放在十分重要的位置来推动。应当认识到，数字科技形成的文化，也是当代文化发展的重要内容，而不仅仅是形式和基础支撑，它已发展为一个多层次、大范围、新型、前沿、有特定内容的文化系统的重要部类，是文化产业高质量发展的重要支撑。加快文化科技发展，是文化繁荣发展的必要支撑，是转变经济发展方式、推动文化产业成为国民经济支柱性产业的战略任务。当前，高新数字技术的广泛运用，在多个层面影响和推动着文化的发展，提升与推动了文化发展业态、内容形式、传播手段、消费路径、“走出去”方式的优化与升级。

就国内层面而言，全面建成小康社会以及 2035 年全面建成文化强国，是

① 《习近平在金砖国家工商论坛上的讲话》，来源：新华网 http://www.xinhuanet.com/politics/leaders/2018-07/26/c_1123177214.htm.

“十四五”时期乃至更长一段时期内文化建设的宏观语境，这就必然要求文化产业要迈向高质量发展之路。

一方面，文化产业高质量发展是全面建成小康社会取得决定性成就后提升文化供给的必然要求。我国的主要矛盾已经转变为人民日益增长的美好生活需要和不平衡不充分的发展之间的矛盾，而这一矛盾在全面建成小康社会取得决定性成就后将更加鲜明地凸显出来。在新的历史发展时期，人们必然需要高品质的物质文化需求，也必然需要高品质的文化供给巩固和加强全面建成小康社会的成果。因此，破解社会的主要矛盾，以高质量的文化供给代替无效供给、低端供给，增强文化供给结构应对消费需求变化的精准性和灵活性，丰富人民群众的文化娱乐生活，必然要推动文化产业的高质量发展，加快形成适应经济发展新需求下的文化发展方式。习近平总书记强调：

要推动经济高质量发展，牢牢把握供给侧结构性改革这条主线，不断改善供给结构，提高经济发展质量和效益。要加快推进新旧动能转换，巩固“三去一降一补”成果，加快腾笼换鸟、凤凰涅槃。要聚焦主导产业，加快培育新兴产业，改造提升传统产业，发展现代服务业，抢抓数字经济发展机遇。要完善科技成果转移转化机制，走出一条创新链、产业链、人才链、政策链、资金链深度融合的路子。①

在推进文化产业供给侧结构性改革，优化文化供给的整体导向下，我国进行了产业供给结构内部的“洗牌”，推动了行业的升级换代。原先处于龙头位置的出版产业、旅游产业、演艺产业，甚至电影产业、电视产业都遇到了发展瓶颈。而一直处于末端的中国互联网相关文化创意行业成为中国文化产业的高端产业、核心产业、先导产业。因此，改善文化产业的产业供给结构是文化产业

① 《习近平在江西考察并主持召开推动中部地区崛起工作座谈会》，来源：中国政府网 http://www.gov.cn/xinwen/2019-05/22/content_5393815.htm.

谋求高质量发展的必由之路。但是，不容忽视的是，目前我国文化产业的发展依然面临文化产业低水平徘徊、文化供给侧创新创意不足，高质量文化供给的产品和服务不够充分，资源依赖现象较为普遍，产业整体的市场化程度较低，文化企业的现代产业体系的升级尚存在较大空间，文化市场的各类主体发展还不均衡，许多中小民营文化企业仍然难以做大做强，特别是新型的更高形态的数字文化消费尚未建立。这些都成为文化产业高质量发展的障碍。

另一方面，建成文化强国需要文化品牌的支撑。相较于美国、日本等国，我国仍然缺乏核心文化 IP，丰富的优秀文化资源未能充分得到创造性转化和创新性发展，具有世界竞争力的文化品牌仍然缺乏有效的载体支撑。虽然我国近年在文化内容产品层面出现了一些爆款产品，如《流浪地球》《西游记之大圣归来》等，但尚未形成如迪士尼、初音未来之类的世界超级文化 IP，更缺乏对文化 IP 具有统筹和承载能力的主体园区，如美国创造的迪士尼已在全球布局主题公园，日本制作的初音未来将二次元之风吹向世界。因此，建成文化强国需要形成一批具有产业承载能力和传播能力的优质文化 IP，积极吸纳优秀传统文化元素并推动传统文化的创造性转化，创建具有自主知识产权和世界影响力的文化品牌，这就为文化产业的高质量发展提出了必然要求。《意见》特别指出：

> 深刻把握数字文化内容属性，加强原创能力建设，创造更多既能满足人民文化需求，又能增强人民精神力量的数字文化产品。培育和塑造一批具有鲜明中国文化特色的原创 IP，加强 IP 开发和转化，充分运用动漫游戏、网络文学、网络音乐、网络表演、网络视频、数字艺术、创意设计等产业形态，推动中华优秀传统文化创造性转化、创新性发展，继承革命文化，发展社会主义先进文化，打造更多具有广泛影响力的数字文化品牌。[①]

---

① 《文化和旅游部关于推动数字文化产业高质量发展的意见》，来源：http://www.gov.cn/zhengce/zhengceku/2020-11/27/content_5565316.htm.

在文化强国的建设进程中，提炼传统文化元素，培育优秀文化IP，最关键的是用现代互联网科技与文化创意相结合，形成新的文化产品形态。例如，敦煌以传统壁画作品作为创作内容，对敦煌石窟和相关文物做数字化采集、加工和存储，实现“云游敦煌”。2020年2月“云游敦煌”小程序上线仅两个月，浏览量累计突破1200万人次，即成爆款。此外，敦煌文化IP创作的《敦煌动画剧》，使得“千年壁画，声动上映”。这些融合了现代互联网技术与传统文化内容的新文化产品形态，展示了传统文化资源的巨大魅力，也揭示出实现文化强国之路并不意味着要在文化内容打造或品牌IP培育上另起炉灶、另辟蹊径，而是可以充分依托民族传统文化资源的巨大宝库，并借鉴世界文明的先进成果，创造符合国情和时代发展趋势的文化内容，系统构建民族文化品牌，助力文化强国建设。

因此，从国际国内两个维度发展趋势来看，文化高质量是国家战略的重要组成部分，它的提出与实施标志着我国社会经济发展进入一个新的阶段。在文化高质量发展的推动下，文化作为生产力的作用进一步凸显，以科技为支撑的文化新业态充分涌现，文化与互联网科技的融合将重塑文化经济发展格局。

新态势：文化产业“双线交错”新发展

当前，我国在文化产业高质量发展的过程中，形成了双线交错的发展态势。一条是文化与旅游融合，文化为旅游赋能，出现了一批大众化、普及化的实体产业形态。另一条是文化产业升级换代而涌现的大批新形态，这些形态与数字科技、大数据、人工智能、云计算、物联网以及大视频相关，创造了科文融合的新形态和新景观。

“双线交错”发展新态势的出现，在于文化产业的整体发展面临“线上＋线下”的路径选择，即文化产业本身需要线下实体产业的支撑，这一产业布局较多地集中在旅游领域，例如旅游演艺、美丽乡村旅游、特色小镇建设、非遗传承衍生、民宿设计运营等。红色旅游、研学旅游、休闲旅游、度假旅游、体育旅游、医养旅游、健康旅游等正在拓展升华发展形态。文化产业的线上路径更多地为互联网文化业态所选择，从广义上来说属于信息消费，如李子柒的传统文化走向世界、小朱配琦的直播带货、TikTok 短视频的国际影响力、国产人工智能汽车的数字运行、发展迅速的云游戏、不断涌现的网络服务新社区，以及各种沉浸式的 VR/AR/MA、3D/4D 的新感受、新景观、新形态。国内华为、中兴、腾讯、字节跳动、阿里巴巴、京东、拼多多、美团、小米以及海康威视等与互联网、移动网密切相关的企业进一步进入文创领域寻找发展机遇。它们迅速成长为文创独角兽甚至超级独角兽，成为创意经济中头部经济形态。当然，文化产业“线上＋线下”的发展路径并非完全独立，而是存在交叉，如“云旅游”成为线下旅游走向线上旅游的典型形态，而“网络直播”也会把某地推波助澜为线下的网红打卡地。

文化产业“双线交错”的发展新态势，指向的都是文化新消费。“新消费”是“以传统消费提质升级、新兴消费蓬勃兴起为主要内容”，[①] 并以此催生出相关产业发展、科技创新、基础设施建设和公共服务等领域的新投资、新供给。当前，我国正处在消费结构升级，以及消费的主导化、上游化和高档化，使得各类消费支出的结构升级和层次提高，直接反映了未来的消费趋势。新消费时代正在来临。近年来，新消费已上升至国家顶层设计层面，《国务院办公厅关于以新业态新模式引领新型消费加快发展的意见》（国办发〔2020〕32 号）、《国务院关于进一步扩大和升级信息消费持续释放内需潜力的指导意见》（国发〔2017〕40 号）、《国务院关于积极发挥新消费引领作用加快培育形成新供给新动力的指导意见》（国发〔2015〕66 号）等一系列文件相继出台，均强调新消费在产业结构升级和经济提质增效中的引领性作用。《国务院关于积极发挥新消费引领作用加快培育形成新供给新动力的指导意见》描述了我国消费结构的变化：

① 《国务院关于积极发挥新消费引领作用加快培育形成新供给新动力的指导意见》，来源：http://www.gov.cn/zhengce/content/2015-11/23/content_10340.htm.

发挥新消费引领作用是加快推动产业转型升级、实现经济提质增效的重要途径。消费升级的方向是产业升级的重要导向。我国居民消费呈现出从注重量的满足向追求质的提升、从有形物质产品向更多服务消费、从模仿型排浪式消费向个性化多样化消费等一系列转变。①

消费是生产的最终目的，消费内容的转变必然要求新文化内容的供给，也只有围绕消费市场的变化趋势积极调整文化生产内容、优化产业结构，才能实现文化产业的高质量发展。以线下为主要载体形式的文化旅游，注重体验消费。文化为旅游赋能之后，旅游告别纯粹的观光游，而是更加注重消费者（旅游者、阅读者、观赏者）的深度介入和参与。在消费者的消费过程中，深度的沉浸式参与使人感受到身体乃至心灵的震撼。那是对过程的体验——体验另一种身份、体验异域生活，以及体验自身的创造力等，并从中获得满足感、愉悦感和幸福感。这就是沉浸类消费特别受到欢迎的原因，消费者愿意为这类旅游体验付费，因为它美好、不可转让、转瞬即逝。随着模仿型、观光型、排浪式消费阶段的基本结束，个性化、多样化消费渐成主流，特别是年轻一代更加偏好体现文化特色、个性特征的文化体验和服务，应着力推动与消费者体验、个性化设计和柔性制造等相关的产业加速发展。

以线上为主要内容的信息消费，则成为增长最强劲的消费内容。2020 年信息消费增长较快，仅 2020 年第 1 季度，我国移动互联网接入流量同比增长 39.3%。可以说，信息技术的广泛运用特别是移动互联网的普及，正在改变我国居民的消费习惯、变革消费模式并重塑消费流程，催生跨区跨境、线上线下和体验分享等多种消费业态兴起。互联网与协同制造、农业、教育、医疗、文化等产业的跨界融合，在刺激信息消费、带动各领域消费的同时，也为云计算、大数据和物联网等基础设施建设以及智能终端相关技术研发和产品服务发展提

① 《国务院关于积极发挥新消费引领作用加快培育形成新供给新动力的指导意见》，来源：http://www.gov.cn/zhengce/content/2015-11/23/content_10340.htm.

供了广阔前景。

我们必须看到，“双线交错”发展的新态势，展现了我国文化产业发展在不同领域所取得进展的总体状况。过去这两条线几乎是互不交错的平行线，各有各的发展领域和运行方式，而当前这种情况得到很大改善，两条线相互交错，形成了互相支撑的新局面。高新科技的发展需要广阔的市场，需要新的消费人群，旅游文化需要创意升级、技术提升、金融支撑和市场检验。

新业态：文化产业边界的新拓展

如果说“双线交错”的发展态势还只是从宏观上对整个行业进行的概括与描述，那么，就文化产业业态本身而言，“双线交错”的整体趋势体现了文化产业边界的扩展。文化与科技融合、行业之间的跨界是当代文化产业创新发展的核心动力，而融合后最为直接的结果则体现为业态边界的扩展。

在世纪之交互联网时代的文化转向中，人们对文化产业的最大认识之一就是文化产业边界的移动。作为急剧变化转型期的当代文化产业是否有一个明确无疑的边界呢？或许，我们可以从国家统计局公布的《文化及相关产业分类》划分产业门类数量的变化中可见一斑。根据国民经济行业分类，《文化及相关产业分类（2004 年版）》共划分文化产业 99 个小类，《文化及相关产业分类（2012 年版）》则调整为 120 个小类，如在数字内容服务中增加了数字动漫制作和游戏设计制作，以及其他电信服务中的增值电信服务（文化部分）等，删除了包括旅行社、休闲健身娱乐活动、教学用模型及教具制造、其他文教办公用品制造、其他文化办公用机械制造和彩票活动等。《文化及相关产业分类（2018 年版）》则划分为 146 个小类，新增加了符合文化及相关产业定义的活动小类，如互联网文化娱乐平台、观光旅游航空服务、娱乐用智能无人飞行器制造、可穿戴文化设备和其他智能文化消费设备制造等业态。产业类别数量的不断增加，既体现出国家分类标准是处在不断修订完善中的，又体现出以“互联网 +”为依托的文化新业态不断涌现，并且在社会经济中发展迅猛，日益成为文化产业新的增长点，理应把这些新业态及时纳入统计范围，以反映社会经济的活跃度。

从这个角度来说，文化产业的边界从来就没有固定过。人们总是认为，文化产业作为一个极具影响力的理念是从 20 世纪中期霍克海默和阿多诺对文化工业的批判开始的，这是牵强的。法兰克福学派之后的文化产业、创意产业、创意经济的发展，无论在理念上还是在现实性上，都选择了另一条实践的、文化经济的、社会参与的、国家推动的道路。从那时起，文化产业内所包含的产业类别和文化产业的边界就一直处在变动中。报纸、广播、电影、电视、音乐、网络小说、网络游戏等，都是在历史上的不同历史时期、不同发展阶段、不同传播时代“加入”文化产业阵营的，并且在不同的发展阶段有不同的“主打”类型。今天，移动互联网所引起的传播革命，又一次引发和推动了文化产业自身的边界拓展。文化产业面临着又一次越界、扩容。一大批新型的产业样式如短视频、直播、虚拟现实、3D 打印服务、云旅游、云演艺、智慧旅游、工业旅游、意念电竞游戏、区块链版权等，一大批新业态都已进入文化产业研究的视野，更多的新兴文化艺术样式和产业内容被创造出来，成为今日文化产业关注和研究的对象。当下无疑是一个短视频的时代，截至 2020 年 12 月，中国短视频用户规模已达 8.73 亿，占整体网民的 88.3%，无论是市场价值，还是消费用户规模都俨然是最吸引眼球的业态。因此，随着时代的变化，重新审视文化及其相关产业的类别，并依据时代、文化、艺术、技术的发展而有所扩容，有所变更，与时俱进，是非常必要的。

边界拓展是历史的常态，而驱动边界拓展的动力即是创意所追求的“跨界”或“越界”。任何文化新业态都追求创意在产业发展中的核心价值，而创意的根本观念是通过“越界”促成不同行业、不同领域的重组与合作，在产业的边界衍生出新的业态。通过越界，寻找和培育新的增长点，进而实现推动文化发展与经济发展和在全社会推动创造性发展的目的。从总体而言，文化新业态是与传统文化业态相对的一个概念，更多的是顺应多元化、多样化、个性化的产品或服务的文化需求，依托技术创新和应用、内容形式的转化和创新，从现有产业和领域中衍生叠加出的新环节、新链条、新活动形态，以互联网为依托开展的经营活动等为主，而以互联网数字技术为支撑的产业形态也是未来文化产业发展的趋势。

新问题：文化产业面临的新挑战

在文化产业边界不断拓展、业态不断催生的整体背景下，我国文化产业也面临着产业秩序调整与规范、产业伦理重构与形成等问题。当前我国文化企业在文化产业运营中的企业社会责任缺失与大量“失信”问题：如互联网诈骗、虚假广告宣传、不实承诺、新型电子诈骗、电子商务购物诈骗、公民个人信息泄露与买卖等。传统媒体与新媒体的媒介伦理问题：如媒介人职业操守、新闻传播道德与窃听手段、网络新媒体中互联网“谣言”传播、网络信息安全、网络“黑客”、青少年网络游戏沉迷与“网瘾”、网络“人肉搜索”与侵犯隐私权等。知识产权保护中的盗版泛滥问题，中国在加入世贸组织后，尤其是近年来，加大了对盗版的打击力度。但是因为文化观念和制度法规滞后，在反盗版方面一直受到国际社会的质疑，也因此使我国遭受了一些经济的、政治的和文化方面的损失。同时，我国文化产业发展中也暴露出一些不良的发展趋势，如文化产业的过度娱乐化和突破道德底线问题，文化产品内容的极端商业化问题与劣质化甚至“三俗”化，产业发展中出现的“涉黄赌毒”问题；各路明星偶像“负能量”对青少年的影响。一系列问题彰显出文化产业的发展并非是一路高歌猛进，而存在许多亟待解决的问题。习近平总书记指出：

> 网络空间是亿万民众共同的精神家园。网络空间天朗气清、生态良好，符合人民利益。网络空间乌烟瘴气、生态恶化，不符合人民利益。谁都不愿生活在一个充斥着虚假、诈骗、攻击、谩骂、恐怖、色情、暴力的空间。[1]

① 习近平．习近平谈治国理政（第二卷）．北京：外文出版社，2017：336.

加强互联网文化产业的行业治理与伦理构建，形成完善的现代文化产业体系和市场体系，已成为国家顶层设计的重要内容。因此，在提升文化产业治理能力和治理水平的总体指向下，平衡协调文化产业发展中的经济效益、市场运营与社会伦理、社会公平、社会效益等问题，妥善处理社会转型之下文化产业面临的伦理冲突、互联网新媒体的历史性变革下的“伦理危机”、互联网自媒体传播的产业伦理困境等，治理行业发展中出现的“辫子新闻”、虚假信息、隐私泄露、大数据杀熟等现象，是推进文化产业高质量发展的重要保证。

因此，围绕以上相关问题，本套丛书创新性地提出了以下命题，并予以阐释，也许可以称为亮点：

互联网思维是科技革命中范式转换的必然成果

创客运动是中国走向原创大国的重大战略

我国文化创意产业正走向原创力发展的历史性阶段

创新生态系统：我国文化产业提质增效的路径

2021—2025 年：文化新业态发展的历史关口期

文化新生代引领新业态创造性发展

独角兽竞争——我国文化创意产业发展的新领域与新形态

数字时代大平台的文化政策与伦理关切

后斯诺登时代信息安全与用户隐私

大数据时代个人隐私数据的泄露与保护

在文明对话中构建世界人工智能的伦理向度

互联网文化新业态伦理建构的情境主义路径

需要强调的是，我们这套丛书是以我国文化产业发展中出现的前沿问题为导向的，我们的研究结果肯定不是最后的结论，但它是探索性的，我们在寻找文化产业高质量发展的新路径。

感谢中国工人出版社，你们在 2020 年疫情的严酷中，毅然定下出版这套丛书的计划，情怀在兹，能不感慨、感谢、感铭于心？在本书的编辑过程中，出版社的总编、编辑同仁们也曾与我们反复讨论书中的内容及取舍，特别是书名的选定，我们曾几番讨论，审慎选择。感谢葛忠雨、傅娉，以及参与本书编辑的诸位同仁，谢谢你们认真负责的精神，谢谢你们辛勤的汗水和心血。

有道是：

晴空一鹤排云上，便引诗情到碧霄。

权为序。

金元浦于海淀三灯阁

2021 年 3 月 12 日

目录

导　言　文化新业态是新时代文化发展的历史性选择　001

一、“互联网 +”赋能文化转型升级　003

二、创造与创新推动文化产业边界拓展　004

三、伦理规范文化新业态发展秩序　006

第一章　“互联网 +”：新业态发展与实践的文化语境　009

一、西方语境中的“互联网 +”与提升国家制造业的竞争力　011

二、中国语境的“互联网 +”与实践的三期重合　014

三、“互联网 +”的理念的双重文化阐释　018

第二章　文化新业态是文化提质增效的核心支撑　025

一、提质增效在文化供给侧改革中的三重逻辑　027

二、转型升级是推动文化提质增效的关键性突破　031

三、文化新业态推进文化提质增效的五大路径方向　034

第三章　文化新业态的阶段性迭代及其关键词　043

一、论坛：新业态互动式尝试的萌生　045

二、博客：新业态个人化走向的突破　048

三、微博：新业态介入公共生活的映现　052

四、微信：新业态公私边界的消弭 056
五、直播：新业态公共性的彰显 059
六、短视频：新业态全民化的走向 063
七、自媒体新业态的未来发展趋势 066

第四章 2021—2025 年：文化新业态发展的历史关口期 069

一、2021—2025 年：“两个一百年”的历史交汇期 071
二、2021—2025 年：文化新业态面临的三大机遇 081
三、2021—2025 年：文化新业态发展的行动路线 086

第五章 文化新业态发展的政策保障与要素配置 093

一、构建“互联网 +”助力文化新业态的政策保障 095
二、强化以“高精尖”为目标的文化新业态政策体系 103
三、补足“互联网 +”文化新业态的政策短板 110

第六章 文化与科技融合支撑文化新业态发展 115

一、文化与科技融合发展的三维进展 118
二、制约文化与科技融合的因素与问题 122
三、文化与科技融合发展的多重时代趋势 125
四、推动文化与科技融合创新的着力点 131

第七章 文化新业态的多样类型与产业特征 135

一、文化新业态多样化的类型模式 137
二、文化新业态产业体系的发展特征 143
三、文化新业态发展的总体性趋势 148
四、文化新业态创新发展的突破路径 152

第八章　文化新业态的消费模式与发展趋势　157

一、互联网文化消费模式的多样化类别　159

二、互联网文化新业态的多重消费趋势　166

三、互联网文化消费着力破解的突出问题　171

第九章　文化新生代引领新业态创造性发展　177

一、新生代文化消费群体的崛起　179

二、结构性失衡难以满足新生代高品质的文化需求　182

三、文化供给侧领域出现的深度融合新趋势　184

四、新生代文化消费群体在需求侧出现的新变化　187

第十章　文化视觉新业态影像创意与消费时尚
——以虚拟现实为例　191

一、虚拟现实助力影像艺术产业升级　193

二、虚拟现实遵从文化消费的逻辑　199

三、作为时尚的虚拟现实消费　202

第十一章　互联网时代网红经济的产业要素和特征
——以 TFBOYS 组合为例　205

一、网红经济的产业链条与要素　207

二、网红经济运营的产业特征　213

三、网红经济的文化本质与发展趋势　215

第十二章　消费新业态中的偶像经济与身体实践
——以“小鲜肉现象”为例　219

一、媒介消费语境中“小鲜肉”的文化内涵　221

二、“小鲜肉”现象的多元驱动力量 224
三、“小鲜肉”媒介形象的消费演进 227
四、“小鲜肉”作为商品的身体实践 230

第十三章 媒体融合中的业态转型升级与互动共享
——以新闻客户端为例 235

一、转型：新形势下传统媒体的文化选择 237
二、建构：新媒体客户端的文化特征 240
三、融合：新媒体客户端的发展趋势 243
四、共享：媒体融合的文化价值追求 244

第十四章 人工智能新业态的伦理挑战与治理向度
——以“一键脱衣”等为例 249

一、人工智能面临的三大伦理挑战 251
二、人工智能陷入“技术中立”原则的困境 256
三、以“技术有责”为核心的人工智能伦理 261
四、在文明对话中构建世界人工智能的伦理向度 264

第十五章 互联网文化新业态的秩序失范与行业治理
——以50个全国首案为分析对象 269

一、互联网新业态产业乱象的类别及表现 272
二、互联网新业态产业乱象的特征及趋势 278
三、互联网新业态秩序治理存在“四难”障碍 282
四、推动互联网新业态秩序治理方向与路径 285

第十六章 互联网文化新业态发展中的道德失范与伦理构建 289

一、互联网文化新业态发展中出现的道德失范现象 291

二、建构互联网文化新业态伦理的困境与束缚 299

三、互联网文化新业态伦理建构的情境主义路径 303

第十七章 构建文化新业态的互联网平台主体责任 307

一、变革与实践：互联网平台主体责任建构与治理的时代价值 309

二、构成与要素：互联网平台主体责任的结构 312

三、特征与趋势：当前互联网平台主体责任建构与治理的实践动态 322

四、问题与思路：互联网平台主体责任建构与治理的着力点 326

后 记 332

导　言

文化新业态是新时代文化发展的历史性选择

中国特色社会主义进入新时代，是对我国发展新的历史方位的科学判断。在新的历史进程中，文化的创造与创新集中体现为文化新业态的催生与发展，于是文化新业态在新的语境中历史性地出场了。文化新业态的成长与当代互联网信息技术的普及密不可分，某种程度上，文化的创造性转化和创新性发展就是把传统文化的内容与形式充分与互联网信息技术融合再炼，以形成新业态、新模式和新消费。因此，如何适应互联网数字经济时代文化发展要求，推进“互联网 +”“文化 +”的融合创新，推进文化的转型升级与跨界融合，是新时代提出的重大课题。

一、“互联网 +”赋能文化转型升级

文化创新与发展的脚步，或快或慢，始终不会停滞。“互联网 +”的到来，在文化的内容和形式要素中加入新的互联网科技元素，重构文化发展要素，引爆文化发展聚变，通过塑造文化新业态推动文化转型升级。

互联网信息技术与文化相遇融合，创造和催生出大量新产业、新业态、新模式，给全球发展和人类生产生活带来翻天覆地的变化和丰富的文化体验。新的技术手段已经深入影响文化内容的生产方式、传播方式、消费方式，从不同的方式满足人们更加多元化、个性化和多样化的发展需求。截至 2019 年 6 月，我国短视频用户规模已达 6.48 亿，占网民整体的 75.8%。短视频消费已经反超综合视频，成为当下最具市场潜力和产业价值的文化业态。同时，文化新业态更加强调“沉浸式”消费体验。“沉浸式”消费体验突破传统以观赏为核心的消费局限，利用虚拟现实技术营造出场景化、非物质化的空间世界，打造出集展

示、体验、交互为一体的文化消费方式。在推动文旅融合的发展过程中，“沉浸式”体验尤为重要，它不仅能让文化“活”起来，而且能成为进一步推动文旅深度融合的重要手段。

“互联网 +”赋能文化转型升级的过程，是科技与文化融合的过程，也是传统文化借力互联网科技进行自我创造性转化和创新性发展的过程。为更好地实现文化转型升级，应着力强化系统性创意在文化与科技融合中的支撑作用，在文化产品数字化、网络化、智能化提升与转型中，强化创意内容本身与传统文化的继承关系。系统性创意注重对文化传统、文化典型的提炼与挖掘。目前，很多城市、地区和产业注重某一核心传统文化 IP，通过创意设计以有形或无形的形式生产创造一系列文化产品或文化服务，并以此为依托为互联网传播、营销和推广提供内容支撑，构筑起既传统又现代、既古朴又时尚的内容产品，实现传统产业生态、城市文化生态的转型和升级。流行于网络中的各类“网红 IP”“城市 IP”等，彰显出“互联网 +”赋能文化转型升级的巨大魅力。互联网与文化的融合，极大地加速了文化转型升级的进程和对资源的聚合能力，“喜马拉雅 App”仅通过四五年的时间，就从一个名不见经传的小型互联网企业迅速成长为用户数突破 6 亿大关、活跃用户的人均日收听时间超 170 分钟的“音频独角兽”，在资本市场具有翻江倒海的能力。

因此，“互联网 +”时代的文化创新根本是通过与现代互联网信息技术充分结合，强化各类文化资源对自我价值的聚合、转化利用能力，探索传统文化的当代化、创意化和生活化，实现文化的可持续发展。

二、创造与创新推动文化产业边界拓展

文化的创造性转化和创新性发展是时代对文化提出的必然性要求。站在时代的高度，借助“互联网 +”推动文化可持续创新发展，关键是要打破固有的行业界限，最大限度地整合各方面资源。即在行业的跨界融合中，新语境下文

化的创造与创新，不是文化孑然独立于其他行业自谋发展，而是通过边界“内爆”实现各种要素的互联互通，促进文化、科技、知识、信息、创意、资本等资源的互动。这种跨界融合鲜明地体现为文化的科技化、文化的经济化和文化的创意化，以及文化—科技—经济在创意驱动下的一体化。文化通过内容和形式的改变，将文化与当代科技、经济、创意相结合，在跨界融合中衍生新的文化业态。

文化新业态不是简单地把传统文化的形式，直接复制搬迁到互联网载体上，也不是把传统文化内容简单印制在马克杯、雨伞、优盘、纱巾等物品上，而是充分利用大数据、文化知识、消费喜好、审美趣味等提炼文化的优秀元素，并对这些优秀元素进行二次创意开发和创作。“故宫文创”之所以一再出爆款产品，绝不仅是通过产品本身的“卖萌 + 搞笑”，依靠的是大数据有针对性的 IP 开发，以及“IP+ 多平台传播 + 电商”的商业运营。新业态的跨界融合，能够实现行业之间的优势互补，为方兴未艾的数字经济提供强力支撑。同时，跨界融合后鲜活的文化内容也给消费者带来更多生动体验。

整体而言，文化新业态是文化创造性转化和创新性发展必然趋势的产物，在这种趋势之下，文化新业态的跨界融合越来越多地呈现出生态化、数字化、数据化、智能化等特征。生态化是指互联网巨头围绕产业布局形成一个生态闭环。阿里大文娱包括阿里影业、阿里体育、阿里游戏、阿里文学、阿里数娱、UC、阿里音乐、优酷土豆等产业版块。数字化是指新业态利用和依托互联网 IT 技术（数字化），来实现服务和效率的提升。各类 App 的出现和使用是产业数字化的集中体现。数据化则是对产业运营各个环节的数据进行收集、整理、分析，提取有用信息和形成结论的过程。前已述及的“故宫文创”大数据是对消费者消费喜好数据的抓取。智能化是以 AI 技术为基础产业变革的重要内容，注重事物在网络、大数据、物联网和人工智能等技术的支持下能满足人各种需求的属性，如美图秀秀 AI 抠图功能。

文化产业的边界从来都不是固定的，跨界融合是未来产业发展的主流，文化只有迎合这一趋势才能真正地拥有未来，才能在实践中实现创造性转化和创新性发展。从广义上来说，文化新业态是一种以互联网为基础的产业跨界融合的新生产模式、新运营模式和新消费模式，也是我们这个时代最本质的特征。

三、伦理规范文化新业态发展秩序

文化的创造性转化和创新性发展，给文化带来勃勃生机的同时，也存在不可忽视的负面效应。“IP 热”“VR 热”“直播热”“网红热”等产业现象，彰显出以互联网为核心的跨界融合的新产业格局正在形成，互联网文化新业态对社会发展的驱动效应日渐增强。但在产业发展过程中，“百度魏则西事件”“快播涉黄案”“一键脱衣”等年度热点案例对道德伦理规范与约束的选择性忽视，说明道德伦理的缺失已成为互联网文化新业态发展的重要制约。

所以，在推动文化新业态发展的过程中，一方面，必须警惕新兴业态发展速度过快带来的各类风险，尽可能地完善市场经济体系。改革开放 40 多年来，我们往往重视科技对社会发展的驱动效应，却相对忽略科技的负面影响，导致技术伦理在整个市场经济体系构建中处于被漠视的边缘。与此同时，互联网技术及其相关产业快速发展凸显出技术的重要性，但互联网文化新业态保持较快增长速度的同时，又使新业态伦理的构建显得力不从心。2019 年被称为“网红经济”的破壁之年，我国直播电商市场规模已达 4338 亿元。但是网红经济产生巨大红利的表象背后存在着虚假宣传泛滥、直播流量造假、国外资本收割、暗藏灰色产业链、流水恶意刷单、涉黄赌毒、投诉维权艰难等诸多问题，严重干扰产业的有序发展。

另一方面，法规体系尚不完善，制度建设相对滞后。虽然践行新业态伦理需要内化于产业行动，但相关制度、法规对产业行为的规范仍不可缺失。美国在伦理规范和法规建设上的健全，才造就了谷歌这样将“永不作恶”设为经营理念和核心价值观念的世界一流企业。虽然 2002 年我国出台了《中国互联网行业自律公约》，但自律公约仅是一种软性的束缚，需要法律做必要的补充，而文化领域相关法律法规的长期缺失，使互联网文化产业技术伦理的构建缺少硬性措施保障，致使乱象频出。因此，根据新业态的发展实践，加快完善相关法律法规的进程已刻不容缓。这不仅是构建互联网文化新业态伦理秩序的需要，更是推动互联网文化新业态健康发展的需要。

整体而言，文化新业态的历史性出场，适应的是“互联网 +”时代的全新到来。在新的历史背景下，文化新业态展现出强有力的文化创新活力和产业价值。作为一种新兴业态，如何在实践中高效地实现文化的创造性转化和创新性发展，深入推进文化与科技、文化与经济等全方位的跨界融合，规范新业态发展秩序，是时代对文化发展提出的重要课题。这需要我们在国际国内视野中，顺应时代新要求和文化新趋势，不断实现业态创新和边界突破，创造具有强大影响力和广泛传播力的新文化。

第一章

“互联网 +”：新业态发展与实践的文化语境

“互联网 +”是引领社会发展变革的全新理念，推动了以互联网为核心的网络秩序和产业业态的逐步形成。西方语境中，美国提出的“工业互联网”和德国提出的“工业 4.0”均着眼于新技术革命的变革，将互联网与保持、提升国家制造业竞争力紧密联系起来。中国提出的“互联网 +”着力于新经济业态的培育和壮大，这一理念的实践面临着三期重合的复杂语境，即新一轮信息技术变革带来的“高点抢占期”、产业发展方式的“转型调整期”、新兴互联网产业处于的“生长勃发期”。中西方语境的差异，体现出“互联网 +”理念及其实践的内涵和外延都相对宽泛。从理论层面而言，“互联网 +”是对互联网信息技术与当代社会经济发展关系的重新界定与认识，意味着互联网已成为社会经济发展最基础性的生产力；从实践层面而言，“互联网 +”代表着社会经济发展到一个新的阶段，生活方式、生产方式和社会公共服务方式等在互联网的推动下发生着显著变化。

“互联网 +”伴随着互联网在社会各领域中的扩张而出现，作为一种引领社会经济文化发展的先导理念，从宏观语境而言，代表着第三次信息技术革命之后互联网在世界各国整体战略地位的提升，全球范围内以互联网为核心的网络新秩序正在形成；从微观语境而言，“互联网 +”推动了互联网技术与社会经济文化发展的创新融合，催生出许多新的经济形态和产业业态，为社会经济发展的创业与创新提供了重要的平台支撑。中国与西方在充分利用互联网这一层面基本处于同一起跑线上，但由于各自发展重心、行业优势等层面的差异使得对“互联网 +”的认识稍有不同，并促成了“互联网 +”理念的多样化实践。

一、西方语境中的“互联网 +”与提升国家制造业的竞争力

以互联网为中心的信息技术革命，正在加速重构我们所存在的物质世界。互联网信息技术在商业和民间应用的渗透与扩张，使得每一个国家都须直面互联网带来的挑战。以美国、德国为代表的西方国家在迎接信息化、数字化的历史进程中，分别以“工业互联网”“工业 4.0”为理念，推进互联网与生产生活的结合。

美国的工业互联网理念，是“互联网 +”在美国的重要实践。作为一项国家战略，美国将互联网与工业制造紧密结合在一起，2012 年通用电气明确提出“工业互联网”的理念，其旨向为在互联网语境下实现智能设备、人和数据相连接，增强数据交换和利用，提高数据使用效率。随后，通用电气与 AT&T、思科、IBM、英特尔在通用电气的倡导下成立工业互联网联盟，以期共同推进现实实践与数字世界的融合创新发展。这一理念的提出并非偶然，而是与金融海

啸之后美国制造业回流的国家战略密切相关。虽然美国在尖端制造业领域如航空航天、芯片等仍具有其他国家一时难以超越的绝对优势，但不可回避的问题是美国制造业的整体规模在 1960 年达到顶峰之后，随着一般制造业的外流开始出现空心化。2012 年，美国发布的《国家先进制造战略规划》中指出，尽管美国的制造业在历史上曾扮演着世界领导者的角色，但“它现在却面临危机”，这种危机不仅体现在制造业创造的 GDP 以及解决的就业人数的减少、贸易逆差持续加大以及海外研发越来越具有竞争力等方面，更重要的是，制造业的空心化“会使美国丧失知识创新源发地的优势……将美国与某些工业生产领域的知识创新割裂开来”。[①] 因此，美国政府推出一系列政策鼓励制造业回流美国，如出台《重振美国制造业框架》（2009 年）、启动“先进制造伙伴计划”（2011 年）、提出“国家制造业创新网络”（2012 年）、发布《国家制造业创新网络初步设想》（2013 年）等，支持和推动制造业的回流和发展。

需要指出的是，在新的时代语境中美国积极推动的“再工业化”并不是在快速现代化或后现代化语境中向传统发展模式的致敬与回归，更不是高耗能、重污染的传统制造业的“死灰复燃”，而是紧紧依托于现代互联网信息技术和互联网产业对工业构成资源要素的再发现和再配置。《国家先进制造战略规划》特别指出当下的“再工业化”与传统工业化的不同，强调“这里的制造业涉及信息化、自动化、计算机、软件、传感器和互联网为基础的家庭性创造活动，或是利用物理和生物科学领域的具备新功能的前沿技术材料，比如纳米技术、生物化学技术等。这也包括运用新的方法制造现有产品，特别是运用新的先进技术制造新的产品”。[②] 也就是说，美国的工业互联网理念是为确保美国在制造业领域的研发与知识创新优势。一方面，在“再工业化”的过程中推动制造业回流美国，弥补产业空心化，并利用互联网信息技术重塑制造业的产业格局，振兴传统制造业；另一方面，利用先进的互联网信息技术推动制造业基础设施和

① PCAST. *A National Strategic Plan For Advanced Manufacturing*. 2012：5.

② PCAST. *A National Strategic Plan For Advanced Manufacturing*. 2012：9.

制造业流程的数字化，提升制造业的研发、生产水平与竞争力。

与美国的工业互联网理念相似，德国的“工业 4.0”理念也侧重现代互联网信息技术对工业的提升和发展作用。2013 年，德国正式提出“工业 4.0”的概念，在制造业领域推动物联网的广泛应用，确保德国在制造业领域中的竞争优势。德国提出“工业 4.0”的概念，与世界方兴未艾的第三次工业革命密切相关，它以利用基于信息物理融合系统的智能化、数字化和网络化为标志。新工业在提升生产效能的同时，也革新着传统的生产方式和产业结构。

尽管德国在制造业领域居于世界领先水平，但在新工业革命的前夜也“处在一个岔路口上”，因此“要么我们认识到这次新技术的机遇，并将其转化成经济上成功的新产品和服务，要不就去冒经济可能长期衰退的风险”。[①] 在“岔路口”的抉择中，2010 年德国发布《德国 2020 高技术战略：创意 · 创新 · 增长》，提出增强高新技术在气候与能源、健康与营养、物流、安全性和通信等五大领域中的核心性支撑，并确定与“工业 4.0”相关的未来项目，包括“能源供应的智能化改造”“到 2020 年电动汽车保有量达到 100 万辆”“更有效地保护通信网络”“信息和通信技术领域降低能源消耗”“世界知识的数字化及其体验”等。[②] 为更好地推进高新技术尤其是互联网信息技术在工业领域的应用，积极推进资源、信息、物品和人的互通与互联，推进生产的智能化，2013 年德国正式推出以“把握德国制造业的未来”为主旨的《德国工业 4.0 战略计划实施建议》（以下简称《建议》)，启动实施德国的“工业 4.0”计划。

《建议》指出，“工业 4.0”推动物联网和服务在整个制造业中的应用，推进工厂的智能化建设。“虚拟网络——实体物理生产系统包括智能机器、储存系统和生产设施，从入厂物流到生产、销售、出厂物流和服务，实现数字化和基于信息通信技术的端对端的集成。这样不仅可以更加灵活地配置生产，而且还可

① ［德］乌尔里希 · 森德勒. 工业 4.0：即将来袭的第四次工业革命. 邓敏、李现民 译. 北京：机械工业出版社，2014：10.

② 德国联邦教研部. 德国 2020 高科技战略：创意 · 创新 · 增长. 黄群 译. 科技导报，2011-03-18.

以通过提供更加差异化的管理和控制过程来拓展机会。”① 也就是说，“工业 4.0”是将虚拟网络与实体物理系统进行技术一体化，并将其应用到制造业和物流业。在这一过程中，以信息技术为支撑的互联网、物联网及其相关技术服务，不断改进和提升研发、生产、管理和销售等环节，以重构价值创造、商业模式、下游服务、工作组织等链条，革新传统制造业的生产方式。

虽然“工业互联网”和“工业 4.0”理念二者实施的语境或着眼点略有差异，前者伴随着美国推动制造业的回流，后者则着眼于新技术革命的变革，但二者的最终目标均指向互联网时代国家制造业竞争力的保持与提升，均注重互联网及其技术在生产过程中的应用。互联网不仅仅是一种技术手段，更是作为一种产业要素参与着工业生产，并推动着工业生产的智能化，将世界推向一个以智能制造为主导的智能经济时代。

二、中国语境的“互联网 +”与实践的三期重合

新一轮信息革命和产业革命极大增强了以互联网为基础的产业设施和创新要素在社会经济文化发展中的支撑性作用，互联网不仅在推动技术进步和产业发展效率方面效果明显，而且极大提升了产业经济的创新力和生产力。可以说，在中国与世界的互动交流中，以互联网为基础的新一轮信息技术革命构成了中国“互联网 +”理念的宏观历史语境。

在中国“互联网 +”这一概念被提及始于 2013 年互联网行业的发展论坛，作为一项讨论议题意指互联网化是传统产业发展的方向，也是互联网未来发展的路标。②2015 年，作为一种国家战略出现在政府工作报告中时，“互联网 +”具有了新的含义，即“充分发挥互联网在生产要素配置中的优化和集成

① 德国联邦教育研究部. 德国工业 4.0 战略计划实施建议. 机械工业信息研究院战略与规划研究所 译. 世界制造技术与装备市场，2014（第 3 期）.

② 马化腾等. 互联网 +：国家战略行动路线图. 北京：中信出版社，2015：1.

作用，将互联网的创新成果深度融合于经济社会各领域之中，提升实体经济的创新力和生产力，形成更广泛的以互联网为基础设施和实现工具的经济发展新形态”。[①]“互联网 +”作为一种经济形态，与云计算、物联网、万联网、大数据等为代表的新一代信息技术密切相关，并在与现代制造业、生产性服务业相融合发展的过程中催生出许多新的经济行业。为深入推进“互联网 +”与经济社会各领域的融合，自 2015 年以来，国家相继出台一系列政策措施（表 1.1）。从政策内容来说，“互联网 +”着力推进互联网信息技术与各领域相融合发展的着力点在创业创新、设计产业、科技信息服务、体育产业、商贸物流、制造业等六大领域的众多部门和行业，既涉及发展的整体创新环境，又包括具体的产业门类，既注重发挥优势产业的影响力，又关切科技服务对社会生活的支撑能力。从某种程度上讲，中国语境下的“互联网 +”已渗入经济社会的各个领域，具有多层次的内容指向。

表 1.1　国家推进“互联网 +”的相关政策措施

时　间	名　称
2016 年 5 月	关于建设大众创业万众创新示范基地的实施意见
2016 年 4 月	关于深入实施“互联网 + 流通”行动计划的意见
2016 年 4 月	推进“互联网 + 政务服务”开展信息惠民试点实施方案
2015 年 6 月	关于大力推进大众创业万众创新若干政策措施的意见
2015 年 7 月	关于积极推进“互联网 +”行动的指导意见
2015 年 8 月	三网融合推广方案
2015 年 8 月	促进大数据发展行动纲要
2015 年 9 月	关于推进线上线下互动加快商贸流通创新发展转型升级的意见
2015 年 9 月	关于加快构建大众创业万众创新支撑平台的指导意见
2015 年 5 月	中国制造 2025

“互联网 +”日益成为一种国家战略，表明以互联网为基础的经济形态在未来国民经济的发展中将作为一种新的引擎。从发展趋势来说，这一战略的提出

① 2015《政府工作报告中相关词语注释》. 来源：http://www.gov.cn/xinwen/2015-03/13/content_2833362.htm.

和实施与当代的语境密切相关，总体可以概括为“互联网+”的三期重合，即新一轮信息技术变革带来的“高点抢占期”、产业发展方式的“转型调整期”、新兴互联网产业处于的“生长勃发期”。

（一）参与世界高端竞争，新一轮信息技术变革带来的“高点抢占期”

新世纪以来，数字化技术作为国家创新发展基本动力的认识得到普遍认可，发达国家在新一轮数字化革命中为抢占先机相继出台各种关于信息技术革命的战略规划，以抢夺网络信息社会的话语权和制高点。除上文提及的美国、德国之外，英国于2011年发布《未来互联网研究报告》，指出英国的“未来互联网”计划的目的是让英国能够应对未来的挑战，“不是将事物更广泛地连接在一起，而是以‘人物联网’为基础，推进发展‘智能化’”，挖掘社会和商业发展潜力，以使英国能应对未来的挑战。[①]2013年，英国制定《迎接数据时代的机遇：英国数据能力提升战略》，着力关注围绕大数据形成的人力资本、能存储和分析数据的工具和基础设施，以及将数据本身转变为促进消费、维持商业活动和推动学术研究的动力等三个层面。[②]澳大利亚相继出台并启动《澳大利亚公共服务信息与通信技术战略（2012—2015）》（2012年）和《公共服务大数据战略》（2013年），均强调通过增强政府机构的信息数据分析能力提升公共服务水平。可以说，开发利用新一代网络信息技术，挖掘数字产业潜力是世界新一轮竞争的焦点。因此，在此种语境下我国实施“互联网+”行动计划，加快发展以互联网数字化信息技术及其应用服务，是参与世界科学技术竞争，主动推进移动互联网、云计算、大数据现代互联网科技等与生产力、生产关系的互动与融合，抢占科技创新制高点，从而能在整体上提升我国的国际竞争力。

---

① UK Future Internet Strategy Group. *Future Internet Report*. 2011：13.

② Digital Catapult Center. *Seizing the Data Opportunity—A strategy for UK Data Capability*. 2013：5.

（二）经济结构优化升级，产业发展方式的“转型调整期”

实现社会经济的创新式发展和经济结构优化，告别过去以高耗能、大投入为特征的粗放型发展，推动社会经济的提质发展，需要对产业结构进行智能化调整，增强经济的发展动力。而以互联网为代表的新型科技作为产业转型升级和融合创新的平台性作用日益凸显，高功能设备、传感器、大数据、云存储等新一代信息科技，大幅提升现有产业的生产效率。如装备制造业、电力、能源等传统领域正逐渐被纳入工业互联网的范畴，积极开拓移动支付、互联网金融、O2O（线上与线下联动）等业务，有力促进了传统工业的生产与营销方式的升级换代。《中国制造 2025》提出的提升制造业的信息化水平，推动制造业等传统工业的数字化、网络化和智能化，就是要在新一轮信息技术革命中促进互联网信息科技与制造的深度融合。增强新一代信息技术对制造业的支撑，推动制造业的智能化发展，有助于实现我国传统制造业生产方式、产业业态、商业模式等产业环节的更新或转型，强化工业的基础制造能力和创新能力，优化经济结构和推动产业发展方式的转型升级。

（三）移动通信网络快速发展，新兴互联网产业处于的“生长勃发期”

智能终端和高速移动通讯网络的普及，以及移动互联网行业的爆炸式增长，使得以互联网为基础的新业态成为社会经济新的增长点，手机游戏、可穿戴设备、VR 等行业的发展前景广阔。在整个中国电信的总收入中，2015 年非话音业务收入占到 68.3%，移动数据及互联网业务收入的比例增加至 27.6%，移动互联网接入流量消费保持高速增长。[①] 尤其是近年来以流量为基础的信息消费呈现出较快发展态势，2015 年信息消费规模为 3.2 万亿元，而微信作为移动互联网的重要产品，在 2015 年拉动了 1381 亿元的信息消费，同比增长了 45%，可

---

① 《2015 年通信运营业统计公报》，来源：工业和信息化部网站，http://www.miit.gov.cn.

谓潜力巨大。① 与传统的文化业态不同，这些新业态由于具备高效的供需对接，在提升闲置资源利用率和拓展传统消费领域消费空间的同时，依靠其强大的社交功能和交易平台，改变着用户的消费习惯和生活方式，探索并推动着社会经济供需协同创新驱动模式。

因此，在这个意义上说，中国“互联网 +”理念面临着其特有的三期重合与叠加，使得我国“互联网 +”的实践较之欧美国家更为复杂。这种复杂性不仅在于与国外发达国家竞争时，西方国家掌握先进的核心科技是我们推进“互联网 +”的短板，而且我国“互联网 +”的推进是在工业化、现代化尚未完成的历史境遇中进行的，一些信息基础设施及法律、法规尚不健全，这就易造成行业、区域之间存在较大的发展差距，互联网行业本身易出现有悖产业伦理、商业法规的现象，难以充分释放“互联网 +”的文化和产业潜能。

三、“互联网 +”的理念的双重文化阐释

前已述及，“互联网 +”是中西方特定话语情境中的特定理念，体现出不同国家社会经济的客观条件和整体状况对这一理念的不同要求，展示出“互联网 +”理念不同层次的内涵。从总体来说，作为引领时代发展的文化价值观念，其理论内涵和特征大致可以从以下两个层面来认识。

（一）作为理论形态的“互联网 +”

从理论发展的逻辑来看，“互联网 +”是一个当代性文化范畴，是对互联网信息技术与当代社会经济发展关系的界定与认识。1990 年，英国科学家蒂姆·伯纳斯－李（Tim Berners-Lee）发明互联网，而后开通第一个 WWW 网站，

① 中国信息通信研究员产业与规划研究所．微信经济社会影响力研究（2015 版）．北京：中国经济学会《微信经济社会影响力》发布会，2016-03-21.

在二十多年的演变中互联网从 Web1.0、Web2.0 逐步向 Web3.0 时代转变，而且其影响力与日俱增。在互联网日益普及的过程中，互联网信息技术与知识开始融入社会经济的各个领域，融入产品设计、生产、销售、配送、消费的整个过程，并以此为基础对原有的产业模式和产业要素进行重新配置。从发展的呈现形式来说，“互联网 +”是推动社会经济的互联网化，是互联网与其他各行业的融合，但从理论的本质形态来说，互联网作为一种产业要素已成为一种更为先进或最基础性的生产力，在要素的重新整合与配置中已从“背景”性要素移至“突前”性要素，并在要素位置的前移中完成了社会经济发展方式的范式转换。

生产力是人们进行物质生产和精神生产最为基础性的条件，而以生产力为基础的生产方式是社会经济发展的根本性动力。在经历了蒸汽技术革命、电力技术革命之后，信息技术革命中的互联网以其互联网产业化、工业智能化、生活智慧化正在加速生产生活方式的变革。以移动网络、传感器、计算机信息处理、大数据、云计算、物联网、3D 打印技术等为代表的信息技术，逐渐取代蒸汽技术和电力技术成为“突前”的生产力，催生出新的产业形态和产业发展路径，驱动了现代制造业、生产性服务业的发展，在经济发展和社会生活中发挥最基础性的作用。

在此，需要指出的是互联网的发明并没有立即对社会生产生活发生普遍性、颠覆性的影响，针对这种滞后效应的现象，卡斯特指出：“技术革新与经济生产力之间有相当大的时间落差，这是过去的技术革命皆具有的特征……要让新的技术发明能够普及整个经济体，而以可察觉的速率来增强生产力，整个社会的文化与制度、公司，以及涉入生产过程的各种要素，都需要有实际的改变。”[①] 也就是说，“互联网 +”作为“突前”的生产力，本身以一种异质性因素进入原有的社会文化生态，并由此引发原有社会生态的“反常”。而新生产力真正完成位

① ［美］曼纽尔·卡斯特. 网络社会的崛起. 夏铸九、王志弘等 译. 北京：社会科学文献出版社，2001：100.

置的“突前”，并实现社会经济发展方式范式的转换，需要解除原有生产力和传统观念对社会经济发展的束缚。或者说，“充分认识到互联网对于加快国民经济发展、推动科学技术进步、加速社会服务信息化进程、提高人们生活质量和国家竞争力的不可替代作用，沿袭固有的路径安排已经难以获得解放生产力的效能，‘互联网 +’才会走上前台”。[①] 在此意义上，“互联网 +”推动的产业发展模式再造和创造性动能的充分释放，是一个渐进的过程，需要社会、经济、文化及相关制度做出相应的整体性调整。只有当新的生产力在整个经济发展和社会生活中流程缩短、成本降低、效率提升，且在整个经济生产力增长指标中体现出来，社会生态从“反常”到实现平衡，即以互联网为核心的生产力及其重置的生产关系，在社会生活中获得最基础性的地位时，才能最终实现对社会发展的控制力。

所以，在新的时代发展背景和历史进程中，作为理论形态的“互联网 +”，互联网已经超越了工具或载体的范畴，成为继电力取代蒸汽之后引领社会变革的新驱动，是社会经济发展最基础性的生产力。“互联网 +”表面上体现为互联网与其他行业的深度融合，但在融合的过程中已经重新配置了相对落后的生产关系，实现了社会发展驱动力和发展模式的创新。

（二）作为实践形态的“互联网 +”

从实践层面来看，“互联网 +”是作为一种新的经济形态和文化形态，代表着社会经济发展到一个新阶段。从历史发展的进程来看，在经历了蒸汽技术、电力技术作为社会发展的核心驱动力之后，以互联网为基础的信息技术逐渐融入生产与生活的过程之后，开始普遍发挥出其作为生产力的效应，调整或重组社会生产关系。具体体现在：

其一，“互联网 +”改变人们的文化生活方式。与人们的生活方式相结合，是“互联网 +”存在的最为广泛和坚实的基础。“互联网 + 购物”“互联网 + 餐

① 马化腾等．互联网 +：国家战略行动路线图．北京：中信出版社，2015：35.

饮""互联网 + 出行""互联网 + 金融""互联网 + 教育""互联网 + 方案招标"等与各行业的结合，充分展示出互联网对传统文化生活形式转型具有的巨大推动作用，促进了生活的物理世界和虚拟的数字世界的融合。在某种程度上说，"互联网 +"中的"+"是一种融合与连接，它不仅给予个人一种全新的体验方式和社交方式，而且日益改变着社会的生活方式和价值观念。最新发布的《2016 中国智能家居用户数据报告》指出，人们对家庭安防、智能灯光、单系统第三方设备、影音集成、环境控制等层面的智能化需求正表现出越来越多的兴趣（图 1.1），体现出网络智能化的生活方式正在逐步形成。

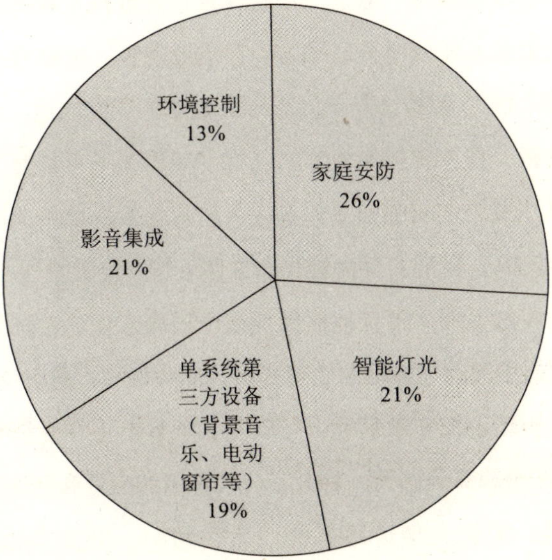

图 1.1　用户对智能家居关注的内容

数据来源：中国智能家居联盟：《2016 中国智能家居用户数据报告》，杭州："2016 中国智能家居发展高峰论坛"，2016 年 3 月 1 日。

其二，"互联网 +"改变社会生产方式。蒸汽革命推动机器生产代替了手工劳动，电力革命以内燃机和发电机的广泛应用推动了新兴工业和钢铁工业的繁荣，而以互联网为代表的信息技术革命在改变产业结构和经济发展方式的同时，也将生产推进到智能时代。智能制造体现为"互联网 + 制造业"的发展模式，是信息化与工业化的深度融合。在智能制造时代，"工厂已经不再是一个区域，而变成了全球网络。产品不再由一个工厂生产，而是全球生产。创造附加值已经不再通过产品，而是通过产品方案。创造附加值的过程不再是通过线性规划，而是越来越多地自我组织”。[①]易言之，在新一轮工业革命中制造业的核心支撑是智能制造，它不仅利用现代通信网络在全球配置资源，增强要素之间互动协同，引领全球工业发展，而且充分利用互联网、物联网、大数据和云计算对市场需求和态势做出的精准判断，探索绿色化、服务化、定制化的新型发展模式，提升产品文化附加值，挖掘智能制造的产业潜能。

其三，“互联网+”提高着社会公共服务水平。推进国家治理体系和治理能力现代化需树立“互联网+”思维，这是因为人们依托互联网所进行的相关活动产生的海量数据在互联网时代已成为一种宝贵资源。2012年，美国启动《大数据研究和发展计划》，投资2亿美元用于大数据的开发应用。大数据之所以受到前所未有的重视，在于依托大数据的支撑“我们无须再紧盯事物之间的因果关系，而应该寻找事物之间的相互关系……相互关系也许不能准确地告知我们某件事情为何会发生，但是它会提醒我们这件事情正在发生”。[②]易言之，海量的网络数据能为我们更准、更快地捕捉现在和预测未来。尤其是在一系列紧迫性世界公共问题的解决上，如抑制全球变暖、消除疾病、疏解交通、食品卫生、公共安全、人口流动、社会救助等，互联网和大数据正在发挥作用，如Google推出的“GFT”流感趋势预测等，提升了公共资源的配置和使用效率。

从总体来看，无论是理论形态的“互联网+”，还是实践形态的“互联网+”，都展示出这一文化理念的巨大包容性和发展性，具有相对宽泛的内涵和外延。尤其是对拥有不同发展语境的中西方而言，发展的内外环境和主客观条件均存在巨大的差异，因此“互联网+”的展现形式和内容指向均有所不同，但不可否认作为位置“突前”的生产力，“互联网+”以互联网信息技术为依

---

① ［德］奥拓·布劳克曼．智能制造：未来工业模式和业态的颠覆与重构．张潇、郁汲译．北京：机械工业出版社，2015：16.

② ［英］维克托·迈尔－舍恩伯格、肯尼思·库克耶．大数据时代：生活、工作与思维的大变革．盛杨燕、周涛 译．杭州：浙江人民出版社，2013：18–19.

托，推动互联网与万物的互联，对社会构成要素和生产关系进行重新整合和配置，构建了一个以创意、创新和创造为社会发展动力，以智慧和智能为发展方向，融现实与虚拟、线上与线下、文化与科技、经济发展和社会生活为一体的全新生态。

第二章

文化新业态是文化提质增效的核心支撑

提质增效是供给侧结构性改革背景下文化产业发展面临的重要任务，与供给侧结构性改革优化产业结构、提高产业效益和发挥消费引领的多方面要求相关。提质增效的关键性突破在于推动产业转型升级，规模结构偏小、文化品牌较少、科技含量较低、区域发展不均衡等是制约产业转型升级的障碍。文化新业态是文化产业转型升级的体现，是推动文化提质增效的核心支撑，在发展文化新业态推动文化提质增效的过程中，促进文化内容创意化、形式智能化、营销数据化、渠道移动化、消费群体年轻化是新业态应予以重点考虑的方向。

文化产业是社会经济发展的重要载体，且随着其影响力以及社会效应的不断增强，文化产业已成为许多国家或地区发展的支柱性行业。目前，发展和强化文化产业的支柱性地位已成为国民经济的重要目标。在推进文化产业高质量发展的过程中，文化新业态彰显出的活力和潜力成为文化提质增效的重要推动力。尤其是随着国际经济形势的变化，以及国内面临的经济发展放缓的压力，我国经济进入发展的新常态，需要着力推进供给侧结构性改革，提升发展的质量和效益。在这种语境下，文化新业态作为新的经济增长点在推进文化发展方式转型和产业结构调整过程中的重要性进一步凸显，这就必然要求文化新业态应以优质、高效的产业形态参与到社会经济的运行之中。

一、提质增效在文化供给侧改革中的三重逻辑

供给侧结构性改革是我国经济发展进入和适应新常态之后的必然性选择，文化产业领域进行供给侧结构性改革的根本原因在于，文化产业在经历了将近10年的以投资和规模性扩大来实现产业高速发展的过程中，不可避免地出现了核心竞争力缺失、产业“供需错位”等制约产业发展的结构性问题。因此，在未来一段时期，转变规模式扩张的粗放型发展道路，转向以追求质量和效益为中心的发展方式，加快创新发展，是文化产业供给侧结构性改革的必然要求。

(一) 提质增效适应供给侧结构性改革优化产业结构的要求

供给侧结构性改革的五大任务是“去产能、去库存、去杠杆、降成本、补短板”，其中，“去产能”“去库存”直接关系到文化产业的发展结构。目前，我

国文化产业在由改革引发的体制性释放和一系列“制度性红利”的刺激与推动下，文化市场经营主体迅速增长，生产规模和生产能力快速攀升。规模以上文化制造业数量从2013年的18076家，快速增长至2015年的20079家，显示出较快的增长速度。但是，从不同产业类型创造产业增加值来看，科技含量较高的文化产品占有的比重仍然较低。如以“互联网+”为主要形式的文化信息传输服务业占文化产业的比重仅为10.5%，文化创意和设计服务业所占比重为18.2%，其他较为传统和低端的文化产业类别仍是主要业态。尽管如此，文化产业的产能过剩现象仍较为突出，如手机游戏产业全国月均可推出1000款游戏，但高品质的游戏并不多，能上线且能形成效应的游戏更是少数，“行业内的创新能力和研发实力整体水平偏低。模仿、跟风、换皮依然占据主导地位，由此产生的大量过剩产品也处在混乱、无序的恶性竞争的旧模式中”。[①] 可以说，产业结构不合理已影响和制约着产业的健康发展。

所以，在供给侧结构的大视野中，淘汰传统的、落后的文化产能，提升产业的发展质量，必须发展新型文化业态。新文化业态能够加速不同产业间的组合，对企业内部价值链和外部产业链环节进行重新分化、融合，提升企业的发展品质。这就需要不断优化产业供给结构，充分挖掘具有深度创意的文化IP，打造“航母型”文化创意企业，以提高文化企业的集约化、专业化水平。

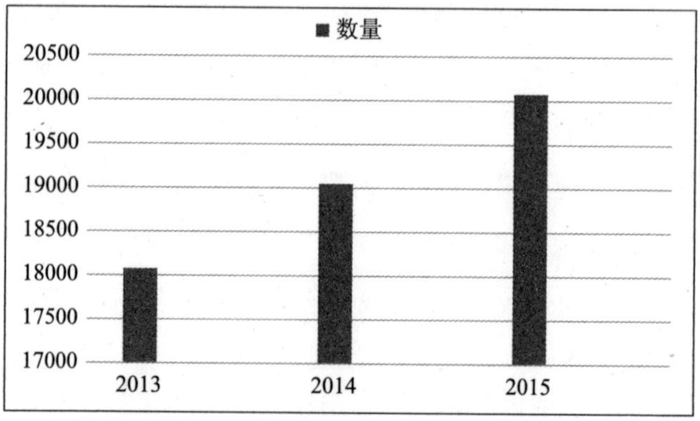

图2.1　文化制造业企业数量变化图

① 李晓红．游戏产业转型升级 精品化是发展趋势．中国经济时报，2016-05-30.

（二）提质增效适应供给侧结构性改革提高产业效益的要求

供给侧结构性改革要求在产业发展过程中“去杠杆”“降成本”。所谓“去杠杆”就是化解产业领域存在的金融风险，引导和规范资金的进入和使用，实现资金利用效率的最大化。目前，我国文化产业领域虽然未能实现与金融的充分融合，但文化产业已成为金融资本觊觎的一个重要领域。2014 年，文化产业领域进入的资金约达 3253 亿元，而 2018 年流入资金则逼近 4000 亿元，尤其是随着股权融资、并购兼并等现象在各地不断上演，文化产业领域可谓资本涌动。虽然产业的投融资是一种正常的经济活动，但文化产业的市场化和法治化体系均不完善，而且“中国文化产业的意识形态特征非常突出，事业管理体制和企业管理体制共存，产权属性比较模糊，社会资本进入的风险很大”。[①] 因此，适当引导和规范社会资本对文化产业的介入，促进资本的合理化使用，有助于降低产业的金融风险。

在金融资本大举进入文化产业领域的同时，一个不可忽视的问题是文化产业收入增长趋势呈平稳下降趋势。2017 年为 10.8%，2019 年则降至 7%，这说明单位资产创造出的效益在降低。这一方面在于文化产业经营的特殊性，如保护知识产权费用过高、无法充分享受营改增的红利、承担部分公共文化服务职能等，导致其经营成本和其他类型企业存在较大差别。[②] 另一方面，在于行业规模的逐渐扩大、竞争的加剧，降低了企业利润。目前，许多动漫企业面临利润率低、资金链断裂的压力。[③] 所以，某种程度上供给侧结构性改革的“去杠杆”和“降成本”是一体两面，其共同指向了文化产业的效益问题。可以说，文化产业效益的提升，旨在通过“去杠杆”和“降成本”的过程中进一步降低产业的金融风险，提升资产利润率和投资收益的最大化，为产业的提质增效夯实坚实的资本基础，进而实现产业的快速健康发展。

---

① 魏鹏举．中国文化产业投融资体系研究．昆明：云南人民出版社，2014：47.

② 林楠．文化企业的成本从何而降．中国文化报，2017-03-21.

③ 刘喜梅．动画：原创之痛．人民政协报，2013-06-14.

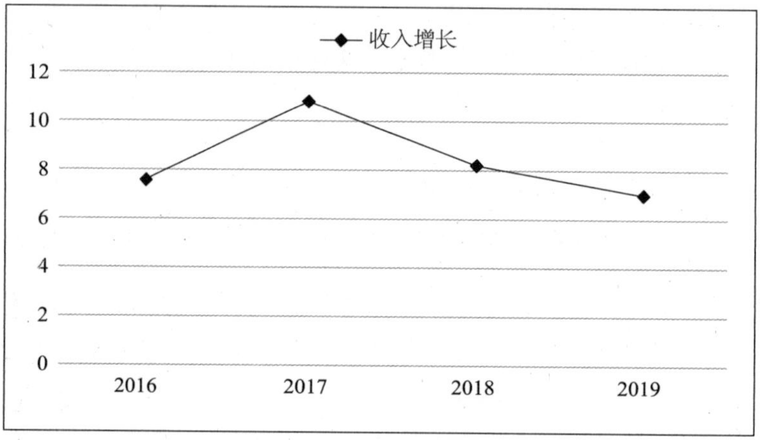

图 2.2　规模以上文化及相关产业企业营业收入增长曲线（单位：%）

（三）提质增效适应了供给侧结构性改革中提倡发挥消费引领作用的要求

供给侧结构性改革的关键在于“补短板”，目前，我国文化产业存在着大量的无效和低端供给，而有效的中高端供给相对不足，造成了消费疲软。“文化消费作为我国文化产业发展的短板，制约了产业链循环发展的运营机制。”[①]可以说，消费成为产业发展的短板在于供需两侧的结构性失衡。这就意味着，市场对高品质、多样化、个性化、创意化文化商品和服务的需求难以得到有效满足，所以这就需要在补齐短板的过程中，通过优化产业结构，以适应新的消费结构和推动消费升级为导向，淘汰中低产品的无效供给，丰富高品质、多样化、个性化和创意化的产品，满足市场对发展型、服务型、精神型、生态型消费的需求。或者说，供给侧结构性改革强调通过提高产品品质，以实现与消费终端的精准耦合。供给侧结构性改革不否定需求侧，反而是更为注重需求侧。只有在供给侧和需求侧两端同时发力，才能达成供需在更高水平和层次上的平衡，实现文化产品能够占据高端消费市场、市场催生更高品质产品的良性循环，最终补齐制约产业发展的短板。

---

① 金元浦．消费引领：补齐我国文化产业发展的短板．同济大学学报（社会科学版），2013（第 5 期）．

总体而言，文化产业的提质增效与推进供给侧结构性改革紧密联系在一起，供给侧结构性改革需要围绕产业的提质增效进行产业调整，而提质增效也需要通过供给侧结构性改革有效控制生产成本，提升生产效率和生产效能，促进文化与科技等相关要素的跨界融合，最终实现提高产业附加值，创新和拓展产业的发展空间，夯实其作为国民经济支柱性产业的地位。

二、转型升级是推动文化提质增效的关键性突破

文化产业结构关注的是文化经济资源的存量构成及其各部分之间的比重关系，某种程度上产业结构对产业发展的质量和效益具有决定性的作用。而供给侧结构性改革的根本观念就是要不断优化现有文化经济资源生产要素的配置和组合，通过优化产业结构比例、改善供给以解决供需错配的问题，而这对于产业的发展而言，就是要在产业要素重新配置的过程中破解产业发展中存在的不平衡、不协调、不可持续等结构性问题，实现产业的转型升级。

目前，我国文化产业的整体性产业结构不合理是制约我国文化产业提质增效的关键性因素。其主要体现在以下几个方面：

（一）规模结构偏小

从最新的统计数据来看，截至2018年年末，全国有文化及相关产业法人单位210.3万个，比2013年年末增长129.0%，但文化骨干企业的数量仍然偏低。2018年，我国文化骨干企业仅6万家，占文化企业总量的2.9%。这彰显出我国文化企业的个体规模偏小，市场集中度低，产业链的相对延伸不足，尤其在参与世界竞争的过程中，缺乏组织体系、金融资本和人力资源的有效支撑，抗风险的能力较差，因此，在面临较大生存压力的情况下，企业难以向提质增效的目标迈进。

（二）文化品牌较少

文化品牌是文化产品品质效益和经济效益的结晶，我国文化产业经过几十年的发展，虽然在2010年已成为世界文化产品出口的第一大国，但与美国、日本等世界其他文化大国相比较而言，仍未形成具有鲜明民族特质的文化品牌。在文化产品的出口结构中占据出口优势的是金银珠宝和装饰行业，而以创意为基础的书籍、设计、信息软件等行业并不占优势。不但如此，在文化产业“泛娱乐化”发展趋势越来越明显的时代语境下，优质IP资源的匮乏对文化产业发展的制约正在逐步彰显。“品牌是企业核心能力的重要组成元素，品牌不仅能够使企业占据更大的市场份额，获得排他性的市场地位，也成为推动企业提升自主品牌的核心动力。”[①] 可以说，文化品牌和品牌性文化资源的缺失，使得我国文化产业缺少旗舰式平台的承载和传播作用，更难以在世界范围内进行高效的资源集聚与配置，以实现丰富文化产品内涵和提升文化竞争力的目的。

（三）科技含量较低

当代文化产业的发展需要科技的支撑，与文化产业融合不仅革新了文化的表现内容，也改变了文化的呈现形式，更重要的是随着科技的全面渗透，文化的经营管理模式和产业运作模式都将发生重大变化，因此，科技在未来文化产业提质增效的作用不容小觑。但是，我国文化产业科技含量偏低却是不争的事实。根据第三次全国经济普查的数据来看，高技术文化产业的就业、营业收入仅占全国文化企业总量的1/4左右，净利润仅占2/5。[②] 因此，大力推动文化与现代互联网科技的融合是文化产业提质增效的关键。然而，也应该看到，“在中国大多数经济部门，互联网均具有大幅提高劳动生产率的前景，但其中大部分

---

① 谢京辉．品牌经济论：理论思辨与实践解析．上海：格致出版社，2016：8.

② 史东辉、苏杭．从第三次全国经济普查看中国文化产业．中国文化产业发展报告2015—2016．北京：社会科学文献出版社，2016：61.

收益尚未实现。将互联网技术整合到公司的运营中并不是一个简单的命题：它需要前期投资，新技能、重新设计组织和流程以及包容变革的心态”。[①] 这就意味着提升文化产品的科技含量，并以此推动产业的转型升级并不是一蹴而就的过程，它需要围绕互联网科技对文化生产要素进行重新调整，不断改进组织、研发、生产和销售等各链条，重构价值创造模式，以推动产业的升级转型。

（四）区域发展不均衡

我国幅员辽阔，基于历史和现实的多种因素，区域发展的不均衡一直制约着我国社会经济的全面发展。就文化产业而言，区域发展不均衡的现象同样突出。2019 年，我国文化产业从实现的营业收入额来看，呈现出由东部向中部、西部和东北依次递减的趋势。其中东部地区为 63702 亿元，远高于中部、西部和东北地区的 13620 亿元、8393 亿元和 909 亿元，虽然在发展速度上，西部地区以 11.8% 领跑全国，但在体量上仍与东部地区有较大差距。区域文化产业的发展程度体现的是区域对外具有的资金、人才、技术的吸引能力和区域文化的消费能力，但差距过大说明产业缺乏良好的功能布局和对外辐射空间，且区划

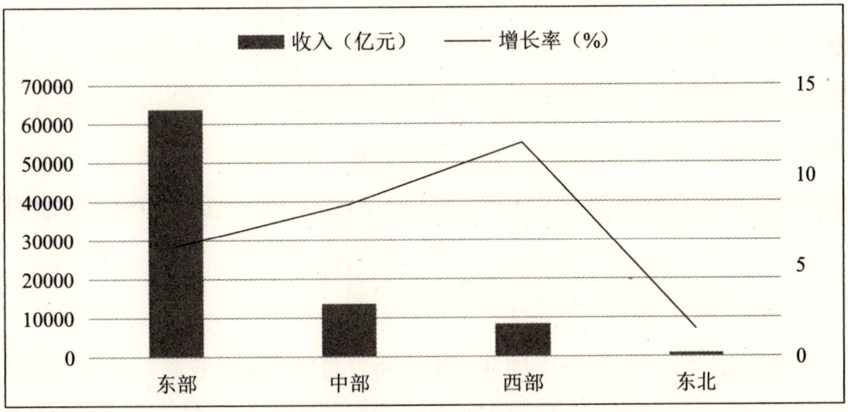

图 2.3　2019 年中国区域文化产业收入及增长率

① McKinsey and Company. China’s digital transformation: The internet’s impact on productivity and growth. 2014: 23.

分割管理问题突出，部门或地区之间缺乏有效衔接，在现有的发展模式探索中，“普遍存在着模式单一、缺乏创意、效率低下、照搬套路的弊端”。[①]因此，这就严重制约了文化产业在全国范围内进行资源的优化配置，限制了各类社会资源进入文化产业的渠道和运作效率，难以在区域协调、资源共享和产业联动的共同驱动下实现产业的提质增效。

可以说，以提质增效为目的的产业转型升级存在多种因素制约，每一种因素的破解都是一个渐进的过程。某种程度上，供给侧结构性改革作为一项发展战略，就是要解决文化产业在提质增效过程中面临的各种问题，它既给文化产业的提质增效提供了契机，也为产业的发展提供了路径和方向。

三、文化新业态推进文化提质增效的五大路径方向

文化新业态是文化产业转型升级的重要体现。文化产业已被定位为国民经济的支柱性产业，且发展势头强劲，这其中文化新业态是重要的支撑性力量。为进一步推动文化新业态及其相关产业发展，近年来国家相继出台一系列政策措施。在供给侧结构性改革的宏观视野下，发展文化新业态，推动文化产业的提质增效，不仅应关注文化新业态在发展过程中存在的问题，全面审视文化产业的发展动态，通过文化创新、科技创新把握产业发展的前沿领域，从而带动相关产业，也应在政策上予以扶持，通过释放政策红利刺激、引导产业的发展。

（一）以创意化提升文化产品的内容品质

文化新业态是文化产业中的新类别，而“当代文化产业的首要特征是高度依赖文化创意，以创意为王的产业形态”。[②]文化产品重在创意，因此，文化产

① 花建．中国文化产业的区域发展战略．同济大学学报（社会科学版），2014（第3期）．

② 金元浦．文化创意产业概论．北京：高等教育出版社，2010：21.

业在提质增效的过程中必须重视创意对产业发展的内在驱动作用，而这正是文化新业态与传统业态相比所着力侧重的。创意源于个人或团队的技巧及才华，它能够运用在原创艺术品或相关设计中以提升文化产品的附加值，能够以高品质的产品破解文化产业供给侧低端无效供给的困境。

国际社会层面已经认识到创意对社会经济的提升作用，联合国贸发会议指出："人们关注到创意作为现代经济生活发展的主要动力所起的作用，说明经济和文化发展并不是分离或彼此无关的现象，而是携手并进的，并且是可持续发展过程中的主要部分。"[①] 正是认识到创意对社会经济的重要性，英国在《数字英国：最终报告》里特别强调了创意与所处时代的关系。"核心的创意技能将持续推动数字世界的发展，在数字时代，很多为人们享用创意内容所兴建、开发的基础设施场所将会繁荣起来。如，博物馆、图书室、艺术中心、剧院音乐厅。"[②] 数字时代需要创意内容的支撑，而且数字时代创意内容间的竞争将更加激烈。面对新的发展形势，我国在文化产业发展过程中也注重对文化产品内容的创意开发，且为了进一步提升产业发展的知识性和增值性，出台《关于推进文化创意和设计服务与相关产业融合发展的若干意见》（以下简称《意见》），标志着国家从顶层设计的高度明确了创意对社会经济发展的支撑。创意就其影响范围而言可以说贯穿在诸多行业之中，而《意见》为强化创意对全行业而非仅对设计服务业的支撑，强调了创意对"提升文化产业整体实力"的重要意义，认为创意在构建结构合理、门类齐全、科技含量高、富有创意、竞争力强的现代文化产业体系中具有重要作用。然而在文化新业态的现实实践中，正是由于我国文化产品整体缺乏创意，才致使我国文化产品的供给虽总量丰富，但高品质、高效益的产品数量却不多，无法与欧美文化产品相抗衡。所以，深化文化产业的供给侧改革，大力培育和发展文化新业态，需要切实推进相关政策的实施，建立健全推进文化创意与其他行业融合发展的技术标准体系和财税政策，已是文

---

① 联合国贸发会议．创意经济报告 2010．中国社会科学院文化研究中心 译．北京：三辰影库音像出版社，2011：9.

② BIS. *Digital Britain*：*Final Report*. 2009：107.

化产业提质增效的重要方向。

（二）以智能化拓展文化产品的呈现形式

智能化是文化新业态又一重要的发展方向，它是基于新媒体交互技术的智能，而使得文化产品具有了新的呈现形式，一系列可穿戴设备、AR/VR 技术的广泛应用展示了智能化产品在未来经济增长中的重要性。在供给侧结构性改革中，以智能技术为依托的新型互联网文化业态丰富了文化产品的内容与形式，对文化产业的提质增效具有重要意义。

发展智能技术具有战略性的意义，2016 年 10 月，美国相继发布《时刻准备着：为了人工智能的未来》《国家人工智能研究和发展战略计划》两份政府文件，阐述了现代互联网智能技术的发展状况、现存及未来可能的应用方向，认为人工智能已经历了三次技术浪潮，现在正处在第三次浪潮的初级阶段。“人工智能在未来几乎可以提升社会所有部门的福利，推动国家的优先事项，包括促进经济发展、改善生活质量和加强国家安全等。”[①]“认识到这一技术潜在的光明前景，政府就应该逐步采取措施，以保障人工智能的发展具有较为纯净的空间和通畅的渠道，培育文化在经济领域的持续的创新和增长。”[②]美国的这一国家战略旨在抢占未来文化、经济和科技发展的制高点，科技智能产业在整个文化产业的结构中从属于高端产业。2016 年 12 月，我国出台《智能制造发展规划（2016—2020）》，将我国的智能制造提升至国家战略高度。但就关注的重点内容而言，该规划集中在工业制造领域，对文化与科技融合的智能文化产品制造业涉及较少，但在具体的产业实践中，智能制造创意文化却成为投资的新宠，以 BAT 为代表的互联网巨头纷纷涉足创意文化智能，可以预见，未来这一领域的竞争将会愈演愈烈。

因此，政策决策有必要以占领文化科技发展制高点的责任心和使命感来高

---

① NSTC. *The National Artificial Intelligence Research And Development Strategic Plan*. 2016：8.

② NSTC. *Preparing For The Future Of Artificial Intelligence*. 2016：19.

度重视创意文化智能，培育出高端、智能的产业形态，在实现产业提质增效的同时助力文化产业供给侧的结构性调整。

（三）以数据化实现产业的精准营销

供给侧结构性改革需要解决供需失衡的矛盾，这其中市场供需信息的不对称和不透明是重要的因素。互联网技术在文化新业态领域的广泛应用，促进了一个大规模生产、分析、分享和应用数据时代的开始，使得精准营销成为可能。正是建立在已掌握巨大数据规模之上的产业运营，改变了我们对产业发展的传统认识。文化新业态以数据化为基础的精准营销，是这一产业类别重要的产业运营特色，也是促进产业升级、效率提升的有效途径。

数据已成为重要的战略性资源，“数据成为有价值的公司资产、重要的经济投入和新型商业模式的基石”。① 充分把握和利用数据，让数据“发声”，成为各国政府政策制定的新动向。英国、日本、法国等纷纷在 2013 年出台本国的相关政策。英国制定《迎接数据时代的机遇：英国数据能力提升战略》，着力关注围绕大数据形成的人力资本、能存储和分析数据的工具和基础设施，以及将数据本身转变为促进消费、维持商业活动和推动学术研究的动力等三个层面。② 日本公布《大数据国家战略：创建最尖端 IT 国家宣言》，阐述了面向 2020 年的以发展开放公共数据和大数据为核心的日本新 IT 国家战略，提出将日本建设成为一个具有“世界最高水准的广泛运用信息产业技术的社会”。法国发布《数字化路线图》，提出通过提高数字化企业的竞争力，完善数字化领域基础设施建设，以向公众提供更优质的服务。③ 与这些国家相比，我国的大数据发展战略略显滞后，2015 年国务院出台《促进大数据发展行动纲要》，从国家顶层设计的高度，

---

① ［英］维克托·迈尔 – 舍恩伯格、肯尼斯·库克耶. 大数据时代：生活、工作与思维的大变革. 盛杨燕、周涛 译. 杭州：浙江人民出版社，2013：20.

② Digital Catapult Center. *Seizing the Data Opportunity——A strategy for UK Data Capability*. 2013：5.

③ 柳一晨 编译. 法国政府数字化战略. 现代产业经济，2013（第 3 期）.

提出了我国的大数据发展战略，着力构建“大数据产业体系”“大数据产品体系”“大数据市场交易标准体系”，将有力推动产业体系数据的互联共享，最大限度地消除信息孤岛，实现供需的有效对接。可以说，我国的大数据发展战略，既体现了大数据浪潮下我国顺应大数据应用和技术领域引领全球发展的战略趋势，又体现出在供给侧结构性改革的背景下，利用现代信息科技破除因信息不对称和不透明造成的产业供需失衡的新思路。因此，围绕文化产业的提质增效，需要尽快在组织机制、法规制度、标准规范、金融支持等层面，切实推进大数据行动纲要的实施。

（四）以移动化打造消费的新载体

供给侧结构性改革需要实现供需两端的平衡，那么，连接供需的就是承载创意性产品的载体。从发展趋势来看，移动智能终端聚合和承载着文化消费的平台与内容，能够实现人与技术、人与商业、技术与商业的无缝对接，且由此带来的极致体验在塑造全景式数字化生活方式的过程中发挥着重要作用。移动信息通信的网络连接与信息传递推动了网络的内容消费和功能服务，移动终端已成为未来整个互联网文化产业的核心性链条。可以预见，某种程度上移动终端将成为文化新业态发展的风口。

新的消费路径需要新创意性载体的支撑，目前，智能手机、平板电脑和可穿戴设备等构成了移动终端的主要载体。截至 2019 年 6 月，移动消费终端（仅智能手机）网民数量为 8.47 亿，所占网民的比重为 99.2%，可谓规模庞大。移动终端的大规模普及，推动的以移动终端为平台的互联网文化业态的出现及其消费规模的增长。近年来，三大网络运营商、智能设备制造商与文化行业联合推出的“智能手机 + 行业应用”的消费营销方案，通过搭载 App 应用客户端的形式，极大地推动了文化产品与消费者的商业对接，手机淘宝 App、支付宝 App 在手机端的使用率分别达到 24.1% 和 14.4%，手机支付用户规模达 6.3 亿人，显示了移动化的消费终端正在赢得越来越大的市场份额。可以说，移动终端产品迎合了当下碎片化的生活方式，并以其特有的易用性、趣味性、创意性和互动性特点黏合了大量忠诚用户，对使用客户端产生了积极的促进作用，提升了产业运营的效率。我国在《关于促进信息消费扩大内需的若干意见》中也强调在未来要增强信息产品的供给能力，鼓励智能终端产品创新发展，推进终端与服务一体化，提升智能终端产品的竞争能力，从而夯实信息消费的基础。

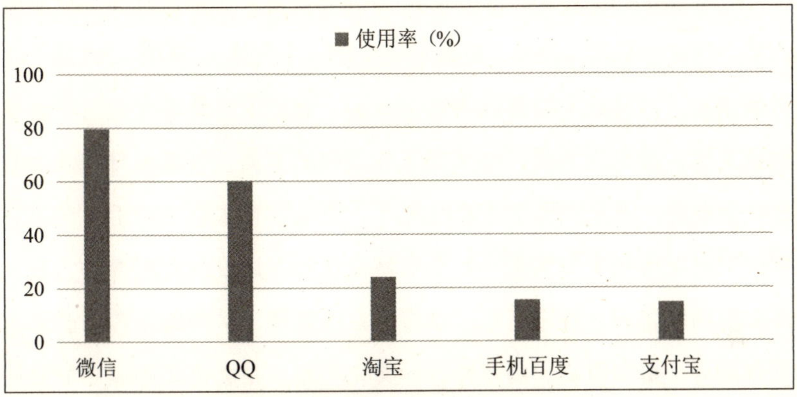

图 2.4　网民最经常使用的五个 App

数据来源：《第 39 次中国互联网发展状况统计报告》，2017 年 1 月发布。

但是，也应该看到，随着移动智能终端及相关产品间竞争的日趋激烈，通过淫秽、色情等不正当手段吸引用户抢占市场占有量的现象时有发生。如快播涉黄案、LOLO 直播涉黄案等显示了移动消费终端在成为下一个产业风口的同时，对其行业秩序的管理与整顿也势在必行。因此，推动供给侧结构性改革和文化产业的提质增效，有必要在未来相关政策的制定中加强对移动智能终端应用软件的管理，规范移动智能终端的预置和信息分发行为，培育健康的市场和消费增长点，依法维护消费者权益，构建健康有序的信息通信网络环境。

（五）以年轻化重塑消费群体生态

如果说以上述及的创意化、智能化、数据化和移动化，分别关注的是文化产品的内容、形式、营销和消费渠道，那么就文化新业态的整个产业链而言并不完整。换句话说，只有产品最终被快捷性地用于消费，产业的提质增效才具有可能。文化产业供给侧结构性改革的关键在于补齐消费这一产业链中的短板，而文化新业态则是重要的文化消费增长点，这也就决定了新业态消费应是文化产业提质增效最基础性的环节。创意化、智能化、数据化和移动化只是实现消费的手段，而消费的实现最终要依靠消费群体。

当前，我国文化产业尤其是在互联网文化新业态的整体消费群体的结构中，“90后”已成为最大的消费群体。截至2019年6月，年龄段在20~29岁的网民数量占整个网民总量的24.6%，是数量最大的一个群体。“随着‘90后’消费能力的日渐增长，以及这个群体逐渐走向社会，他们所喜爱的文化已不再是一种小众的亚文化，而是开始或已经成为文化发展的主流，展现出日益强大的经济效益和社会效益，成为新的经济增长点。”① 这也就意味着“90后”的文化消费趣味和消费需求将越来越多地对社会经济文化的发展发挥支配性的力量，而且他们喜好的网络游戏、数字音乐、动漫、在线影视、网络阅读等新型业态恰恰是科技含量高、附加值高、创意性强的文化产品，是文化产业提质增效重点发展的产业类别。因此，实现文化产业的提质增效就必须关注年轻群体的消费需求。在2013年发布的《关于促进信息消费扩大内需的若干意见》中，强调的重点在于信息基础设施、产品供给能力、信息消费、信息化水平和消费环境等层面，对消费群体并未作过多涉及。所以，扩大内需，提升文化产品的消费效率和回报效率，需要利用大数据等现代技术充分挖掘年轻群体的消费动向，把握消费群体结构的年轻化转型。某种程度上讲，“90后”是真正诞生在互联网时代的文化消费群体，他们创造和消费的文化比“70后”“80后”更具有颠覆性和广泛性，将更为深刻地革新文化产业乃至社会各领域的生产关系。因此，推动文化产业供给侧结构性改革和实现产业发展的提质增效，需要充分利用各大数据平台，加强针对年轻群体的数据分析与共享，提供具有针对性的文化消费产品，才能真正实现补齐产业发展的短板。

可以说，在文化产业供给侧结构性调整这一大背景下，文化新业态已经成为文化高质量发展的重要支撑。实现文化新业态的快速发展，则是一个既包含

① 王林生．论90后的文化主场与底色．新产经，2017（第2期）．

顶层政策设计，又涵盖具体产业操作的复杂范畴。解决制约文化产业高质量发展的沉疴与束缚，不仅需要改革产业管理整体性的体制机制，也需要通过各种政策措施进行短期调控，更需要根据生产关系的约束性条件发生的深刻性变化对文化新业态的生产模式、组织模式、传播模式、营销模式、消费模式等进行革新，进而实现高水平的供需平衡，增强产业的内生动力。

第三章

文化新业态的阶段性迭代及其关键词

文化新业态在发展过程中呈现出阶段性迭代和浪潮化发展的趋势，这既与互联网技术的创新密切相关，也与审美取向相关。在自媒体新业态的发展过程中，论坛、博客、微博、微信、直播、短视频等，作为引领时代的文化业态，在传播、用户、效应等诸多方面均体现出新的特征。随着自媒体公共性的不断增强，自媒体新业态已从个人式的话语狂欢，走向视频化的全民娱乐。

文化新业态作为一种新生事物，与现代互联网科技密切相关，每一种流行业态的出现，都引领着一个时期文化内容和形式的革新，且在总体上呈现出阶段性迭代的鲜明特征。文化流行业态的阶段性迭代，既与技术的快速更新相关，也与人们审美和生活习惯的改变密切相关。自媒体是文化新业态的重要领域，文化新业态的阶段性迭代在自媒体领域表现得尤为明显。

自媒体是与现代互联网信息技术紧密结合在一起的新兴媒体形式，它通过私人化、平民化、自主化的叙述方式，向社会传递充满个性化色彩、规范或不规范的信息。麦克卢汉曾言“媒介即信息”，揭示出相较于媒介传播的内容而言，媒介本身才是真正有意义有价值的信息，也只有理解了时代所流行的媒介的性质，才能明晰与之相适应的传播活动，才更易把握新媒介所引发的社会变革。尽管自媒体的出现只有近20年的历史，但它的快速崛起以及形式的更迭，使得自媒体本身拥有了越来越多的用户和市场影响力，成为推动当代信息革命的重要力量。

一、论坛：新业态互动式尝试的萌生

（一）传播关键词：互动狂欢

20世纪90年代，随着互联网的发展和信息内容的不断丰富，以论坛（BBS）为基础核心应用的网络社区开始出现。作为在互联网空间较早萌生的自媒体形式，用户通过论坛提供的公共电子白板自由发布信息或观点。1991年，我国创立的“中国长城站”，是BBS论坛的最早雏形。1994年，第一个真正意义上的互联网论坛“曙光站”上线，此后，1995年中国第一个可由多人在线的BBS论坛“水木清华”正式创立。可以说，随着互联网的逐步普及，论坛这种自媒体开始大量出现，猫扑、天涯、西祠胡同、凯迪、百度贴吧、豆瓣、强国论坛等纷纷上线，呈现出百家争鸣之势。

表3.1 论坛（BBS）创立情况一览表

创立时间	名 称	创立地
1991年	中国长城站	北京
1994年	曙光站	北京
1995年	水木清华	北京
1996年	西线	珠海
	西点	北京
1997年	猫扑	北京
	网易BBS	北京
1998年	西祠胡同	南京
1999年	西陆	北京
	天涯	海口
	强国论坛	北京
2000年	凯迪	海口
2003年	百度贴吧	北京
2005年	豆瓣	北京

论坛这种自媒体形式的流行，是中国人在触网之后普通民众对利益诉求、情感表达的初步尝试。因此，论坛虽然只为用户提供发帖、看帖、回帖等交互式服务功能，但却引发了网络空间话语的狂欢。在论坛话语的交织中，论坛具有的互动性特征集中体现了出来。参与话题互动的网民，拥有平等陈述自己意见的机会，不受现实生活中社会身份、经济能力、权利地位的影响。因此，以论坛为代表的虚拟空间，构建了一种全新的社会组织关系和社会结构。在这一新型社会组织关系中，互动的群体是匿名的，仅表现为一种ID形式的存在。也正是这一特性，使互动的群体能够以一种相对自由的身份参与到活动之中，能够塑造一个全新的自我，以及相应的网络人际关系。

（二）用户关键词：多级分化

在论坛发展过程中，根据内容以及相应的用户群体也越来越显现出差异化的特征。互联网论坛虽然是一个开放的空间，且网络空间用户之间保持的是一种松散的社会关系，但用户基于共同的话题爱好，往往会集中到某个固定的论坛上。如以大众群体聚集的天涯论坛、百度贴吧，高知群体聚集的水木清华，文艺青年聚集的豆瓣，关注时政群体为主的强国论坛等。群体的分化彰显出在早期自媒体的发展中，信息的个性化已初见端倪，而对个性化信息的趋同反映出的是对自我网络身份的认同。

豆瓣网是PC互联网时代兴起的兴趣社区，豆瓣网聚集着一批文艺青年群体。豆瓣网崛起彰显出传统兴趣社区已经在互联网时代走向没落，从宏观层面来说，豆瓣网聚集的文艺青年群体，是庞大互联网消费群体的分化；而从微观层面来说，豆瓣网内根据版块和兴趣对豆瓣网群体进行了再次分化。从级别层面来说，豆瓣网内群体存在“三级分化”，“一级分化”是豆瓣网在整个网络中的分化，形成了一个基于网站小众聚合功能的网络社群平台；“二级分化”是以社交内容为划分类型，分化为豆瓣读书、豆瓣电影、豆瓣音乐、豆瓣同城、豆瓣小组、豆瓣阅读、豆瓣FM、豆瓣时间等具体版块；“三级分化”是在各版块中根据用户喜好或需求的不同，自由结合而成的各种兴趣小组。豆瓣网用户的“三级分化”彰显出极具个性化的圈层结构已成为互联网时代用户的显著特征。

（三）效应关键词：一夜爆红

论坛作为一种自媒体形式，既为网友之间的话语交流提供了平台，同时，也为用户的个人展示提供了舞台。由于互联网论坛的信息传播具有速度快、地域广的特点，因此，正是借助互联网的扩散效应和优势，一些用户通过有个性、夸张、搞笑的方式而使自己一夜爆红成为可能性。慕容雪村、流氓燕、芙蓉姐姐、天仙MM等人在网络社区的迅速蹿红，不仅体现了我们这个时代的躁动，某种程度上，也改变了人们固有的生活方式和心理状态，并对传统社会的伦理规则、价值取向和行为规范等产生了较大冲击。

如果说自媒体新业态萌芽时期的网络爆红，还只是针对个人，其商业目的或隐或显，但发展到消费互联网时代网络爆红背后的商业逻辑便愈加凸显。追求网络爆红的目的在于吸引流量，从而达到商业价值的最大化，但由此也带来了流量造假的不良后果。流量造假是互联网时代的特有产物，其性质与商品经济时代的假货无二，都是违背基本商业道德和诚信准则的不法行为。当互联网与各行业融合发展，大量社会投资、金融资本涌入互联网行业时，流量自然就成为资本衡量新业态市场成功与否的重要标准。同时，当人们把流量视为互联网经济的核心，各行各业均根据流量及其所附加的粉丝数量来做商业选择、价值评判，“唯流量论”便开始大行其道，各种所谓“网红”喷涌而出。

但从本质上来说，这些变化和冲击并不能完全归结为爆红的各路主角，他们/她们只是整个互联网生态中的一个要素，各路主角背后的推手是互联网对全社会组织关系、结构关系的重构。一般说来，通过流量造假而达到“爆红”或“网红”的背后往往存在一条以“水军”和智能刷单机器人为核心的庞大灰色产业链。

二、博客：新业态个人化走向的突破

（一）传播关键词：突破界限

在经历了论坛的喧嚣之后，博客逐渐成为自媒体新业态的主流文化形式。2002年，“博客中国”的出现，宣告了自媒体新业态具有了另一种新形式。博客是网络日志的重要表现形式，2005年，随着Web2.0技术的成熟，博客用户的数量以惊人的增长速度迅速达到了1600万。一时间，博客成为最流行和最时尚的互联网文化形式，它通过超链接并以一种极具个人化色彩的网络日志的形式来展示自己。博客作为互联网写作的重要组成部分，所构建起的写作平台、思想空间、情感载体，及其所承载的抒情言志、思想交锋、新闻传播等文化功能，成为网络虚拟世界民主化的集中体现。“超链接文本、BBS、电子论坛、电子邮件等都表征了主体的多元化与网络民主特色。而博客的出现将这种趋势引向新的高峰。”[①] 但在强调民主化的同时，不容忽视的是博客这种自媒体新业态也消弭了个人与公共之间的界限。

作为一种新型的互联网文化，博客在空间层面上打破了个人与公共的界限，代表着一种不同于以往的生活方式和工作方式。博客突破个人和空间的界限以博客的信息共享为标志。2007 年轰动一时的“姜岩死亡博客事件”，由一个私人事件演变成公共事件，凸显出这种最具个人化的内容却成为最具公共性的文化形式，展示了博客对社会生活的影响。博客的私人化体现在它是一种自我意识非常强的自媒体形式，适应的是以个人为中心的表达形式和内容，在个人交际、个人知识选择、个人作品出版等领域发挥着自媒体的传播与展示功能。

由于博客本身的便捷性，使其可以不受权威、体制的影响而自由地发表意见，这在某种程度上降低了公众进入公共领域门槛的可能性，使普通网民能够对公共生活的话题表达见解。因此，博客虽然是个人的，在传播上却具有群体性和大众性，是私人化的公共空间。

（二）用户关键词：走向落寞

博客的用户群体经历了一个较为鲜明的变化过程。在博客创立之初，博客是专业人士较为推崇的一种书写方式。2002 年方兴东创立“博客中国”之时，吸引了一批专家学者注册，也正因为此，创立之初博客具有较强的思想性和学术性，是一个属于小众的自媒体形式。但在 2003 年出现的“木子美风波”，使公众对博客产生了一定负面性的认识，但这一事件也使公众开始认识到博客这种自媒体形式。博客终于走入普通网民的视野，成为一种流行的自媒体形式，造就了博客书写的“庶民狂欢”。

---

① 汪寅、黄翠瑶．“博客”文化现象探析．云南社会科学，2006（第 3 期）．

但是随着移动互联网的兴起，博客用户开始大量流失，活跃度下降，以致部分博客平台关闭所有免费博客并清零用户数据。尽管如此，一些人气较旺的博客依然发挥着自媒体的功能，仅从流量来看，目前财经类的博客较受欢迎。在新浪博客排前10的博客中，财经类占8个，文艺类和美食类各占1个，说明财经作者在这个以经济发展为意识形态的社会中仍具有较强的号召力。

表3.2　新浪博客总流量排行（数据已暂停更新）

序　号	博客名	博　主	点　数	类　别
1	徐小明的BLOG	徐小明	2,459,490,000	财经
2	wu2198的BLOG	wu2198	1,658,190,000	财经
3	封起De日子	封起De日子	1,076,470,000	财经
4	凯恩斯－私募教授	凯恩斯	974,190,000	财经
5	股市风云	股市风云	819,660,000	财经
6	淘金期货 淘金股海	淘金客	810,710,000	财经
7	坏人也温柔de陈词滥调	空空道人	790,560,000	财经
8	韩寒	韩寒	601,000,000	文艺
9	冯矿伟《双龙战法》	冯矿伟	562,750,000	财经
10	YOYO食色空间	YOYO食色空间	430,290,000	美食

博客由喧嚣走向落寞，是新业态快速更迭的必然。2018年随着《网易博客网站关停、迁移的公告》的发布，以及网易博客从2018年11月30日零点起关闭服务器，正式停止运营，吹响了“博客时代落幕”的序曲。“虽然博客产品逐渐离开舞台中央是必然的趋势，但是在今天互联网的繁华和喧嚣之下，深度内容的生产依然是一个巨大的问题。在社交媒体进入全民生活化、商业化和娱乐化的今天，真正严肃和深度的内容生产进一步受到挤压。深度内容虽不是大众化需求，但始终是人类社会发展的关键力量。网易博客的关闭，也将使这个需求矛盾日益突出。”① 某种意义上，博客从风行一时，便占有了广大的互联网

① 方兴东．博客离场，深度内容不会离场．环球时报，2018-08-25.

用户，不仅仅是因为博客本身为用户提供了一个表达的平台，为各类传媒提供了一个个鲜活的话题，更在于它的形式和属性，适应了PC端的文化传播需求。而当移动互联网兴起之时，博客本身依赖和依存的文化环境发生了变化，其用户离场就成为必然。因此，当新的传播条件生成之时，用户的深度内容生产形式也会随着新技术条件的改变而改变呈现形式。

（三）效应关键词：平民书写

博客推动了大众书写时代的到来。以往，书写总是专业作者的专利，但是在互联网时代，书写门槛的降低，普通人对博客书写有了狂热的追求，书写不再是大众遥不可及的范畴。由于互联网的便捷性，所写文字的“发表”没有了纸媒的各种限制或制约，因此，在一个没有编辑审读的时代，博客作为一个极具个人化色彩的书写显得无关发行，无关趣味，无关严谨，无关对错。在互联网空间里，人人都可以当作家。

因为如此，博客虽然一度繁盛，但用户却也鱼龙混杂，内容参差不齐。“木子美风波”就是博客极度平民化、极度个人化的典型案例。2003年8月，“木子美”的性爱日记《遗情书》在网络走红，引发全国大讨论。应予承认，“木子美”的性爱日记就日记本身而言，只是个人隐私，是自己生活方式的一种选择和记录，而一旦将性爱日记以发帖的形式公布在网络上，那么，就成为极端个人化“用身体写作”的书写方式。尽管“用身体写作”早就引发人们对于传统道德的广泛关注和议论，但是“木子美风波”却彰显出互联网为平民化书写开辟了一个崭新的平台。虽然这种极度个人化、平民化的书写方式不能与“人民写作”等同，但借助于互联网传媒广泛的公共性和参与性，而引发的社会效应却是前所未有的。在日益多元化的时代，博客书写作为一种精神产物和一个时期的“媒体宠儿”，尽管能带给人们思考和分享，是“新民间文学”的重要体现形式，但这种注重博客分享以及博主和网友互动的新书写形式，仍应坚持正确的价值导向。

三、微博：新业态介入公共生活的映现

（一）传播关键词："零距离"

微博，是继博客之后又一具有主导性的文化形式。与博客相比，微博是一种更加注重时效和随意性的自媒体平台。从某种程度来说，Twitter的诞生催生了微博的出现，在经历了饭否等早期微博试验品的探索之后，2009年，伴随着智能移动终端的普及和新浪微博的正式开放，以及腾讯微博、搜狐微博等与之相伴随的发展，中国微博用户数量和月活跃用户数量均进入了一个爆炸式的增长期。以新浪微博为例，在产品不断优化和内容消费体验提升的背景下，月活跃用户数量始终呈现出强劲的增长态势。

整体而言，微博的出现与流行，与互联网信息通信从PC端向移动端转移不无关系。互联网移动端的推广与普及，要求其承载文化产品的内容和形式发生相应变化。移动互联网时代，人们对互联网的需求更加多元，已不再只满足于在单一的场景下对互联网终端的单一功能及其使用，而是更倾向于以充分社交的方式强化交流职能。微博社交在动机上分为亲友交流新平台、偶像互动新途径、交友择偶新渠道和关注时事新方式等，采取的是"背对脸的单向跟随式人际传播方式，其提供的@功能、消息提醒功能、转发功能、私信功能等，同样给用户创造了一种双向开放的社交关系"。[①] 在这种双向互动关系下，微博用户可以通过关注、评论、私信等功能进行即时发布、沟通、分享，给予微博用户和关注者以无违和"零距离"的现场感。正是这种现场感，进一步增强了微博信息传递的时效性和快捷性，使人们能够通过微博"随时随地发现新鲜事"。

---

① 周真珍. 关系革命背景下微博的社交功能研究. 衡阳师范学院学报，2014（第4期）.

因此，一些突发性事件或引起全球关注的重大事件，通过微博的在场传播，以及博友的即时分享和互动，能够迅速在社会中传播开来。

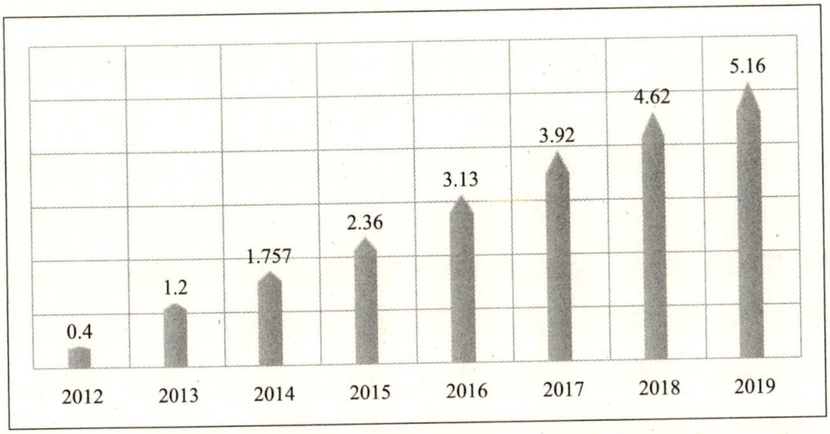

图 3.1　新浪微博月活跃用户数量（单位：亿人）

数据来源：新浪年度第 4 季度财报

近年来，随着直播崛起，微博直播也加入直播阵营中。微博直播与电视直播的方式与意义有所不同，电视直播是一种大众传播，而微博直播是面对受众的全面、即时的参与和互动。2011 年“天宫一号”发射，不仅多家门户网站对发射全过程进行微博直播，而且“天宫一号”直接入驻腾讯微博，“天宫一号”以第一人称发布相关信息，首度尝试拟人化的方式打造载人航天科普大使的形象，把航天事件相对严谨的过程以碎片化、通俗化、个性化的全新视听方式，无违和感、零距离、无时差地呈现给微博用户。

（二）用户关键词：意见领袖

微博的传播与以往的媒体形式不同，传统媒体是一种扇形的单向信息传递，效果难以预估，而微博的信息传播则是建立在他者对博主微博关注的基础上，且博友间的即时分享和互动，使得博主发出的信息会以几何裂变式的模式进行传播，能够在较短的时间内将信息进行扩散，迅速形成一个公众探讨的话题和舆论关注的中心。这就为网络意见领袖或“网络大 V”的出现提供了必要契机。

“网络大V”通常指在网络上比较活跃，又有海量粉丝的“公众人物”，粉丝数量划分一般以50万为界限。如姚晨在新浪微博上拥有8000万的粉丝，是名副其实的“网络大V”。“网络大V”作为意见领袖在互联网空间中具有一定的舆论引导力和影响力，但是从舆论导向上看，“网络大V”的信息和舆论导向大致可以分为两类。

一类是向社会传播正能量，传递向善、正确的价值观。2020年疫情防控以来，“张文宏医生”“华山感染”等个人或组织，以专业的知识和通俗的表述向社会解答各种“疫问”。张文宏医生2020年5月16日入驻新浪微博，开博的目的是因为“看到很多以张文宏名义写的疫情分析或者名言警句，似乎合情但常不合科学道理，也就是说合情而不合理，恐多产生误导。鉴于此，开设本人微博，传播第一手信息与观点”。[①]某种程度上，正是由于怀着善良之心追求正义之事，具有正确的价值观，且能够回应现实人们普遍关心的问题，“张文宏医生”微博瞬间吸粉6万多，在“中国会持续处于‘接近零（本土）病例’的状态”等问题上，与网友互动，即时发声，实现了很好的舆论引导。

另一类是向社会传播负能量，利用网络便利，参与传播一系列网络谣言或奇谈怪论，以此引发人们关注扩大自己影响力。如“薛蛮子”“秦火火”“立二拆四”、周禄宝等，利用网络发布负面帖文，不仅形成了以谣博名、以谣牟利的灰色网络利益链，而且涉嫌网络违法犯罪活动，终成危害社会的“大谣”。

作为意见领袖，这些“网络大V”打破了传统媒体的话语垄断，改变了传统网络舆论格局，在丰富话语意见的同时，也存在绑架网络民意、攻击党和政府等不良违法活动。因此，有效鉴别互联网空间的话语，完善引导规范机制，打击和屏蔽不良言论，净化网络环境，是最大化发挥微博社会舆论效应的重要保障。

---

① “张文宏医生”个人微博．来源：https://weibo.com/u/7454177482?from=page_100106_profile&wvr=6&mod=myfollowhisfan&refer_flag=1005050010_&is_all=1.

（三）效应关键词：民众参与

微博在改变传统舆论格局的同时，也在悄悄地改变中国社会。这不仅是微博的即时性和互动性增加了参与过程的真实感，而且在于微博已经成为民意表达和公共参与的重要手段。在微博吸引社会民众参与公共事件中，有两个重要的事件需要予以关注。

其一，“围观中国”。2010年被称为“微博元年”，自从各大网站开通微博以来，注册和活跃用户规模都呈现出惊人的增长态势，在深刻改变中国思想形态和社会面貌层面发挥着不可忽视的作用。2011年，“微博打拐”就是微博利用其传播效力，吸引传统媒体跟进报道，并促进有关部门积极解决社会问题的典型案例。所谓“关注就是力量，微博改变中国”，是指微博依托其强大的舆论影响而展示出的“反向议程设置”能力。在这场变革中，微博为公众提供了参与公共事务的便捷渠道，微博用户则成为时代讯息的记录者和关注者，微博变成了舆论监督利器。

其二，“直播中国”。微博的即时性给用户直播提供了先决条件。“直播中国”强调了微博对中国当下情境的活动关系，力图在快速媒介化、信息化的时代浪潮中，对中国当下精神欲求及其相关事件进行实时记录，如“两会直播”“天问一号发射直播”等，展示的是宏观历史进程中的时代印记，成为媒体文化和媒体实践运动的景观。但也不可否认，微博直播也有很多内容是从个人微观层面展示的社会体验和记录。“江西宜黄强拆事件”等，使微博成为一种更为简单高效的利益表达通道和诉求渠道。但需要指出的是，微博直播缺乏内容建构，如果直播事件本身不具有公众性、轰动性则很难引起大众关注，而直播为吸引更多的眼球和流量，则会朝着低俗、恶俗的方向发展。“微博直播自杀”“微博直播虐猫”等事件已彰显出在缺乏公众参与的情况下，微博直播就以猎奇和低俗的内容取悦公众，建立一个追求肤浅的、暂时的、没有深度的社群组织。而当直播结束，社群随即解散，并不能形成基于共同兴趣需求和价值观的一个稳固的、持续性的人际社交群体。

四、微信：新业态公私边界的消弭

（一）传播关键词：融媒体平台

微信是中国当下最流行的智能即时通讯方式。作为一个自媒体公共信息平台，它将人际传播与大众传播相结合，使得信息的传递凸显出快速、及时等特点。在内容传递上，依托智能移动终端，可以发送语音、视频、图片和文字等。正是基于此，微信的应用领域甚为广泛，如产品销售、移动支付、新闻发布、品牌传播、高校教育、生活缴费、游戏、物流、酒店服务等多个领域，已成为一个融媒体平台。随着微信平台效应的不断增强，微信自 2011 年上线后注册用户迅速攀升，截至 2019 年年底，微信月活跃用户已达 11.65 亿人，规模数量可谓庞大，成为世界社交应用软件上升速度较快的软件之一。

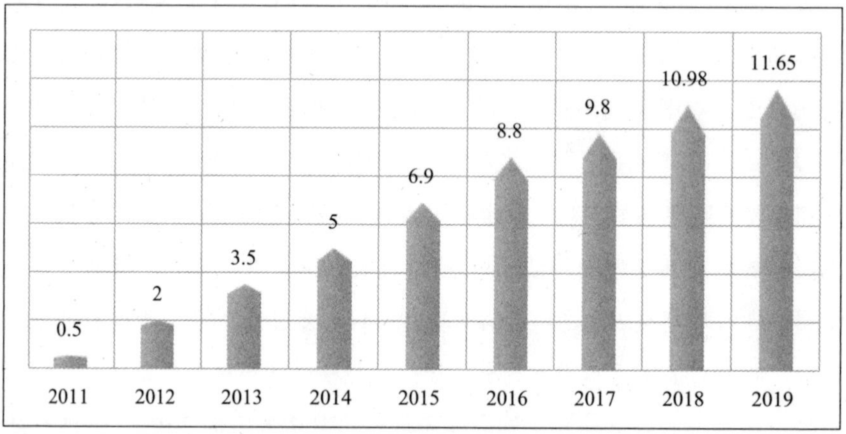

图 3.2　微信月活跃用户情况（单位：亿）

数据来源：微信年度第 4 季度财报

作为重要的融媒体平台，“微信正是通过其社交平台上不断拓展的公私合域，获得了用户更高的信任度和更高的黏着度，从而拥有了更高效能的平台全能化竞争优势”。[①]微信在内容、形式以及渠道等多个方面，推动了媒体的平台化发展。微信推送的信息内容，从广义的意义来说，与微博等并无根本性的差别，二者的差别仅在于频次的不同。微博用户的推送频次没有限制，尽管微信个人用户推送频次也没有限制，但作为媒体平台的公众号则每天只能推送 1 次，每次最多 8 条，且推送之后修改的字数、次数均有严格限定。这就意味着，微信公众号各条信息之间的排列组合、精细度和严格度均超过微博。在形式上，微信与微博也存在一定差异。“短文 + 视频”“短文 + 图片”是微博中经常出现的内容形式，微信尽管也可以通过“短文 + 视频”“短文 + 图片”的形式，但形式与微博比相对单一，长篇图的形式较多。在渠道层面，微博和微信都能实现传播的最大化，但由于二者的盈利模式存在差异，微博通过影响信息排序，即干扰信息排列次序，而微信虽然不干扰排序，但在广告曝光时间段上会有一定的干扰限制。整体而言，微信作为一种融媒体平台，再一次改变了人与人的沟通方式、社交方式，创造了一种新的即时性的新媒体平台。

（二）用户关键词：身份转换

微信作为新媒体平台，创建了一种新的社交方式，并以此为基础，创新了信息生产模式、发布模式、传播模式和消费模式。随着微信的商业模式和市场运作模式不断深化，用户身份转换的特征凸显出来。

微信信息的传播与微博有较大不同，微博的信息推送者与信息关注者的关系以兴趣为基础，注重的是信息传播的广度和速度；而微信的信息推送者和关注者是一种熟人关系，二者之间呈现出较为复杂的双向互动或多向互动关系。这是因为微信朋友圈的信息互动过程，即包括信息推送者与关注者之间的一次互动，但由于关注者之间存在的相识关系，因此信息互动过程也包括关注者之间的二次互动，以及推送者对二次互动的再次互动关系。这种互动关系，把微

---

① 周笑. 社交平台媒体对公私合域的建构与创新——基于微信平台的观察与分析. 传媒经济与管理研究，2006 年辑刊.

信所营造的社交关系呈现为一种无中心的扁平化结构。“微信建构了一个完全去中心化的社交网络，在这新型的媒体中，原本被抽象或被人为建构的传统型受众已终结，取而代之的是成为下列各种角色中的一个或多个：发布者、浏览者、咨询者、交流者、搜寻者或对话者，等等。他们体验到了前所未有的话语掌控权，能够自由选择作为不同的受众类型。”[①] 当然，在这种扁平化结构的身份转换中，角色的身份发生了转换。

这也就意味着，微信信息的推送者在互动过程中可能也是二次互动的信息接受者，而信息的接受者在信息接收的过程中也可能构成新的信息的推送者。微信信息二次互动中的身份转换，信息推送者与关注者的身份差别变得模糊化，信息生产、传播和接收等环节，不再是特定人群所主导的特定事件。在新的结构语境中，每一个人既是信息生产者、传播者，也是接受者。通过身份转换，传播者与接收者的界限被打破了。某种程度上，在微信的复杂互动中，没有纯粹的信息推送者，也没有纯粹的信息接受者，微信强化了信息推送者主体和接收信息客体的双重性质，构成了一个网状的组织结构关系。

（三）效应关键词：重塑生活

微信零成本、低门槛的特点，使其迅速成为商家关注的对象。在所有对微信的开发利用中，微信支付是重要的服务品牌，是微信平台开通的移动支付创新产品。微信支付的出现将线上与线下、人和机器、物品和网络紧密地结合起来，构成一个新的产业链条，对银行业、电商业、娱乐业、餐饮业等众多行业的发展均产生一定冲击。作为一种支付手段，微信支付已经拓展出刷卡支付、二维码支付、公众号支付、App 支付等多种支付方式，并创新性推出企业红包、代金券、立减优惠等营销方式，为用户不同的支付场景提供支持。虽然，微信支付只是微信的一种功能，但这一功能消弭了个人与公共的界限，引领的是以智能移动消费为主的文化生产模式、传播模式、休闲模式，成为一种真正的文

① 沈维梅．论社会化媒体语境下“微信传播”的影响．传媒观察，2014（第 7 期）．

化生活方式。

微信红包作为微信支付的一种特定形式，在继承传统文化习俗的同时，也日益成为一种新的文化形式。《2016年中国“互联网红包”大数据报告》指出，微信红包用户不仅是传统的年轻网络使用者，而且其影响力已经渗透到各个年龄层，在年轻和年老两个群体中扩展，同时也通过互联网进一步向中小城市、区县覆盖。随着微信红包的覆盖面越广，微信红包个人性与公共性的界限就越模糊。微信红包超越个人界限而走向公共性，最集中的体现是朋友圈的“抢红包”。“抢红包”是一种开放和共享性行为，“红包”进入朋友圈就意味着它已跨越个人界限进入公共领域，成为公共认可的东西。“微信红包的使用打破了传统的交往壁垒，以网络化的个人主义为核心，成为交际甚至生活消费的符号载体，弱关系的延伸使它能够触及更远的社会关系和更多的应用场景，含蓄意义也使得红包在大多数情形下都容易被接受和认可。”[①] 当微信红包作为一种文化生活习惯被认可，它就不再是一种生硬的营销手段和个人化的情感表达，而变为一种具有公共性的文化产品。

五、直播：新业态公共性的彰显

（一）传播关键词：直面粉丝

直播是一种以移动互联网和智能移动终端为依托的自媒体形式。2015年，“YY直播”开始在游戏方面进行直播，后来相继出现了映客、快手、花椒；新浪、腾讯等大的互联网平台也开始加入，一时间，直播成为传媒产业的一个风口。在传播特征层面，微博、微信面向的是生人社会和熟人社会，而与微博、

① 刘毅、卢雨楠．微信红包使用影响因素：基于社会心理与社会资本视角．现代传播，2019（第8期）．

微信不同的是，以实时音像内容为主要形式的直播，其面向的群体是粉丝，粉丝用户通过移动终端实时观看直播，并通过弹幕与主播进行实时互动，对主播进行实时打赏，极大提高了传播效率。主播与粉丝的即时互动，打破了空间的隔阂，使直播的体验性、参与性和沉浸感超越了以往所有的自媒体形式。“网络直播的即时性、同步传递性，可以让它与观众进行现场的实时连接，直播视频的修饰难度增强，公开性提高，使其拥有最真实、最直接的用户体验。”[①] 现场体验和即时互动，增强粉丝对陪伴与分享的情感需求。某种程度上，直播的传播与消费对象就是粉丝，庞大的粉丝群体是培养优质主播的土壤，由此直播所具有的公共性充分彰显，而增强主播与粉丝的互动，无疑是增强粉丝黏性的重要手段。

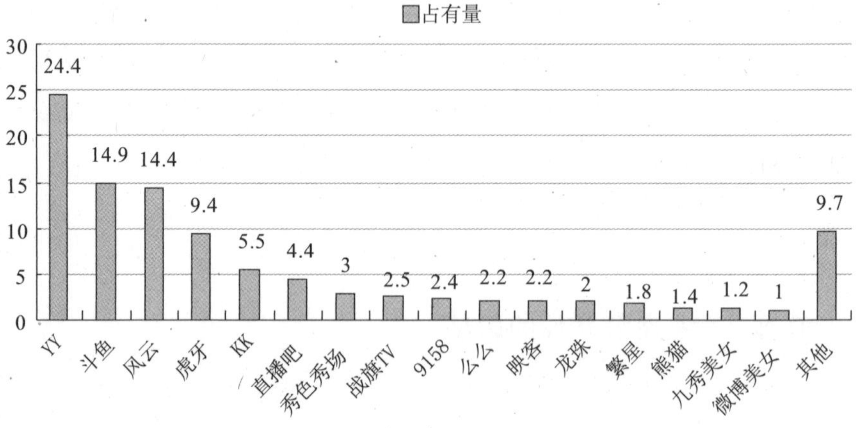

图 3.3　2016 年中国各移动直播平台累计下载量分布

来源：艾瑞咨询

弹幕是直播过程中衍生出的新型社交形式，也是粉丝文化的一种呈现形式。B 站作为我国最大的二次元文化网站，是弹幕文化形式的重要承载地。B 站从诞生以来就一直因“弹幕文化”深受粉丝喜爱，为此，B 站还曾想为参与弹幕互动的受众群体以答题的形式设置门槛。就弹幕本身而言，作为粉丝文化的呈

① 燕道成．网络直播现存困境及发展对策．新媒体研究，2017（第 24 期）．

现形式，它是热衷于表达的粉丝表明观点、亮明态度、互动交流的重要形式。“从形式上看，弹幕视频‘枪林弹雨’的景观性和群体‘狂欢’式的观影感受都生动地表明了使用者的游戏心态和主动疏离的超脱态度。”[①] 在视频直播过程中，用户可以通过“弹幕评论”与主播进行交流，表达用户本身的感受和见解。当B站等二次元网站开启弹幕模式之后，粉丝利用弹幕玩起的“弹幕霸屏”“弹幕护体”“弹幕剧透”便成为二次元文化的一种常态。弹幕文化传播的过程，是粉丝从一个被动接受观者向主动观众转变的过程，是用户从自我联想、自我心理体验向互动式体验、解构作品的过程，意味着一个以互联、互通、互动的互联网群体的形成。

（二）用户关键词："90 后"

直播的用户群体有一个变化的过程，“80 后”的真人秀直播创造了“超女”“快男”，那还是一个互联网 PC 端占据主导的时代。但“90 后”与之不同的是，“90 后”是互联网时代的原住民，他们生活在一个物质相对丰盛，产业快速升级变革的时代。在这个时代移动互联网已得到普及，且与移动互联网相应的新兴文化业态层出不穷。互联网文化新业态的不断涌出，为“90 后”尝试新事物、寻找新体验提供了多样选择。

随着“90 后”消费能力的日渐增长，以及这个群体逐渐走向社会，他们所喜爱的文化已经开始成为文化发展的主流，“90 后”的真人秀直播则与移动互联网紧密结合在了一起。他们敢于通过直播展示自我，并被自我认同所驱动，随着兴趣走，也正因为如此，多样的直播平台为“90 后”提供了多样的选择，也激发了“90 后”群体蕴藏的巨大的文化创造力。与之前任何一个代际群体相比，“（‘90 后’群体）他们消费选择和生活选择的自由度远比以前要高，而‘90 后’或‘95 后’在文化消费等方面的意愿也比其他世代要高。生活条件的整体提升使他们有了经济支撑，因而更能发展出丰富多样、往往难被老一代人

① 金元浦. 创造：观者的参与——从弹幕谈起. 上海艺术评论，2016（第 3 期）.

理解的亚文化形态和生活方式选择”。① 不可否认，代际群体之间的文化鸿沟是现实存在的，但随着“90后”消费能力的日渐增长，以及这个群体逐渐走向社会，直播这种自媒体形式，将不再是一种小众的亚文化，它会逐渐与主流文化融合，日益展现出强大的经济效益和社会效益，成为新的经济增长点。

（三）效应关键词：盈利模式

直播所具有的社会效应正在逐步彰显，这不仅体现在它依托强大的粉丝群体而使围绕直播的产业营销具有较高的精准营销度和成交转化率，而且在于作为一种自媒体它创造了历史。2015年Papi酱的横空出世以及2016年Papi酱拍出的2200万元贴片广告费，宣告了自媒体历史上第一次广告拍卖的成功，这一成功展示出以直播为代表的自媒体已具有搅动文化产业要素重新配置的力量，而且为自媒体的盈利指明了方向。可以说，以直播为代表的自媒体所蕴含的经济创造力正在逐步显现，各种自媒体形式也正在探索变现的各种可能性。

在盈利模式的探索中，相继涌现出粉丝打赏模式、直播带货模式、内容付费模式、页面广告模式等几种较为明显的模式类型。多样化的盈利模式，是自媒体公共性在传播和实践中的体现，即直播平台作为公共视听载体可以承载更多的内容业态，提升了互联网运行主体进入的可能性，更多的用户可以依托不同的形式自由实现价值的生成与转化。但也不可否认，由于直播平台本身的门槛较低，公共性的过度膨胀，致使直播内容与形式芜杂，用户内容供给和需求层次不一。部门用户为谋求快速经济回报，导致直播内容低俗化、恶俗化，充斥着暴力、淫秽乃至黄赌毒等现象。因此，在强调自媒体平台公共性的同时，加强平台本身的主体责任建设和相关法律法规建设势在必行。

---

① 张颐武．关注90后年轻人的文化选择．环球时报，2018-11-08.

六、短视频：新业态全民化的走向

（一）传播关键词：全民娱乐

短视频是一种依托移动互联网为主要传播载体的新兴文化业态，快手、秒拍、美拍、抖音等是较为流行的短视频 App。2017 年以来，不仅 BAT 等网络巨头布局短视频，陌陌、映客、YY、花椒、来疯等直播平台，也纷纷开设短视频版块，力图在短视频的市场上分得一杯羹。可以说，众多短视频平台的竞争充分说明这一业态有着较为广阔的潜力。随着各大互联网平台尤其是直播平台纷纷涉足短视频领域，短视频瞬间成为产业发展的又一个风口，用户规模增长速度快，市场规模不断攀升。截至 2019 年年底，中国短视频用户已达 8.2 亿，年龄段上至儿童，下至老年群体，已成为极具普及性的文化娱乐形式，我们已然进入一个全民短视频时代。

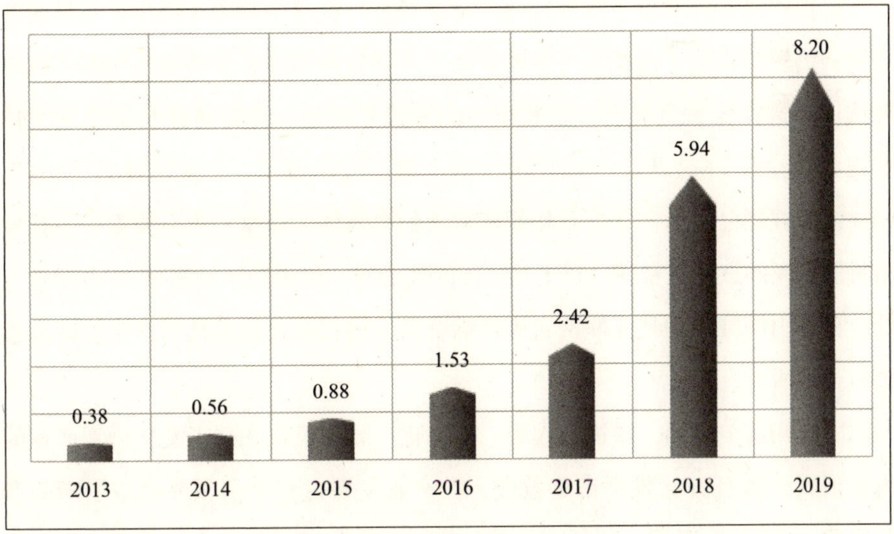

图 3.4　中国短视频用户规模（亿人）

短视频时代的到来，是20世纪从文化转向到视觉转向后的再次转向。短视频文化转向并不仅是说短视频成为主要的文化消费内容，而是指未来我们将以视频化的形式展示所有文化内容。作为以内容为核心要素的新兴产业业态，短视频在产业发展中展示出新的发展特征，推动文化创意产业的创新与发展。

短视频对文化创意产业发展意义而言，首先体现在内容创新层面。短视频是4G时代的产物，随着移动智能终端的普及，新一代Wi-Fi技术标准802.11ac的诞生，以及移动互联网在信息接收层面VoLTE的全网商用，使得移动终端对大信息流的处理成为一种可能。新的信息载体的变化，要求新的产品内容与之相适应，这就为短视频的出现提供了一种可能。而短视频15秒、57秒、4分钟的内容时长，在内容题材上，主要集中在搞笑、美食、美妆等领域，以轻松娱乐为主基调，这就意味着这种新的内容产品与移动互联网的碎片化、“快消品”、视觉化、娱乐化的消费需求模式相一致。因此，在这一意义上，短视频是与新技术相适应的新的文化消费产品。

（二）用户关键词：社群效应

短视频培育和发展了短视频化的社群经济。在这个社群经济里，正是因为短视频的轻松娱乐，围绕某一主播聚集了大量粉丝群体，主播和粉丝群体能够形成一个规模庞大且具有一定影响力的短视频社群。知名网红Papi酱在美拍的视频粉丝有514.7万，可以说围绕Papi酱已经形成了一个规模庞大的社群，Papi酱短视频已成为一个颇具传媒影响力的自媒体，而这一点只要看一下粉丝给每段视频的点赞数量便一目了然。Papi酱的每一段视频大约都有20万粉丝点赞，显示出网红与现代互联网自媒体结合后，短视频化的传播所产生的巨大渗透力和传播力。

所以在这个层面，短视频作为一种文化产品不仅仅拓展了文化创意产业的内容形式，而且开始发挥市场效应，在产业发展过程中引领并创造了新的产业实践。“基于互联网，依托于网红经济，短视频比传统内容创业模式更加贴近用户，由于制作手段灵活多变，也更能满足受众和商业投资者多样性的需求。”[1] 从内容和形式来说，与 PC 端的长视频不同，短视频“短、小、快”的传播优势和碎片化的传播特点，更容易促成短视频的二次及多次传播，形成粉丝群体。市场效应领域，网红利用短视频产生的社群经济，成功实现流量导流。如网红张大奕利用美拍视频售卖品牌服饰、“网红手机”，引发粉丝线下抢购热潮，促进了粉丝经济的发展。可以说，大量网红涉足短视频，推动各领域短视频化的进程，使短视频与各领域的跨界融合成为具有文化意义和产业意义的事件。如共青团中央入驻抖音等短视频平台，利用短视频传播正能量。短视频与各领域的跨界融合，既创造出新的文化内容视听产品，又赋予自媒体以划时代价值，即短视频将文化群体从线下吸引至线上，又从线上导引至线下，探索出一种利用短视频进行线上线下内容产品传播和推广的新模式。

但需要指出的是，短视频创造的文化价值和产业价值，是由社群成员对以主播为核心社群的价值认知和定位产生，它们围绕社群本身进行增值，在逐步提升社群本身影响力、传播力和渗透力的基础上实现价值的变现。然而，在看到短视频对促进文化创意产业发展所具有的重大意义的同时，也应看到，短视频业态在产业化发展中面临着功能与定位不清的问题。目前，虽然各个平台传播的短视频作品数量庞大，但优质内容仍属少数，“美食才女”李子柒、“口红一哥”李佳琦等纯属个案，尤其是 2020 年疫情防控以来，短视频直播带货“翻车”事件频频发生，引发粉丝群体不满。[2] 这也说明，纯做短视频的“搬运工”，没有从创意层面打造和提升品质，终究不能形成稳固的粉丝社群。社群效应在产品品牌化的过程中发挥着加速器的作用，而效应能否发生裂变，产品本身的品质和创意仍是重要的基础性因素。因此，在注重传播、营销的时代趋势中，内容为王依然是必须遵循的法则。

---

① 郑宏、何涛. 自媒体时代短视频“热”的冷思考. 西部广播电视，2017（第 4 期）.

② 罗克研. “假货女王”翻车 直播带货待规范. 中国质量万里行，2020（第 5 期）.

（三）效应关键词：盈收模式

短视频是互联网技术与文化通过市场共同催生出的内容产品，因此，有必要探索营运与盈利模式。营运和盈利模式是新业态从自发走向成熟的重要步骤，也是新业态赖以生存发展的重要基础。短视频探索盈利模式，意味着经济短视频化和短视频经济化已成为不可忽视的市场趋势。短视频不仅仅在产业实践中做得风风火火，而且还有了足以震撼整个文化产业领域的标志性事件，即Papi酱短视频以2200万元贴片广告的招标，开自媒体广告拍卖的先河。这一标志性事件的出现意味着我们需要以一种全新的眼光来审视短视频，也就是短视频不是一种一阵风式的现象，而是已经成为能够驱动社会经济发展的重要增长点，具有了相对固定或成熟的营运模式和盈利模式，可以实现商业化。

同时，短视频直播带货、开屏广告、信息流广告等，都是短视频在探索发展中逐渐成型的盈利模式。而且这些广告的呈现形式充分与短视频相结合，广告主将广告的产品特性与短视频轻松娱乐的内容巧妙融合在一起，通过软性广告的方式向受众传递广告信息，广告的故事性的情节设计生动形象，在吸引受众的同时，更易提高受众的接受度。由此，它就不仅能够引领和带动业态在规模和数量上的发展，进一步繁荣业态发展，而且已成为文化经济整体结构中不可忽视的重要组成部分。

七、自媒体新业态的未来发展趋势

（一）自媒体新业态的差异化发展更加明显

新业态在发展初期，往往会面临一拥而上的状况，尤其是在短视频领域，由于众多平台之间缺乏较为鲜明的定位，使得短视频行业同质化的现象严重。目前，从内容来看，短视频主要集中在娱乐、搞笑、表演和商卖等领域，但由于彼此之间功能相似，使用户类型和内容产品属性没有较大差别。因此，可以预见随着短视频竞争的不断加剧，以并购、兼并为主要内容的市场淘汰将是不可逆转的趋势。2017 年，今日头条全资收购美国移动短视频创作者社区 Flipagram，微视短视频平台宣告关闭等案例，彰显出短视频领域虽是新生业态，但已进入行业洗牌阶段。市场的劣汰决定了如何在市场的选择中得以生存壮大，将检验着短视频运营者的智慧。毋庸置疑，寻找差异化的发展路径，实现特色化经营，是短视频实现创新发展的必由之路。

（二）自媒体新业态的形式更加丰富

自媒体新业态是互联网与文化结合的产物，随着互联网与文化等业态的深度融合，自媒体迭代的速度将进一步加快，更多的自媒体形式会争相涌现。这种形式，不一定是重新创造出一种新的自媒体，也有可能是将以往的、已不在社会生活中占据主导地位的媒介形式进行重新包装，赋之以新的形式和意义。如自媒体广播蜻蜓 FM、喜马拉雅 FM 等。这就意味着，媒体的新与旧并不是绝对的，在未来自媒体的发展中，是否能通过创意性创造或转化与未来时代的发展趋势相融合，将决定自媒体自身的命运。

自媒体新业态的兼并逐步增多。自媒体新业态竞相涌现，虽然反映出自媒体市场的活力和创造力，有巨大的市场需求。但资本的盲目、逐利，以及市场化的逐步推进，自媒体新业态的市场兼并、重组将成为产业发展的一个必不可缺的过程。这既是优化资源配置，做大、做强、做优自媒体的重要旨向，也是有效规避市场风险，减少资源浪费，强化市场为导向自我修复的最佳手段。随着论坛、博客的没落，微博、微信归于平稳，直播在经历喧嚣之后也必将走向产业整合，这对自媒体新业态而言是有利的。只有通过技术和内容的深刻变革，自媒体新业态才能更加健康地发展下去。

（三）自媒体新业态的监管治理提上日程

自媒体新业态是一种新兴的文化类别，也正因如此，围绕自媒体出现了许多乱象。“百度魏则西事件”“快播涉黄案”“斗鱼 TV 直播造人”等事件，彰显了自媒体在快速发展过程中的无序和混乱。造成这种混乱的原因一方面在于我们的市场经济体系仍不成熟，产业伦理尤其是对以互联网为核心的技术伦理的认知尚处在初步认知阶段，使产业伦理难以成为自媒体规范运营的有效束缚。另一方面在于针对自媒体新业态的法律法规制定相对滞后，造成在解决各类问题时，缺乏必要的解决程序。因此，加强法律法规的建设，完善各种监管措施，帮助自媒体更规范、健康地可持续发展，是保障自媒体顺利发展壮大的必要条件。

自媒体新业态无疑是当代最具活力和创造力的一种媒体形式，在过去近 20 年的发展进程中，自媒体新业态尽管以一种个人化形式出现，但一经出现其公共性、社会效应、社群效应、传播效应等却日益增强。也正因如此，自媒体新业态以开放的姿态容纳了众多的参与者、机构和组织，积极拓展了媒体内容生产、策划、传播、经营、资本等领域的要素，逐渐具有重构媒体生态、引导舆情发展和主导社会生活的力量。

第四章

2021—2025 年：文化新业态发展的历史关口期

2021—2025 年是新业态发展的一个重要历史窗口。对文化新业态的发展而言，2021—2025 是“两个一百年”的历史交汇期，具体内涵包括承上启下衔接期、既有成果巩固期和新制高点抢占期。在这一重要历史窗口期，文化新业态以互联网为基础生产力，以“文化 + 科技”为主要呈现形式，在发展中成为新旧动能转换的重要支撑、产业高质量发展的重要动力，并成为“互联网 + 文化”融合发展的重要内容。推进文化新业态发展需要系统谋划，在具体的行动路线上，应致力于在数字化进程中完善文化新业态的政策体系、在“新基建”推进中完善文化新业态的基础设施、在供给侧结构性改革中完善文化新业态的市场体系、在新业态培育中布局文化“高精尖”的产业类别、在市场拓展中培育新业态的消费群体。

当前，我国社会主要矛盾已经转化为人民日益增长的美好生活需要和不平衡不充分的发展之间的矛盾。解决这一矛盾，需要更加深入地推进文化供给侧结构性改革，大力培育和发展文化新业态。文化新业态是新历史条件下文化所呈现的新内容、新形式、新模式的总称。推动文化新业态的发展，既是促进文化从整体上转变发展方式、优化文化经济结构和转换文化发展动力的重要内容，也是以创新推进产业不断发展壮大的重要路径。2021—2025 年是社会主要矛盾发生变化后，文化发展面临的第一个时间节点。从国内外总体趋势来看，未来几年将是我国文化新业态发展与壮大的关键时期，可以确信，未来数年，我们将见证一次巨大的文化变迁。充分意识到这一时间节点的重要性，培育好、发展好文化新业态，对于全面实现文化高质量发展意义重大。

一、2021—2025 年："两个一百年"的历史交汇期

2021—2025 年时间段是"两个一百年"的历史交汇期，在这个时间段，我们既要全面建成小康社会、实现第一个百年奋斗目标，又要乘势而上开启全面建设社会主义现代化国家新征程，向第二个百年奋斗目标进军。从宏观语境来说，2021—2025 年的时间节点是由我国社会经济发展阶段及其预定目标所决定的。在这一历史交汇期内，大力培育和发展文化新业态，既是对未来"两个一百年"奋斗目标历史交汇期内文化形势特点的重大判断，也是对"两个一百年"奋斗目标持续推进做出的重要部署，包含承上启下衔接期、既有成果巩固期、新制高点抢占期三个层面的具体内涵。

（一）交汇期是承上启下衔接期

“两个一百年”的奋斗目标，是对新时代中国特色社会主义发展战略的总体安排，即“在新世纪新时代，经济和社会发展的战略目标是，到建党一百年时，全面建成小康社会；到中华人民共和国成立一百年时，全面建成社会主义现代化强国”。“两个一百年”的奋斗目标衔接在一起，不能割裂开来，因此在这个意义上，2021—2025 年具有承上启下的性质。

所谓承上，即文化新业态以文化产业过去 40 多年的发展壮大为基础。改革开放 40 多年来，我国文化产业在经历了发展的预热期、初创期、改革攻坚期之后，进入转型升级的高质量发展期。40 多年的发展历程，从顶层设计层面推动了中国文化的现代化进程，创造了中国现代文化市场的繁荣兴盛。“在现代文化市场体系建设方面，我国的文化建设尊重实践，制度随行，规范发展。具体来看，文化市场活动的实践推动与文化体制改革的制度拉动是中国现代文化市场体系建构的双轮驱动。中国的改革开放，从制度供给层面保障了中国的现代化进程，创造了中国现代文化市场的繁荣兴盛。”① 随着文化市场实践和管理体制机制的不断完善，符合现代市场经济运行规律的文化市场逐渐形成。

所谓启下，即文化新业态在文化产业 40 多年奠定的坚实基础上孕育而生，互联网数字技术的创新与发展将主导我国文化产业发展的走向。尤其是近年来，随着以互联网为核心的现代通讯科技与文化的深度融合，数字技术为文化发展提供了必要的技术支撑，数字文化产业加速发展。传统文化产业的产品内容与呈现形式，在互联网科技的介入下进行产业要素重构与配置，新业态伴随着传统文化产业的转型升级而不断涌现，拓展了文化产业的创意空间、表现空间、发展空间。一些知名文化创意企业、爆款文化创意产品的出现，某种程度上扭转了我国文化产业长期跟跑、复制的窘状，进入部分领域与国外同步乃至领跑的新发展阶段，为文化新业态在未来的深入推进奠定了基础。

① 魏鹏举．40 年来文化管理制度的演变脉络．人民论坛，2018（第 34 期）．

（二）交汇期是既有成果巩固期

40 多年的改革开放，极大提升了我国文化产业的生产创造能力和产品供给，提高了我国文化产业的国际影响力。从发展速度来看，我国文化产业发展速度在 2010 年之前经历了较快增长后，开始进入低速发展阶段。文化产业发展低速“换挡”，其原因是多方面的，主要体现为：其一，体制机制变革，即文化产业从政府主导的自上而下推动阶段开始走向依靠市场内生动力发展的新阶段。其二，生产方式变革，即随着产业规模、产业基数扩大，文化产业已基本告别以往粗放型、“铺摊子”的发展模式，未来将越来越多地与数字化、网络化、智能化等生产方式相结合，为文化新业态的发展提供契机。其三，国际文化业态变革。2018 年 5 月，大英百科全书增设“第四次工业革命”（The Fourth Industrial Revolution）词条，指出“第四次工业革命预示了将在 21 世纪发生的一系列社会、政治、文化和经济动荡。在第三次工业革命（即数字革命）导致数字技术的广泛普及的基础上，第四次工业革命将主要由数字、生物和物理创新的融合所驱动”。[①] 这意味着，文化生产方式的变革具有世界性，而变革的过程，既是尝试的过程，也是阵痛的过程，某种意义上，增速降低就是这种变革的代价。

正是多种要素叠加，决定了 2021—2025 年是文化产业巩固和提升发展的关键时期，其重要性体现在“强化”和“优化”两个层面。

一方面，强化文化产业在国民经济和社会发展中的地位。

2017 年文化部发布《文化部“十三五”时期文化产业发展规划》，明确提出到 2020 年文化产业发展成为我国国民经济的支柱性产业。2019 年由国家发改委等多部门联合印发的《加大力度推动社会领域公共服务补短板强弱项提质量 促进形成强大国内市场的行动方案》，明确指出到 2020 年文化产业发展成为

---

① Schwab, Klaus. “The Fourth Industrial Revolution” . *Encyclopædia Britannica*. 2018. https://www.britannica.com, 2020-06-01.

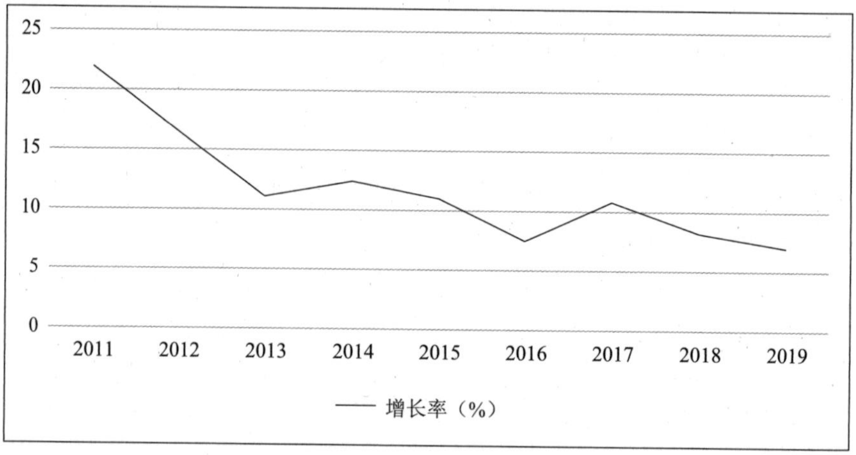

图 4.1 中国文化产业增加值年增长率

我国国民经济的支柱性产业。

2018 年我国文化产业实现增加值 41171 亿元，比 2004 年增长 10.3 倍，2005—2018 年文化产业增加值年均增长 18.9%，高于同期 GDP 现价年均增速 6.9 个百分点；文化产业增加值占 GDP 的比重由 2004 年的 2.15%、2012 年的 3.36% 提高到 2018 年的 4.48%，在国民经济中的占比逐年提高。从对经济增长的贡献看，2004—2012 年，文化产业对 GDP 增量的年平均贡献率为 3.9%，2013—2018 年进一步提高到 5.5%。① 近 20 年文化产业对 GDP 增量的贡献率的提升，彰显出文化产业在国民经济和社会发展中的重要性日益凸显，但与其他产业对国民经济的综合贡献度相比，文化产业的贡献度依然偏低。

因此，2021—2025 年巩固文化产业在国民经济中的发展地位，提升对 GDP 增量的贡献率，是强化文化产业支柱性地位的必然要求。巩固文化在国民经济发展中的地位，不能仅仅依靠规模的扩大，而应该在整个国民经济发展方式转型和经济结构调整中，围绕文化新业态，着力推动文化产业与现代互联网科技的融合，通过培育新文化业态来挖掘和激发新的经济增长点，满足消费者对跨

① 文化事业繁荣兴盛 文化产业快速发展——新中国成立 70 周年经济社会发展成就系列报告之八．来源：国家统计局，http://www.stats.gov.cn/ztjc/zthd/sjtjr/d10j/70cj/201909/t20190906_1696316.html.

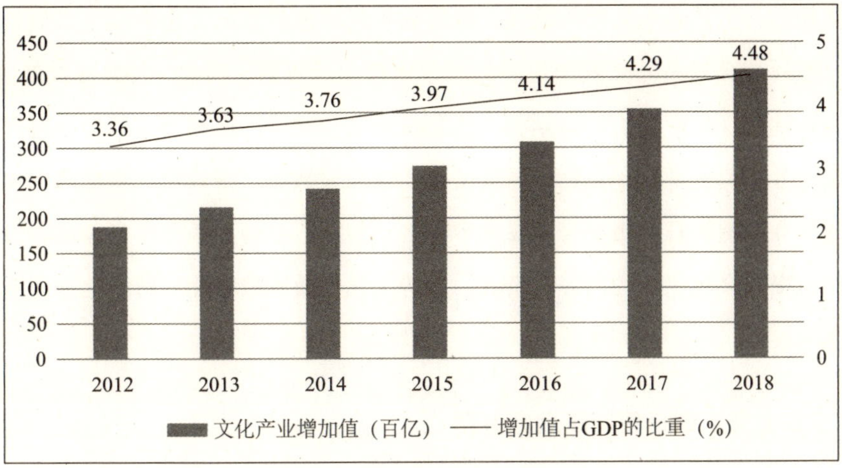

图 4.2　中国文化产业经济增长

屏、跨域、跨网、跨终端的消费需求和信息需求。

另一方面，优化我国文化产业出口结构。

我国文化产品进出口已经连续多年保持顺差，2019 年，我国文化贸易依旧保持平稳快速发展态势，文化产品进出口总额为 1114.5 亿美元，同比增长 8.9%，其中文化产品出口 998.9 亿美元，增长 7.9%；进口 115.7 亿美元，增长 17.4%；贸易顺差 883.2 亿美元，规模扩大 6.8%。①涌现出中国对外文化集团公司、北京东方嘉禾文化发展股份有限公司、奥飞娱乐股份有限公司等一批重点企业，腾讯已成为全球收入最高的游戏公司。目前，我国已成为世界网络游戏的出口大国，2019 年中国自主研发的游戏在海外市场营销收入为 115.9 亿美元，同比增长 21%，中国的游戏出口额仅次于美国，位列世界第二，②彰显出我国文化产业的巨大潜力。

尽管我国在文化产业出口方面已经取得显著进展，而且中国文化产品出口的国际市场占有率也在不断攀升，但是，各类文化产品之间存在较为显著的差异。

① 《商务部服贸司负责人谈 2019 年我国文化贸易情况》，来源：商务部，http://www.mofcom.gov.cn/article/ae/sjjd/202003/20200302945819.shtml.

② 温宝臣．中国游戏产品出口潜力巨大．经济日报，2019-11-18.

文化用品、工艺美术品及收藏品、出版物等附加值较低的文化产品出口增长较快，而科技含量高的高附加值产品竞争优势相对较弱。因此，2021—2025年，进一步优化文化产业的出口结构，强化核心文化品牌的影响力，是这一时期的主要任务。而实现这一目标，需要文化产业与大数据、云计算、物联网、人工智能等互联网科技积极融合，在内容生产、传播、交易和消费等各领域，以数字创意提升文化产业的内容和形式，推进文化产业朝数字化、网络化和智能化的方向发展。

（三）交汇期是新制高点抢占期

新业态呈现出文化与科技融合发展的鲜明特征，其中5G技术作为新一轮科技革命的关键性技术在推动新一轮产业革命的过程中将发挥着至关重要的作用。5G作为当前新一代信息通信技术发展的重要内容，对构建万物互联的基础设施，推动互联网、云计算、大数据、人工智能与社会各领域的深度融合，促进文化产业的高质量发展具有重大意义。但是需要特别指出的是，由于科技竞争和地缘政治等诸多因素，5G不再是一个纯粹技术领域的升级和服务提升，而被赋予了更多的内涵。尤其是中美贸易战仍在继续，在全球竞争日益加剧的背景下，5G及其相关产业的历史使命对我国而言尤为重要。“我们这一次不能再继续躲在竞争的‘舒适区’，继续过去一直遵循的追随战略，而要力争上游，敢于在5G领域中引领全球……毫无疑问，5G将是下一个十年全球高科技竞争的主战场。全球网民超过40亿，移动成为上网方式的绝对主导，互联网越来越成为世界各国整个社会的新型基础设施，5G竞赛很可能将重塑全球高科技格局，甚至全球地缘政治新格局。”① 因此，这个历史交汇期，对以5G及其相关产业的发展而言，是一个制高点的抢占期。

2019年，被称为5G元年。随着5G应用已经从移动互联网走向工业互联网，5G将成为未来产业发展的关键动力。目前，世界各国都在纷纷布局5G网

---

① 方兴东．敢于引领全球，中国5G的战略选择．21世纪经济报道，2019-06-07.

络，众多运营商已获得牌照许可，公布和实施相关产业布局计划和技术试验，可以预见未来 5 年 5G 将成为世界竞争的重点领域。美国无线通信和互联网协会（CTIA）2019 年 4 月发布的“*Global Race to 5G—update*”中认为 5G 将在各个领域快速推进，且构成了世界向智能连接时代迈进的重要组成部分。（见表 4.1）从部分国家 5G 商用的时间节点看，2021—2025 年是各个国家运营商的决战时期。2019 年 9 月，德国发布《高科技战略 2025》（The High-Tech Strategy 2025 Progress Report，HTS 2025），以 2025 年为时间节点，确定未来几年的科研与创新政策的战略框架，以稳固德国研究和创新的世界强国地位。2020 年 4 月，日本发布《日本 6G 国家战略》，指出到 2025 年日本的 6G 主要技术要占有 30% 的战略目标，以保持国家竞争力。这也就意味着 2021—2025 年，随着物联网、大数据、云计算和人工智能的发展，5G 以及新一代通信技术的竞争会成为未来几年驱动经济增长的关键因素，而这些新技术的大规模应用也会引发一场生活方式的变革，文化产业的数字化或数字文化产业也会因此发生颠覆式的改变。

表 4.1　世界部分国家和地区 5G 商用时间一览表[①]

国家 / 地区	运营商	5G 正式商用时间
澳大利亚	Telstra	2019 上半年
	Optus	2019 上半年
	VHA	未公开
加拿大	Rogers	2020
	Bell	未公开
	Telus	2020
中国	中国移动	2020
	中国联通	2020
	中国电信	2020

① CTIA. Global Race to 5G—update. 2019:11.

续　表

国家 / 地区	运营商	5G 正式商用时间
法国	Orange	2020
	SFR	2020
	Bouygues	2020
	Free	未公开
德国	Telefonica	2020
	Vodafone	2020
	DT	2020
中国香港	HKT SmarTone Three	2020
	CMHK	2019
意大利	TIM	2019
	Vodafone	2019
	Wind Tre	2019
	Iliad	未公开
日本	NTT DOCOMO	2020
	KDDI	2020
	Softbank	2019
	Rakuten	2020
卡塔尔	Ooredoo	2019
	Vodafone	2019
韩国	SKT KT LGU+	已公布
西班牙	Vodafone	未公开
	Telefonica	未公开
	Orange	2019
	Mas Movil	未公开
瑞典	Telia	2020
	Telenor Tele2	2020
	Tre	未公开

续 表

国家 / 地区	运营商	5G 正式商用时间
英国	O2	N/d
	BT/EE	2019
	Vodafone	2019
	Three UK	2019
美国	AT&T	已公布
	Sprint	2019
	T-Mobile	2019
	Verizon	已公布

随着各国布局 5G 战略，2025 年将成为一个重要的时间节点。这是因为科学技术用于社会经济生产的周期越来越短。例如，电动机从发明到应用共用了 65 年，电话共用了 56 年，无线电共用了 35 年，真空管共用了 31 年。进入 20 世纪以来，特别是电子信息技术问世以后，其应用普及的速度明显加快。1G 从发明到推广使用用了 15 年（1980—1995），2G 从发明到推广使用用了 10 年（1995—2005），3G 从发明到推广使用用了 5 年（2005—2010），4G 从发明到推广使用用了 5 年（2010—2015），5G 从发明到使用用了 3 年（2015—2018），由此可以预见，未来几年将成为 5G 大规模推广普及的重要时期。

2021—2025 年已成为抢占与 5G 相关产业形态及相关技术制高点的关键时间节点，如在 VR/AR、超高清视频、车联网、远程医疗、智能家居、智能工厂、个人 AI 助理以及智慧园区等相关应用场景中，形成庞大的 5G 行业应用矩阵，涌现出大量混搭、跨界、融合的新业态。近年来，我国积极加快以“新基建”为核心的相关产业布局，着力推动信息网络等新一代基础设施建设。（见表 4.2）“以 5G 网络、人工智能、工业互联网等为代表的新型基础设施展现出巨大发展潜能。它们是数字经济创新发展的基础，也是推动产业转型升级的重要支撑。”[①] 然而，我国在新基建领域，在基础算法、核心芯片等关键技术环节，仍有亟待

① 喻思南．筑牢新基建的“地基”．人民日报，2020-04-29.

突破的“短板”存在。所以某种程度上，我国在以网络化、数字化、移动化和智能化为核心支撑的基础设施建设层面，仍处在起步阶段，还拥有广阔的发展空间。

2020年以来，我国加快5G产业布局，着眼于前沿科技发展，推动中国制造向智能化、高端化转型。文化产业作为社会经济的重要组成部分，新基建的建设与应用，在各个层面将进一步推动文化与科技融合，有助于我国文化产业在未来国际竞争和世界产业配置中占据有利地位。其一，通过5G、大数据、云计算、人工智能、工业互联网、物联网等手段，建立健全符合数字经济时代要求的现代文化市场体系和产业体系。其二，强化文化产品内容创意设计，提升和丰富“线上+线下”相结合的文化体验。其三，通过新基建，加快数字化生产要素与产品的高效流通与配置，培育和发展数字文化新业态的全新生态。因此，2021—2025年，作为我国加快推进5G产业，抢占5G产业发展制高点的关键时期，需要我国扩大已经积累的先发优势，充分把握5G历史性发展带给文化产业的机遇。

表4.2 我国与“新基建”相关的政策

时　间	发布机构	重点内容
2018年12月19日至21日	中央经济工作会议	加快5G商用步伐，加强人工智能、工业互联网、物联网等新型基础设施建设
2019年3月5日	2019年政府工作报告——2019年3月5日第十三届全国人民代表大会第二次会议	加强新一代信息基础设施建设
2019年5月14日	国务院常务会议	把工业互联网等新型基础设施建设与制造业技术进步有机结合
2019年7月30日	中共中央政治局召开会议	加快推进信息网络等新型基础设施建设
2019年12月10日至12日	中央经济工作会议	要着眼国家长远发展，加强战略性、网络型基础设施建设
2020年1月3日	国务院常务会议	出台信息网络等新型基础设施投资支持政策

续 表

时　间	发布机构	重点内容
2020年2月14日	中央全面深化改革委员会第十二次会议	通过《关于推动基础设施高质量发展的意见》，基础设施是经济社会发展的重要支撑，要以整体优化、协同融合为导向，统筹存量和增量、传统和新型基础设施发展，打造集约高效、经济适用、智能绿色、安全可靠的现代化基础设施体系
2020年3月4日	中共中央政治局常务委员会会议	加快5G网络、数据中心等新型基础设施建设进度
2020年4月17日	中共中央政治局会议	加强传统基础设施和新型基础设施投资
2020年4月28日	国务院常务会议	加快信息网络等新型基础设施建设，以“一业带百业”，既助力产业升级、培育新动能，又带动创业就业，利当前惠长远

二、2021—2025年：文化新业态面临的三大机遇

文化新业态以互联网为基础生产力，以“文化+科技”为主要呈现形式。文化新业态的出现与发展，必须放在社会经济的整体语境中，也只有在社会经济的宏观语境中，文化新业态的功能和作用才能予以明确。

随着全球产业格局的重大调整，推动新一代信息技术与我国各领域的深度融合，推进产业变革，形成新的生产方式、产业形态、商业模式和经济增长点，是我国未来一段时期的重大任务。《中国制造2025》是中国实施制造强国战略三个十年行动纲领中的第一个十年行动纲领，这也就意味着2021—2025年是中国高质量完成第一个十年行动纲领，促进经济发展方式改变的关键时期。《关于积极推进“互联网+”行动的指导意见》也明确指出，到2025年，网络化、智能化、服务化、协同化的“互联网+”产业生态体系基本完善，“互联网+”新经济形态初步形成，“互联网+”成为经济社会创新发展的重要驱动力量。因此，在实施《中国制造2025》和“互联网+”行动计划的宏观语境下，大力培育和发展文化新业态，创造人们更加喜闻乐见的优质内容、优质产品，以适应

当前消费模式的变化，是未来文化发展的重要方向。整体而言，2021—2025年文化新业态在社会经济中所释放的潜能与当下社会经济发展的趋势和着力点密切相关。

（一）新旧动能转换的重要支撑

新一轮的科技革命，把当代互联网科技从幕后推向前台，互联网科技作为人类社会发展的重要动力，在塑造和影响世界政治经济社会文化格局的过程中，发挥着越来越重要的作用。当前我国经济已由高速增长阶段转向高质量发展阶段，经济社会发展的驱动力势必做出调整。以往我国的经济增长，依靠生产要素驱动和投资驱动，高污染、高能耗、粗放经营的经济发展模式，产业竞争力水平低，处于产业链与价值链的底端，难以推动和促进社会经济的可持续发展。因此，培育新动能，实现新旧动能转换就势在必行。

2017年1月，国务院办公厅发布《关于创新管理优化服务培育壮大经济发展新动能加快新旧动能接续转换的意见》（以下简称《意见》），强调培育壮大经济发展新动能，加快新旧动能接续转换。《意见》指出创新新技术新业态改造提升传统产业的模式，需要深入实施“中国制造2025”，开展“中国制造2025”是深入推进经济结构转型和实体经济升级的重要途径，是促进供给侧结构性改革的重要着力点。在这一过程中，新技术、新业态在改造提升传统产业、创造市场需求的新产品方面作用显著。改造传统产业而不是完全替代传统产业，是把握和推动新旧动能转换的核心。而改造传统产业的过程，就是把互联网科技融合到传统产业过程中，即通过注入互联网科技这一产业要素，重新配置传统的产业资源。

“短视频＋直播”是近年发展迅速的新型产业类别，这一新型文化业态的兴起，不仅自身呈现出爆炸式增长的态势，截至2020年3月，我国短视频用户规模已达7.73亿，占网民整体的85.6%；短视频市场规模将达到300亿元，[①] 成

---

① 2020年短视频市场规模将超300亿元. 中国有线电视，2018（第8期）.

为社会经济发展市场中的重要行业。尤其是2020年疫情防控以来，“短视频＋直播”从聚焦于娱乐行业开始向社会经济各行各业进行渗透，“直播带货”成为各行业与互联网融合发展的风口。“央视名嘴”与“口红一哥”跨界合作，两个晚上就为湖北带货超亿元；“直播一姐”联手平台总裁，600万只小龙虾、50万个脐橙5秒钟售罄；更不乏各级干部、农学院士出镜，不仅帮老乡打了广告，更以接地气的吆喝引导更多人关注三农……各方面的热情参与，让“直播带货”成为“宅经济”中一道亮眼风景。[①]“短视频＋直播”与传统行业的结合，就是在传统行业中融入互联网新要素，从而更新和提升传统行业发展模式。新业态的发展不仅展现出中国经济强大的自适应能力，更重要的是通过改造固有的生产和传播要素，在把抑制、被冻结住的消费释放出来，创新新的消费方式，成为拉动消费促进增长的新动能。

（二）产业高质量发展的重要动力

当前，我国社会主要矛盾已经转化为人民日益增长的美好生活需要和不平衡不充分的发展之间的矛盾。对于文化生产和文化消费而言，高质量的文化供给不足，成为制约文化产业发展的重要因素。十九届四中全会指出，文化产业高质量发展，应“健全现代文化产业体系和市场体系，推动各类文化市场主体发展壮大，培育新型文化业态和文化消费模式，以高质量文化供给增强人们的文化获得感、幸福感”。[②]这里尤其指出新型文化业态和文化消费模式在高质量发展中的作用。

之所以注重文化新业态在文化产业高质量发展中的整体作用，是基于文化产业存在的一些问题，这些问题主要体现在：

第一，文化产业的整体质量不高，精品化、特色化和网络化的文化产品是文化产业的重要发展方向，而这一发展方向恰恰构成了文化新业态的核心内容。

① 郑宇飞．“直播带货”火爆展现中国经济自适应能力．北京日报，2020-04-24.

② 中共中央关于坚持和完善中国特色社会主义制度 推进国家治理体系和治理能力现代化若干重大问题的决定．人民日报，2019-11-06.

文化新业态以互联网为基础的新型文化产品形式，正是由于很多文化新业态有互联网信息技术支撑，因此产品的表现形式具有较大的科技水平。第二，我国丰富与深厚的文化资源优势，并没有转化为可以利用的文化资本，或者已转化的文化资源，产品形态单一，缺乏创意，同质化现象严重。一些传统文化产业更多地停留在线下或历史传统中，缺乏与当代数字技术、现代观念的结合，未能通过形式或内容的创造性改变融入生活。第三，文化原创能力比较弱。文化原创力是文化产业的生命力，是衡量一个国家和地区文化产业高质量发展的重要标准。与美国、日本、韩国相比，我国的文化原创力仍处在相对较低的层次，没有提炼出代表民族精神、国家意志、历史传统、当代价值的文化 IP。尽管各个领域都在抢 IP，认识到 IP 对文化产业的意义，但仍缺乏如迪士尼那样能够统筹各类 IP 的超级 IP。

因此，破解当代文化产业存在的种种问题，只能求诸文化新业态，也只有文化新业态才能在跨文化、科技的基础上，通过对文化资源进行二次创意和创新，发掘、提炼和利用传统文化中蕴藏的丰富 IP。动漫电影《大圣归来》《哪吒之魔童降世》等爆款作品的出现，彰显出文化新业态对传统文化资源进行二次创造的能力，且通过现代创意的创造性改造，《大圣归来》《哪吒之魔童降世》等以崭新的内容形式造就出高品质的文化产品，且对生产、传播和消费等各个产业环节均带来革命性影响。《大圣归来》的 10 亿票房，曾在 2015 年引发“国漫的春天来了吗”的大讨论，而 2020 年创下 50 亿票房的《哪吒之魔童降世》则让人惊呼“中国电影走进了新纪元”。其实无论《大圣归来》《哪吒之魔童降世》能否真正地形成具有统筹能力的超级 IP，不可置疑的是，文化新业态所蕴藏的巨大潜能都已成为推动文化产业高质量发展的动力。

（三）“互联网 +”融合的重要内容

“互联网 +”的提出，意味着互联网作为基础性生产力已在社会经济文化中发挥着重要作用。可以说，在全球新一轮科技革命和产业变革中，互联网与各领域的融合已成为不可阻挡的时代潮流，其广阔前景和无限潜力正为世界各国所重视。《关于积极推进“互联网 +”行动的指导意见》的出台，意味着积极推动“互联网 +”，促进互联网与各领域的融合，激发创新活力，主动适应和引领新经济发展，对形成经济发展新动能，实现中国经济提质增效升级具有重要意义。

文化新业态是“互联网 + 文化”融合发展的产物。互联网为文化的发展搭建了最重要的载体和平台——互联网，并通过互联网为各行业植入了创新发展的基因。随着“互联网 +”理念的提出并流行，依托互联网这一载体和平台，通过信息通信技术整合各行业的资源，推动产业间的融合，以实现创新产品和经营模式。互联网平台以及文化创造能力，促进了文化产业多屏互动的全媒体运营（手机、iPad、电视、电脑、可穿戴设备等）和全产业链整合的大繁荣（新闻、电视剧、电影、线下活动、游戏、动漫、音乐等）。“互联网 + 文化”的融合，催生出许多新的文化业态，同时也影响着消费者的消费方式和习惯。在生产中，数字技术将文字、图像、语音、影像、音乐等文化内容予以信息化、数据化、流量化，大力推动和提升网络服务、动漫影音、网络游戏、数字出版等创新性强的行业发展，切实加快了这些行业和部门升级换代的节奏，促进了电视、报刊、广播、电影、杂志等传统媒体与新兴媒体的融合创新发展，网络剧、3D 电影、电子杂志等新生事物层出不穷。如电子书 App 阅读器是近年来兴起的新兴媒体，由于它具有智能化、移动化、便携性、交互性和多媒体性等特点，作为传统出版向智能数字出版的产业形态，一经出现便成为市场的宠儿。

整体来说，随着“互联网 +”的深入推进，我国互联网文化新业态的规模优势和应用优势已经逐渐凸显。截至 2020 年 3 月，我国网络游戏用户规模达 5.32 亿，是世界第一大网络游戏市场，世界第二大出口国。我国互联网文化新业态在生产端和消费端的深入渗透，极大提升了文化产业的发展水平，引导着资源要素的集聚与配置，对增强各行业的创新能力，以及构筑经济社会发展的新优势和新动能具有积极意义。

三、2021—2025年：文化新业态发展的行动路线

文化新业态是文化发展的新形态，在发展路径、展现形式、影响领域等层面都存在着巨大的不确定性，因此，积极推动和培育文化新业态发展，关键在于科学谋划、务实行动，这就需要在多方面推进新业态发展。

（一）在数字化进程中完善文化新业态的政策体系

文化新业态作为新生文化事物，以文化和科技融合创新为内生动力，以移动化、数字化、智能化和产业化为发展路线，这也就意味着，文化新业态并不会仅仅局限在文化本身的范畴之内，而是一个涉及多领域的系统性工程。尤其是在5G以及下一代新信息通讯技术支撑下，文化新业态作为文化产业的重要类别，对文化及其产业化变革的深度、广度存在着巨大未知，这就需要在文化新业态的发展中不断完善文化发展的政策体系。整体来说，政策体系应充分围绕文化产业的数字化转型进行顶层设计。未来是一个数字化主导的时代，数字化不仅仅统筹一切商业结构，最终会影响每个人的生产生活。“每个行业都要或多或少地参与到数字化进程中来，否则它们就不会走得太远。”[①] 这就需要从整个顶层设计的维度，探讨数字化经济语境下的产业治理体系和能力现代化的问题。

社会经济的全面数字化，构成文化新业态发展的宏观语境，在这一大语境下，以文化新业态为核心的文化产业数字化将成为文化生产力发展与文化生产关系变革的核心动力，将成为文化产业转型升级的重要支撑。因此，推动文化新业态发展，加快构建文化新业态发展的战略布局，亟须建立和完善相关政策体系，主要体现在：健全鼓励支持文化与科技基础研究和创新体制机制，在文

① ［英］基思·威利茨．数字经济大趋势．徐俊杰、裴文斌 译．北京：人民邮电出版社，2013：26.

博、设计等关键领域布局建设国家重大文化、科技基础设施；搭建数字经济与文化产业结构转型升级的交流对接平台，强化文化与科技企业的跨行业互动，帮助文化企业解决数字化转型升级中的实际困难；建立以文化科技企业为主体、市场为导向、产学研深度融合的文化科技融合发展创新体系，探索促进文化创意和科技创新成果转化机制，完善文化知识产权、技术成果转化公开交易与监管体系，推动文化创意和科技成果转化和产业化；健全新业态的法律保障，根据新业态的发展变化、问题瓶颈，及时立法、修法和释法，以应对各种产业乱象，构建起以案释法、以法定案、有法可依的良性循环。

（二）在"新基建"推进中完善文化新业态的基础设施

文化新业态侧重文化的内容创新和形式创意，业态本身的发展需要终端技术迭代，更需要5G、物联网、工业互联网、人工智能、云计算、大数据等新一代信息技术的强力支撑。如果我们把文化新业态比喻为正在行进的汽车，那么新基建就是汽车行驶的高速公路。从范畴上来说，新基建包括信息基础设施、融合基础设施、创新基础设施。就文化新业态而言，三类基础设施从不同层面对文化新业态的发展提供支撑。以通讯网络为核心的信息基础设施，将以大带宽、大连接、低时延的技术支撑，提升短视频、数字影视等新业态的传输、播放品质。以深度应用互联网、大数据和人工智能等技术为核心的融合基础设施，将以互联网的深度学习、数据分析，推动各类沉浸式体验、AI人工智能设备和场景的出现和大规模应用。以研发为核心的创新基础设施，推动中国文化遗产标本库、中华民族文化基因库、中华文化素材库的建设，促进各类文化遗产的保存，为文化新业态的培育提供可创造性转化、创新性发展的文化素材。

表4.3 国家发改委明确的新基建范围

类 别	内 容
信息基础设施	主要是指基于新一代信息技术演化生成的基础设施，如以5G、物联网、工业互联网和卫星互联网为代表的通信网络基础设施，以人工智能、云计算和区块链等为代表的新技术基础设施，以数据中心、智能计算中心为代表的算力基础设施等

续 表

类 别	内 容
融合基础设施	主要是指深度应用互联网、大数据和人工智能等技术，支撑传统基础设施转型升级，进而形成的融合基础设施，如智能交通基础设施、智慧能源基础设施等
创新基础设施	主要是指支撑科学研究、技术开发、产品研制的具有公益属性的基础设施，如重大科技基础设施、科教基础设施、产业技术创新基础设施等

整体而言，新基建能够为文化新业态的发展提供载体和平台支撑。在此过程中，应着力注重三个层面的协调统一。一是社会效益与经济效益的协调统一。从最根本上说，推进文化新业态的基础设施是为满足人民群众日益增长的精神文化需求，通过提供更为优质多样的文化产品和文化服务，保障人民群众的文化权益。同时，文化新业态的基础设施，也应遵循市场经济的运行规律，推广与探索市场化运营，以市场化的方式配置各类文化要素。二是数据共享与文化安全的协调统一。数据是新时代文化发展新的质素，与传统的文化产业相比，文化新业态更多地与现代互联网信息技术相结合，互联网大数据作为新的质素，无疑在改变固有生产关系、更新文化市场体系组织机制的过程中发挥着重要作用。加强数据共享，构建数据共享分享平台，有利于充分利用大数据对文化市场的文化产品、文化人才、文化服务和文化资本等多种要素进行精准配置，才能提升文化市场运营效率和市场的现代化水平。但是，在数据共享的过程中，也存在数据安全与隐私保护的问题。近年，我国数据泄露次数呈上升趋势，数据安全形势不容乐观。从这个角度而言，确保数据安全也是推进数据共享的前提条件，而相关政府部门从顶层设计的高度推进文化数据保护立法工作和政策配套，推动文化数据的安全保护刻不容缓。三是公共性与个性化的协调统一。与以往的文化类型不同，某种程度上文化新业态带有小众化的鲜明特征。快消类文化产品与消费者日益追求的多样化消费和品质化消费已不相适应。以“90后”“00后”为代表的消费群体消费的圈层化较为明显，这就使得个性化定制的文化产品已经成为或将要成为主流的文化消费市场。同时，也应认识到文化新业态是文化供给侧结构性改革的重要组成部分，满足消费群体个性化需

求的同时，新业态、新基建在 5G、人工智能、大数据、区块链等核心技术支持下，也应统筹面向全局性、突发性、场景化的大众需求布局。

（三）在供给侧结构性改革中完善文化新业态的市场体系

在新的历史定位和发展起点上，发展文化新业态，不仅仅是文化产业本身发展的需要，更是深入推进文化产业结构性调整的迫切要求。文化新业态的发展遵循市场化的逻辑，因此，在推进供给侧结构性改革中，完善文化新业态的市场体系，有助于从根本上推动文化产业高质量发展。我国文化产业发展速度较快，但从居民文化需求快速增长的趋势看，文化供给与文化需求之间的矛盾还比较突出。文化领域供给失衡的矛盾依然突出，在文化产业发展过程中，依然存在基础薄弱、总量规模小、低端供给过多、无效供给过剩、高端供给不足等各类问题。完善文化新业态市场体系，无疑是破解文化供给失衡的重要抓手。

文化市场体系是文化产品、文化人才、文化服务和文化资本等各类要素组成的有机整体，但文化市场体系并不是一个固定的范畴，而是会根据时代的发展需求和产业的结构变化等进行适时调整，以适应现代产业的发展需求。因此，与文化新业态相适应的文化市场体系，也就与传统文化产业市场体系的架构与质素存在诸多不同。这其中最大的差异就是大数据已经成为市场体系建构的重要组成部分。当今时代的最大变化是互联网正成为电力取代蒸汽之后又一基础性的生产力，并创造了海量的数据，这些数据开启了时代的转型，已成为重要的商业资本。“一方面，对大数据的掌握程度可以转化为经济价值的来源。另一方面，大数据已经撼动了世界的方方面面，从商业科技到医疗、政府、教育、经济、人文以及社会的其他各个领域。”[①] 这就意味着充分利用大数据对文化产品和文化消费的趋势预测，能为文化新业态的培育与发展提供更为精细化、精准化的服务，以使文化新业态在供给侧结构性改革中发挥更大的作用。

---

① ［英］维克托·迈尔－舍恩伯格、肯尼思·库克耶．大数据时代：生活、工作与思维的大变革．盛杨燕、周涛 译．杭州：浙江人民出版社，2013：15.

（四）在新业态培育中布局“高精尖”的文化产业类别

推进文化产业高质量发展，必须牢牢把握供给侧结构性改革的主线，不断改善供给结构，提高文化产业发展的质量和效益。文化新业态是高质量发展的产业载体，即发展以“高精尖”的文化新业态，是实现文化产业高质量发展的重要保证。所谓“高”，是指文化产业能够在未来社会经济发展中继续保持高速增长的态势，但更重要的是有高端创意、高端科技的支撑，代表着产业发展的新高度。所谓“精”，就是培育具有世界竞争力的独角兽企业或产业园区。所谓“尖”，是指能承接国家或地区重大发展战略和引领世界文化产业发展的尖端技术、尖端创新。从整体上来说，围绕“高精尖”打造文化新业态，既是推动社会经济新旧动能转换的重要组成部分，也是从战略上优化文化产业体系，实现文化产业提质增效的必然选择。

“高精尖”的文化新业态本身体现出跨界融合的多样化趋势，科技不仅成为现代文化产品的重要组成部分，而且催生出许多新的文化形式和业态。目前，依托现代互联网科技，北京出现了各类创意工作坊、创客空间等业态发展载体，带动了二次元业态、虚拟文化业态、泛娱乐文化业态的发展，与之密切相关的网络游戏、网络音乐、网络动漫、网络表演等高端业态成为新的经济增长点，有助于填充因低端业态的无效供给而产生的消费缺口。

尖端智能型文化业态是文化发展的方向。人工智能是21世纪的三大尖端领域之一，2016年10月，美国相继发布《时刻准备着：为了人工智能的未来》《国家人工智能研究和发展战略计划》两份文件，阐述现代互联网智能技术的发展状况、现存及未来可能的应用方向。目前，尖端智能型文化产业较为集中地体现在以下九大新兴行业：人工智能软件/平台、人工智能视觉识别系统、人工智能可穿戴设备、人工智能游戏操控平台、人工智能虚拟现实、人工智能精准营销、人工智能电商零售、人工智能影视、人工智能创作/翻译。从整体来说，尖端智能型文化产业潜力巨大。从2012年开始，我国在人工智能领域新增专利数量已超越美国，人工智能企业融资规模仅次于美国，位列全球第二。因此，促进人工智能与文化产业的融合，有助于人工智能科技成果的转化，推动文化新业态快速发展。

（五）在市场拓展中培育新业态的消费群体

文化新业态生产的最终目的在于消费，只有完成消费文化新业态才形成整个产业闭环。以北京市为例，在以消费促生产提升的过程中，北京市出台了《关于培育扩大服务消费优化升级商品消费的实施意见》（以下简称《消费意见》）和《北京市加快供给侧结构性改革扩大旅游消费行动计划（2018—2020年）》（以下简称《行动计划》），加强对高端文化产品生产与消费的引导。《消费意见》以优化升级商品消费为目的，试图通过消费升级充分释放消费新活力，培育经济发展新动能。《行动计划》紧紧围绕旅游消费，力图通过旅游产业的内涵式发展，增强北京旅游产业由规模性增长向创新驱动转变，推动北京旅游产业发展质量、效率和动力的变革，提升旅游产业的供给体系。可以说，消费升级进入新时代后，解决人民日益增长的美好生活需要和发展不平衡不充分这一社会主要矛盾成为必然趋势，因此，在这个意义上，推动"高精尖"文化新业态的发展，也就成为助力消费升级的重要保障。

由此，不免要问谁来消费。从代际转换的角度来说，"90 后""00 后"是最大也是最具潜力的消费群体。与以往消费群体不同，这两代消费群体具有较强的消费意愿和消费能力。2019 年天猫双 11 活动中，"90 后"和"00 后"消费群体占比超过 50%，这意味着"90 后""00 后"已经成为消费的中坚力量。作为互联网的"原住民"，"90 后""00 后"与之前的代际消费群体相比，其消费喜好圈层化，消费观高端化、个性化、多元化的特征较为明显。与此同时，培育新一代消费群体也不能忽视其他代际的消费群体，尤其是"50 后""60 后""70 后"这三个代际的消费群体，他们的消费观念尽管与新业态的发展趋势不相适应，但仍是不容忽视的消费群体。而且随着时间的推移，"90 后""00 后"也将会被"10 后""20 后"所取代。所以，在未来新业态的发展中，如何弥补和跨越代际之间的数字鸿沟，把握每一代际消费群体的消费喜好，是未来文化新业态可持续快速发展的关键。

第五章

文化新业态发展的政策保障与要素配置

“互联网 +”推动文化科技融合在首都城市发展转型过程中发挥着重要作用。2015 年，首都为增强“互联网 +”对文化科技融合的支撑和驱动，从多个层面加强政策保障，在优化融合发展的环境，在激发市场活力、推动产业模式创新、促进企业协同发展、优化资源配置等领域起到了积极效果。在“互联网 +”推动首都文化科技融合发展的过程中，也存在体制机制束缚、观念认识转变不到位、“信息孤岛”等问题，而破解这些问题也构成了推进互联网经济创新发展的着力点。

在新一轮信息革命和产业革命的世界变革中，以互联网为基础的产业设施和创新要素加快了文化科技融合的进程。互联网不仅在推动技术进步和产业发展效率方面作用明显，而且极大地提升了产业经济的创新力和生产力。2015年政府工作报告提出制订并实施“互联网+”行动计划，将互联网支撑和代表的产业经济正式纳入国家顶层设计，成为国民经济和社会发展的重要战略。自此以来，推动文化科技融合，增强互联网对各领域的支撑作用，发展各类文化新业态，成为实现文化创新发展的重要内容。积极落实和践行国家的总体战略部署，充分发挥我国在互联网用户规模、消费端应用和技术层面等领域的优势，着力推动“互联网+”行动计划，发展和培育各类文化新业态，提升文化科技融合的创新发展能力。

一、构建“互联网+”助力文化新业态的政策保障

政策措施能够从体制机制层面，积极推动“互联网+”与各领域的文化融合，为文化新业态发展提供政策引导和保障。“互联网+”的提出，是信息化、数字化在社会发展中的重大理论突破，它将互联网从构成社会经济的“隐性”要素推置为“显性”要素，这一转变过程“充分发挥互联网在生产要素配置中的优化和集成作用，将互联网的创新成果深度融合于经济社会各领域之中，提升实体经济的创新力和生产力，形成更广泛的以互联网为基础设施和实现工具的经济发展新形态”。[①]“互联网+”的指向是要构建以互联网为基础的社会文化

① 《2015〈政府工作报告中相关词语注释〉》. 来源：http://www.gov.cn/xinwen/2015-03/13/content_2833362.htm.

经济活动，作为一种新兴的产业门类和经济形态，互联网在产业形态构建过程中发挥了基础性的支撑作用。“互联网 +”推动以文化科技融合为核心的文化新业态，就是在互联网这一载体上，培育出适宜于文化新业态的发展环境，催生出文化科技相融合的产业业态。“互联网 +”代表着先进生产力的发展方向，因此，这就要求必须通过体制机制的改革与创新，破除制约新经济形态发展的障碍，构筑有利于经济社会发展新优势和新动能的有利环境。

2015 年以来，国家为夯实“互联网 +”的坚实基础，推动生产模式转变，切实发挥“互联网 +”在促进文化科技融合及其文化新业态发展层面的基础性作用，在顶层设计层面制定了一系列政策。各省区市在贯彻落实这些政策的同时，也结合城市自身的资源优势与产业优势，出台相关政策，推动“互联网 +”文化科技业态创新发展。

表 5.1　与“互联网 +”相关的文化科技政策

名　称	时　间
《关于推进文化创意和设计服务与相关产业融合发展的若干意见》	2014 年 3 月
《关于大力推进大众创业万众创新若干政策措施的意见》	2015 年 6 月
《关于积极推进“互联网 +”行动的指导意见》	2015 年 7 月
《促进大数据发展行动纲要》	2015 年 8 月
《关于加快构建大众创业万众创新支撑平台的指导意见》	2015 年 9 月
《关于推动文化文物单位文化创意产品开发若干意见》的通知	2016 年 5 月
《关于促进移动互联网健康有序发展的意见》	2017 年 1 月
《关于进一步激发文化和旅游消费潜力的意见》	2019 年 8 月
《体育强国建设纲要》	2019 年 9 月
《关于促进全民健身和体育消费 推动体育产业高质量发展的意见》	2019 年 9 月

从政策顶层设计的内容来说，“互联网 +”推动以文化科技融合为核心的文化新业态发展，应首要保障互联网文化新业态的发展秩序。《促进大数据发展行动纲要》（2015 年）与《关于促进移动互联网健康有序发展的意见》（2017 年）的出台与实施，分别从大数据支撑和移动互联网健康发展的角度，助力互联网文化业态发展。《促进大数据发展行动纲要》强调大数据在推动经济转型发展

中的作用，认为大数据已经成为持续激发商业模式创新，不断催生新业态，促进业务创新增值、提升企业核心价值的重要驱动力。《关于促进移动互联网健康有序发展的意见》从推动移动互联网创新发展、强化移动互联网驱动引领作用、防范移动互联网安全风险、深化移动互联网国际交流合作、加强组织领导和工作保障等五个层面 21 条为“互联网 +”语境下文化新业态的发展提供政策支持。这包括完善市场准入制度、加快信息基础设施演进升级、实现核心技术系统性突破等多个领域，大力发展和培育包括移动互联网的约车、租房、支付等分享经济新业态在内的各类业态。

顶层设计注重整体完善和建设“互联网 +”语境下的文化新业态，在各行业领域亦有政策推进，主要集中在以下几个方面。

（一）“互联网 +”促进创业创新

美国金融危机之后，我国经济面临的经济下行压力越来越大，经济发展模式转型的阵痛迫使必须培育新的经济增长点，打造经济发展新的驱动力。创新是社会经济发展的动力和源泉，推进大众创业、万众创新，发挥互联网对各类文化科技资源的优化、配置作用，培育新的文化增长点，不仅有利于重新塑造文化创新体系，而且能从根本上激发社会的文化创新活力。

2015 年 6 月，国务院发布《关于大力推进大众创业万众创新若干政策措施的意见》，指出大众创业、万众创新是发展的动力之源，对推动经济结构调整、打造发展新引擎、增强发展新动力、走创新驱动发展的道路具有重要意义。意见从创新体制机制、优化财税政策、搞活金融市场、扩大创业投资、发展创业服务、建设创业创新平台、激发创新活力、拓展城乡创业渠道、加强统筹协调等领域，提出了 30 个方面、96 条政策措施。这一意见的实施，有助于在全社会厚植创新文化，增强创业创新意识，使创业创新成为全社会共同的价值追求和行为习惯，为文化新业态的发展营构良好的社会氛围。

在此基础上，各地均出台相关政策意见。如北京市制定出台《关于大力推进大众创业万众创新的实施意见》，实施以创新带动创业的创新驱动发展战略。

意见明确了创新驱动战略的指导思想、基本原则和主要目标，提出包含着力培育创新创业发展形态在内的四项主要任务。意见强调强化互联网金融对创新发展的支撑，支持金融机构设立创新服务发展平台，加强资本与企业的对接；提出大力推进文化科技融合，通过强化创新创业的载体和科技文化融合基地，扶持创意性强的设计业、信息服务业等行业门类的发展。意见尤其针对京津冀一体化背景下疏解首都非核心功能的主要任务，提出进一步激发以“互联网 +”为主导的创新业态活力，探索众包服务，以生产业态转移有效减少人口聚集。

整体来说，国务院发布的《关于大力推进大众创业万众创新若干政策措施的意见》，坚持和强化了创业创新国家社会经济发展中的战略性位置，把创业创新与新业态培育、社会经济发展新动能、富民之道等联系起来，对于最大限度地释放各类市场主体创业创新活力，开辟就业新空间，拓展发展新天地，解放和发展生产力具有重大意义。

（二）“互联网 +”推动创意设计产业发展

近年来，我国的设计产业发展迅速，在多个领域已取得世界领先优势。在新一轮的世界创意设计排名中，中国获得 67 项铂金设计奖，已经位居世界第一。[①] 深圳、北京、上海、武汉是中国四家进入联合国教科文组织全球创意城市网络“设计之都”的城市，它们的发展状况代表着我国创意设计产业的发展水平，也是中国创意设计走向世界的重要标志。2015 年联合国教科文组织正式决定将全球首个“国际创意与可持续发展中心”正式落户北京，显示出北京在国际创意设计领域的代表性和话语权进一步增强。但是，需要指出的是创意设计已与传统的设计行业有了较大不同，“互联网 +”语境下的产品设计、视觉传达设计、媒体艺术等创意，是一种融合文化创意与科技创新的新型文化形态。

2014 年 3 月，《国务院关于推进文化创意和设计服务与相关产业融合发展

① 2019 年世界设计排名揭晓！中国已经排名第一. 来源：中国设计之窗 http://www.333cn.com/shejizixun/202014/43495_161840.html.

的若干意见》的发布与实施，意味着文化创意和设计服务在社会经济发展各领域中的基础性支撑作用将进一步彰显出来。2016 年 5 月，国务院发布的《关于推动文化文物单位文化创意产品开发若干意见》，已旗帜鲜明地指出文化创意在文物创意产品开发中的作用。近年来，以故宫为代表的文博单位在开发创意衍生产品领域取得较为显著的社会效益和市场效益。从 2010 年故宫在淘宝开店，到 2019 年建立淘宝“故宫文具”，可以说创意设计极大提升了文物的衍生与利用。但是，在创意设计与其他各领域融合发展的过程中，互联网大数据不仅能为创意设计提供快捷的信息交互平台，也为创意设计充分挖掘用户大数据信息，为消费者更为精准化的设计服务提供载体与支撑。

在国家顶层设计的推动下，各省区市在“互联网 +”与创意设计领域均出台各自相关的政策，推进新业态的培育与成长。2015 年 1 月，上海市人民政府关于贯彻《国务院关于推进文化创意和设计服务与相关产业融合发展的若干意见》的实施意见，指出“鼓励发展基于互联网的众包设计等新模式，提高生产性服务业专业化、社会化、信息化和国际化水平”。2015 年 4 月，北京出台《推进文化创意和设计服务与相关产业融合发展行动计划（2015—2020 年）》，提出提升文化创意和设计服务对全市经济的驱动力，强化现代创意设计产业与互联网为代表的高新科技的紧密联系，行动计划指出把握“互联网 +”发展趋势，提速数字内容产业发展，推动文化产品与服务的数字化进程、培育数字内容产业新业态，积极推进移动互联网、大数据、云计算、物联网等其他设计产业融合，强化创意设计在现代生活中的应用，致力于推动“北京制造”向“北京设计”“北京创造”转变，形成与首都定位相符合的高水平、深层次、宽领域的产业发展格局。

“互联网 +”推动创意设计产业发展，能从整体上加快数字内容产业和信息服务业发展，促进文化产品和服务在生产、传播、展现、消费等各个环节的数字化、网络化水平，在最大限度地激发原创内容创作活力的同时，带动一批文化新业态快速发展，形成一批专业性强、行业优势显著、产业带动效应明显的产业集群。

（三）“互联网 +”强化科技服务能力

提升科技服务业对国家社会经济文化发展的支撑能力，是我国实施创新发展战略的重要任务，也是进一步推动文化新业态发展的重要内容。2014 年国务院发布《关于加快科技服务业发展的若干意见》，提出构建以专业孵化器和创新型孵化器为重点、综合孵化器为支撑的创业孵化生态体系。在这一生态体系建设中，探索基于互联网的新型孵化方式，将会为文化新业态的培育与生长提供有力支撑。当前，“互联网 + 影视平台模式”“互联网 + 游戏平台模式”“互联网 + 旅游模式”“互联网 + 直播平台模式”“互联网 + 动漫平台模式”“互联网 + 文学平台模式”等的出现，不仅体现出科技在文化新业态发展中所发挥的推动力量，而且展示出文化新业态对互联网、物联网、云计算、大数据、电子商务等科技的整合和利用能力。如“小红书 App”是一个生活方式平台和消费决策入口，以“社区 + 电商”的运营模式，带动了一批“小红店”，由此“小红书 App”也成为外媒眼中的“最佳创新公司”。

为强化“互联网 +”的科技服务能力，各地纷纷推出相关政策措施。以北京市为例，2015 年 5 月，北京市出台《关于加快首都科技服务业发展的实施意见》，充分释放科技服务资源潜力，推动科技服务业的专业化、网络化、规模化、国际化水平。意见鼓励基于互联网的新型研发服务业态快速发展，大力培育新型经济业态，开展关键技术的公关与成果的转化推广，促进科技服务业专业化发展，增强文化科技融合发展能力。特别要指出的是，2019 年 1 月，国务院正式批复的《全面推进北京市服务业扩大开放综合试点工作方案》，着力于通过信息化、数字化提升服务业转型升级。工作方案将互联网和信息服务、科学技术服务等作为重点试点的领域，提出继续强化首都全国科技创新中心的核心功能，鼓励互联网和信息服务业与大数据、云计算、物联网、移动互联网、下一代互联网等服务模式和商业模式相结合，拓展服务渠道。工作方案指出“探索文化贸易金融服务创新，积极培育新型文化业态”，强调文化新业态在发展文化贸易，提升北京文化软实力和影响力中的作用。

可以说，经历了近 20 年的快速增长，科技服务业具有了一定的产业基础和市场基础。互联网时代推动科技服务业的发展，就是依托互联网平台，将科技服务业的产业链条串联起来，助力文化与科技融合，推动文化新业态发展。

（四）“互联网 +”推动文旅融合发展

文旅融合式旅游产业是现代服务业的重要组成部分，推进旅游产业与互联网的融合创新发展，有助于旅游产业的转型升级、提质增效。尤其是随着途牛网、麦兜旅行网、马蜂窝旅游网等互联网垂直在线旅游的兴起，旅游市场的组织结构开始出现调整，旅游产品在供给侧和需求侧的互动关系在探索中谋求新的平衡。旅游产业逐步从追求规模速度向追求品质效益转变，发展模式也由原来的粗放式发展向集约式发展转型。可以说，“互联网 +”成为文旅融合的新动力，促进了传统旅游产业的升级。

2019 年 8 月，国务院办公厅出台实施《关于进一步激发文化和旅游消费潜力的意见》，提出“互联网 + 旅游”，推动旅游（景区）提质扩容，旅游项目在内容设计、文化和旅游消费试点城市、全域旅游示范区建设等方面，推进文化与科技融合。在文旅融合发展的过程中，互联网发挥着基础性载体和平台的作用，因此，发展基于 5G、超高清、增强现实、虚拟现实、人工智能等技术的新一代沉浸式体验型文化和旅游消费内容，既能提升文旅品质与内涵，也有助于培育和发展文化新业态。这类文化新业态有“大”有“小”。“大”如“数字敦煌”，以现代互联网科技展示“世界上最长、规模最大、内容最丰富的画廊”与“世界现存佛教艺术最伟大的宝库”，把敦煌莫高窟文化的产业化创新实践“从早期单一的旅游产业、以《丝路花雨》为代表的歌舞演出逐渐向数字文化与娱乐、数字会展产业转型”，[①] 以“科技 + 文化”的形式，探索数字游戏、动漫、音乐等众多业态中的敦煌文化。“小”如故宫博物院为代表的“VR+ 语音 + 图文”导览小程序，为游客提供各种导览服务。

---

① 胡冰．数字敦煌：新时期文化遗产保护新路径．中国社会科学报，2018-11-29.

整体而言，“互联网 +”推动文旅融合发展更多地体现在以文旅融合为主导的现代旅游业发展过程中，互联网等现代科技的介入，颠覆了传统旅游的展示导览模式，也为现代旅游个性化、智能化、数字化、互动化的发展提供了技术支撑。尤其是在疫情防控的大背景下，“云旅游”既是一种新技术和新产品，也是融合文化、科技内容的智能化旅游咨询系统和公共信息平台。从发展趋势来说，以“云旅游”为代表的文化与科技融合方式、文化与旅游融合方式，将成为现代文旅的发展趋势。

（五）“互联网 +”推动体育产业发展

体育产业是朝阳产业，尤其是随着在线付费直播等模式的探索，以及体育运动在市民生活中的推广，体育产业在未来 10 年将迎来一个“黄金发展期”。2015 年全国体育产业增加值达到 4000 亿元，2020 年总规模已超过 3 万亿元。为了抓住这一难得的历史机遇，加快体育产业发展，2019 年 9 月，国务院办公厅印发《体育强国建设纲要》和《关于促进全民健身和体育消费 推动体育产业高质量发展的意见》，均注重互联网与体育产业的融合发展。《体育强国建设纲要》指出，打造现代产业系统，需要完善体育全产业链条，加快推进互联网、大数据、人工智能与体育实体经济深度融合，促进体育产业转型升级、提质增效。《关于促进全民健身和体育消费 推动体育产业高质量发展的意见》提出，大力发展“互联网 + 体育”，推动电子商务平台提供体育消费服务和智能体育赛事发展，培育和壮大体育新业态，拓展体育消费的线上线下消费渠道和空间。

体育产业将是未来文化产业的一个重要增长点。2015 年 7 月，北京市出台《关于加快发展体育产业促进体育消费的实施意见》着力指出支持发展和建设智慧体育场馆，推动科技成果向体育领域转化，提升装备水平。2020 年以来，随着在线视频消费内容和时长的不断增加，“人工智能、计算机仿真、虚拟现实、大数据、物联网、云计算、互联网等信息技术与传统健身行业的深度融合，迎来了智慧健身服务平台发展的契机”。[①] 由此，以个人或家庭为单位，以“云健身”、线上健身训练 App、健身线上直播课程、网络居家健身打卡等新健身方式或业态悄然出现。这些新业态不仅是以智能化记录运动者运动数据的方式，监测运动数据，培养运动习惯，发挥体育类电子商务平台信息技术优势，逐渐形成智慧建设服务的产业价值链，形成智慧健身服务产业集群。同时，以体育影视、体育动漫和可穿戴设备等科技含量较高的体育文化产品加速研发，这些新体育文化消费产品也以新的文化供给满足消费者的文化需求。

从政策层面来说，“互联网 +”助力文化新业态发展，既涉及发展的整体创新环境，又包括具体的产业门类；既注重发挥优势产业的影响力，又关切科技服务对社会和产业发展的支撑能力。以互联网为基础的文化新业态的涌现，及其催生的经济社会变革的整体状貌，伴随着“互联网 +”在社会经济各领域的渗透，必将变革或颠覆固有的社会生产关系，由此也必然要求各个领域与之相关的政策措施不断健全和完善。

二、强化以“高精尖”为目标的文化新业态政策体系

文化新业态是未来文化产业重要的发展内容和方向，而强化“高精尖”的新业态体系建构，是充分发挥文化新业态对社会经济驱动引领作用，实现文化经济高质量发展的重要途径。城市是产业经济发展的重要载体，也是未来世界大竞争的主体。所以，打造以“高精尖”为目标的文化新业态政策体系，既是培育文化新业态快速发展的重要保障，也是提升城市竞争力的关键所在。

北京市是文化产业体系较为完善和产业发展较为活跃的城市，推动以“高精尖”为目标文化新业态发展，有助于北京市在国家层面发挥辐射和带动作用，也有助于在国际层面发挥“国家队”的引领作用。目前，北京大力推动疏解非

① 陶倩. 面对“宅经济”，体育企业应该有“智慧”. 中国体育报，2020-02-26.

首都核心功能和“腾笼换鸟”，相继出台了一系列文件措施（见图 5.1、表 5.2），强化了以“高精尖”为发展导向的文化新业态的政策体系建构。整体而言，北京打造以“高精尖”为导向的文化新业态，完善现代文化产业体系，既是填充疏解非首都核心功能和“腾笼换鸟”后留下的空白，也是从战略上优化首都文化产业体系，提升首都文化产业国际竞争力的必然选择。因此，以北京为视角，梳理以“高精尖”为导向的文化新业态政策保障体系建构，有利于从一种相对微观的层面，审视“高精尖”文化新业态在完善政策保障体系过程中的着力点。

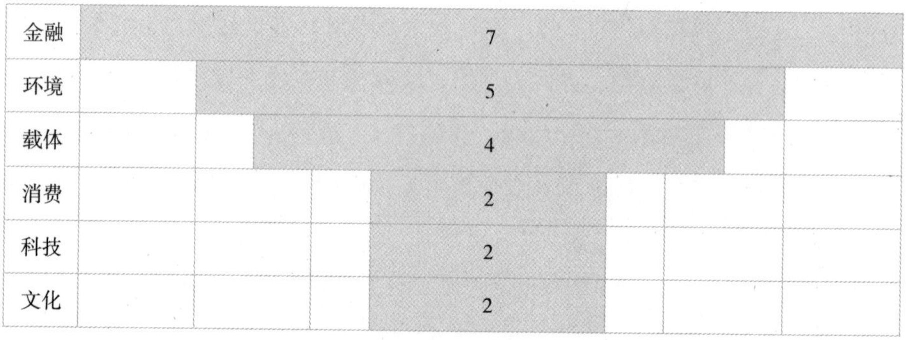

图 5.1　北京 2017—2018 年文化产业政策内容维度分布

表 5.2　北京文化产业相关政策一览表

类　别	文件名称
文化支撑	《关于推进文化创意产业创新发展的意见》（京发〔2017〕20 号）
	《关于进一步促进展览业创新发展的实施意见》（京商务贸发字〔2017〕37 号）
科技支撑	加快科技创新构建高精尖经济结构系列文件（京发〔2017〕27 号）
	《关于加快科技创新构建高精尖经济结构用地政策的意见（试行）》（京政发〔2017〕39 号）
金融支撑	《关于财政支持疏解非首都功能构建高精尖经济结构的意见》（京政办发〔2017〕35 号）
	关于进一步支持中关村国家自主创新示范区科技型企业融资发展的若干措施（2018 年 11 月）
	《关于促进首都文化金融发展的意见》（京银监发〔2018〕5 号）
	《关于构建首都绿色金融体系的实施办法》（京金融〔2017〕152 号）

续 表

类 别	文件名称
金融支撑	《关于进一步优化金融信贷营商环境的意见》（京金融〔2018〕52 号）
	《北京市实施文化创意产业“投贷奖”联动推动文化金融融合发展管理办法（试行）》（京文领办文〔2017〕3 号）
	《关于进一步鼓励和引导民间资本投资文化创意产业若干政策》（京政办发〔2013〕52 号）
消费支撑	《关于培育扩大服务消费优化升级商品消费的实施意见》（京政发〔2017〕20 号）
	《北京市加快供给侧结构性改革扩大旅游消费行动计划（2018—2020 年）》（京政办发〔2018〕3 号）
载体支撑	《关于加快推进中关村科学城建设的若干措施》（京海发〔2018〕1 号，“创新发展 16 条”）
	《关于加快市级文化创意产业示范园区建设发展的意见》（京文领办文〔2018〕1 号）
	《北京市文化创意产业园区认定及规范管理办法（试行）》（京文领办文〔2017〕4 号）
	《国家文化产业创新实验区政策十五条》（2016 年 9 月）
环境支撑	《北京市新增产业的禁止和限制目录（2018 年版）》
	《关于开展质量提升行动的实施意见》（京发〔2018〕28 号）
	《关于进一步优化提升生产性服务业加快构建高精尖经济结构的意见》（京政发〔2016〕25 号）
	《关于进一步提升生活性服务业品质的工作方案》（京政办发〔2018〕10 号）
	《推进“放管服”改革持续优化营商环境便民服务措施》（应急京消〔2018〕3 号）

从政策内容的指向来看，大致集中在文化、科技、金融、消费、环境、载体等六个方面。在数量上有关金融的 7 个，环境优化的 5 个，载体建设的 4 个，科技、文化和消费支撑的各 2 个。从政策出台的密集度上来看，北京文化产业在经历了近 40 年的发展之后，金融、环境和载体已经取代文化、科技和消费成为文化产业政策重点扶持的方向，这体现出文化新业态发展需求已从产品的内容和形式转向金融与环境。这一转变不仅显示出北京在文化产业的发展中面临着新的突出问题，也意味着强调文化产业的发展实效成为北京打造“高精尖”文化产业的落脚点。

（一）强化“高精尖”文化新业态的金融驱动

金融是推动文化产业创新发展的重要动力，尤其北京文化产业经历了近40年的发展，在行业建设、体量规模等方面已取得显著成效的前提下，强化金融对文化产业的支撑，对“高精尖”文化新业态的发展会发挥积极的促进作用。《关于财政支持疏解非首都功能构建高精尖经济结构的意见》（以下简称《财政意见》）、《关于促进首都文化金融发展的意见》（以下简称《金融意见》）等文件的公布实施，明确指向“高精尖”的文化产业。《财政意见》把发展“高精尖”文化产业与疏解非首都核心功能相结合，促进各类研发机构在基础研究和战略高技术领域取得新突破，切实加快首都产业转型升级。《金融意见》则针对北京各金融单位，致力于推动金融产业与文化产业的融合发展，着力为构建“高精尖”的文化产业做好金融服务，积极开拓北京地区文化产业融资市场和文化消费市场。此外，还通过设置“投贷奖”、放宽各类社会资本投资准入、引导民间资本进入、组建200亿元文化发展创新基金，开展“文化金融创新行动”，不断创新金融扶持路径。

重点强化金融对文化新业态的支撑，意味着北京文化产业经过近40年的发展，文化产业已超出普惠性的产业发展阶段，在迈向“高精尖”的产业发展过程中，金融资本将发挥关键的驱动性作用，文化产业进入金融驱动阶段。金融之所以能驱动文化产业向“高精尖”发展，是因为金融的本性在于追逐高额利润，而普惠性文化产业显然不能满足金融的此种目的。金融资本汹涌进入“高精尖”文化产业领域，在培育新型文化业态，助推产业创新发展的同时，也能催生各类炒作和资本泡沫。如BAT以及其他金融资本大举进入AI领域，使得整个行业出现不理性发展，由此产生的行业泡沫值得警惕。[①]

① 李智勇．AI赛道到底存不存在泡沫．互联网经济，2018（第12期）．

（二）优化“高精尖”文化新业态的发展环境

营造稳定公平透明、可预期的营商环境有利于文化新业态健康有序发展，环境建设作为现代文化产业体系构成的重要要素，在文化新业态培育成长，以及文化产业高质量发展中关系着区域优质高端文化要素的吸引。围绕社会经济的高质量发展，北京出台了《北京市新增产业的禁止和限制目录（2018年版）》（以下简称《目录》）、《关于进一步优化提升生产性服务业加快构建高精尖经济结构的意见》（以下简称《优化意见》）等5个文件。《目录》紧紧围绕严控非首都功能增量和推动首都高质量发展，更新了《北京市新增产业的禁止和限制目录（2015年版）》。新《目录》在全市范围内禁止新闻和出版业、体育和娱乐业的低端业态，如高尔夫球场、人防设施内的游乐厅等，加快构建高精尖的经济产业结构。《优化意见》中也突出高端引领，积极促进“互联网+”与文化等领域的融合创新发展，巩固提升优势主导行业，支撑构建高精尖经济结构。

“高精尖”是北京文化产业深入优化产业结构的重中之重，正如《关于开展质量提升行动的实施意见》中所指出的，文化艺术领域提升发展质量，应以“打造一批展现中国文化自信和首都文化魅力的文化品牌”为目标。这也就意味着北京在优化产业发展环境，推进“放管服”等一切举措，都要服务于、服从于北京的文化产业的高端化发展。

（三）打造“高精尖”文化新业态的发展载体

文化产业的发展需要产业实体的强力支撑，高精尖文化新业态的发展实体，既体现为以BAT/TMD为代表的文化科技“独角兽”企业，也体现为发展规范且具有一定示范引领性的产业园区、试验区。近年北京不断强化独角兽企业对文化产业的发展带动作用，吸引“独角兽”企业落户北京。2014年国家文创试验区在北京市朝阳区批准建设以来，试验区始终坚持高端发展战略，通过聚焦高端产业、高端环节、高端功能，大力支持科技含量高、创意程度高、附加值高的文化产业项目，全力推进文化产业“高精尖”发展。2016年公布实施的《国家文化产业创新实验区政策十五条》，在品牌提升、信用体系、文化贸易、文化消费、文化保税等15个领域给予了一揽子扶持政策，全方位促进文创实验区向高精尖升级。根据科技部发布的《2017年中国独角兽企业发展报告》显示，北京以70家企业位列榜首，而在文创实验区就有27家，成为独角兽企业较为集中的区域。中关村不仅是中国文化科技创新的高地，文化新业态诞生集中地，也是全球创新资源集聚的高地。《关于加快推进中关村科学城建设的若干措施》提出建成具有全球影响力的中关村科学城，着力打造具有全球竞争力的创新生态体系和支撑全球创新中心的新型城市形态，提升“高精尖”文化新业态创新发展的效率和能级。

在大力发展国家文创实验区和中关村科学城的同时，加快和规范现有文化产业园区建设，为“高精尖”文化新业态的发展提供了重要的保障。《关于加快市级文化创意产业示范园区建设发展的意见》《北京市文化创意产业园区认定及规范管理办法（试行）》等政策的公布实施，从园区硬件、软件、业态、公共服务、管理运营等各个层面，对文化产业园区的发展建设提出了更高要求。文化产业园区的规范化建设，对提高文化新业态发展质量和科技成果转化的效率具有积极意义。

（四）加强“高精尖”文化新业态的消费引领

文化产业生产的最终目的在于消费，只有完成消费，文化产业才形成整个产业闭环。在以消费促生产提升的过程中，北京市出台《关于培育扩大服务消费优化升级商品消费的实施意见》（以下简称《消费意见》）和《北京市加快供给侧结构性改革扩大旅游消费行动计划（2018—2020年）》（以下简称《行动计划》），加强对高端文化产品生产与消费的引导。《消费意见》以优化升级商品消费为目的，试图通过消费升级充分释放消费新活力，培育经济发展新动能。《行动计划》紧紧围绕旅游消费，力图通过旅游产业的内涵式发展，增强北京旅游产业由规模性增长向创新驱动转变，推动北京旅游产业发展质量、效率和动力的变革，提升旅游产业的供给体系。可以说，消费升级是进入新时代后解决人民日益增长的美好生活需要和不平衡不充分发展的这一社会主要矛盾的必然趋势，因此，在这个意义上，推动“高精尖”文化新业态的发展，也就成为助力消费升级的重要保障。

（五）巩固“高精尖”文化新业态的科技支撑

“高精尖”文化新业态的发展需要科技创新的强力支撑，而科技创新是实现文化的高质量发展的关键环节。只有通过科技创新，强化科技对文化新业态的支撑，文化新业态才能在未来发展中实现高速增长，才能发挥作为朝阳产业的带动作用。2017 年 12 月，北京市公布实施的“加快科技创新构建高精尖经济结构系列文件”，包含 10 个子文件，重点支持新一代信息技术、集成电路、医药健康、智能装备产业、节能环保、新能源智能汽车、新材料、人工智能、软件和信息服务以及科技服务业等十大“高精尖”产业。在推崇产业跨界融合的时代背景下，这些产业对“高精尖”文化产业体系的构建将发挥积极的促进作用。此外，在高精尖产业用地层面也予以适当倾斜，为构建高精尖经济结构、推动高质量发展提供有力支撑。

（六）突出“高精尖”文化新业态的文化导向

文化产业的核心是文化，2018 年公布实施的《文化及相关产业分类（2018）》，对文化产业的产业目录进行了调整，确立了新闻信息服务、内容创造生产、创意设计服务、文化传播渠道、文化投资运营、文化娱乐休闲服务、文化辅助生产和中介服务、文化装备生产、文化消费终端生产等九大行业 43 个行业类别，取消了 2012 版与文化产业联系不紧密的 13 个行业门类，强化了文化在产业发展中的地位。这些行业类别已不是传统意义上的文化产业，而具有鲜明的“高精尖”特质。

为促进文化新业态及相关产业的高质量发展，北京市着力强调创新与文化产业的促进关系，出台《关于推进文化创意产业创新发展的意见》《关于进一步促进展览业创新发展的实施意见》。前者把“坚持高端引领、创新驱动”确定为文化产业发展的基本原则，并通过明确创新发展的主攻方向和重点发展的领域环节来优化构建高端的产业体系，发展新型文化业态类别。后者中展览业虽然较为侧重非生产性文化行业，但作为服务北京市“四个中心”建设的重要载体和构建现代市场体系、开放型经济体系的重要平台，因此，在发展文化科技融合类业态和创意密集型高端服务类业态的过程中，展览业会对现代文化产业体系的打造和文化产业高质量发展，发挥较为明显的引领、聚集、辐射和带动作用。

三、补足“互联网 +”文化新业态的政策短板

“互联网 +”代表着社会经济文化未来的发展趋势，是一种全新的生产、生活方式。作为国家和城市的发展战略，“互联网 +”对社会经济发展的驱动效应已经展露。“互联网 +”语境下的文化新业态已取得较大发展，但仍存在一些亟待解决的政策体系问题，主要集中在以下几个方面。

（一）政策体系建设滞后，体制机制亟待完善

以互联网为基础的新兴文化科技行业和业态颠覆了现有的产业发展格局，随着大量新兴行业日益成为市场主体，不仅对传统市场的监管体制带来极大的挑战，而且制度先天的滞后性，在某种程度上也限制了新兴文化业态的创新发展。2015 年围绕“滴滴打车”合法性问题以及私家车进入出租行业的争论、北京因查处滴滴专车并认定专车属于非法引发的网络口水战、上海市因实施出租车在高峰时段不能接受打车软件预约的规定引起的讨论，以及交通部和发改委在处理打车软件合法性问题上的意见相左，充分说明以滴滴、快的、顺风车等形式的互联网行业与现行的出租车客运管理制度、出租车准入制度相冲突。“互联网 +”对传统行业的渗透，触及既有的体制机制和部分行业的垄断性利益，从而造成政府职能以“错位”“越位”的形式对新兴市场正常合理的需求进行打

压，限制了新业态的发展活力。

因此，面对新业态新形势，需要加强体制机制创新。“互联网 +”作为当代社会经济发展的引擎，对文化科技融合发展的驱动性作用日益明显。以互联网为基础的行业，具有互动性强，快捷、透明等特点，面对互联网语境中文化科技业态的蓬勃发展，以及互联网带来的去中心、行业越界等，使得原有的单向管理模式受到挑战。因此加强体制机制创新，从制度上破除对新业态发展的约束，是推动“互联网 +”助力文化科技融合发展的重要途径。这就要求对互联网行业的管理既要强化部门之间的协同，形成对互联网行业监管联动机制，避免部门之间管理意见的“对掐”，营造良好的政策环境，又要在进一步放宽市场准入，通过深化行政审批制度改革，减少行政审批对企业创新发展的阻碍，发挥市场对资源优化配置的决定性作用。

（二）政策体系功能“空转”，互联网思维应予遵循

“互联网 +”与传统行业的融合在部分领域取得了较大突破，但是互联网在从虚拟经济走向实体经济发展的过程，是一个逐步探索的过程，对“互联网 +”语境中行业的思维模式、运作模式并没有一个清晰固定的程式。因此，适应互联网时代的文化新业态发展，是文化政策发挥效力的关键。

目前，文化政策制定及文化体制改革，在面对互联网文化新业态这一新生事物时，仍存在“空转”的现象，即“体制运行过程中政策功能匹配与公众文化期待之间缺乏有效的‘对位效应’。许多正在执行中的公共文化政策还不同程度地局限于行政部门、行业系统、直属单位，一方面是高成本的‘管理文化’‘打造文化’‘建设文化’乃至‘送文化’，另一方面却是作为文化主体的人民群众漠然于那些‘管理’‘打造’‘建设’和‘送’”。[①] 于是，在实际操作中，出现政策本身“自娱自乐”，或“一刀切”等不良现象，政策规定脱离业态发展实际。根据媒体调查，在网络书店的冲击下，大量实体书店纷纷倒闭，北京

① 王列生．文化建设警惕“体制空转”．人民日报，2014-08-01.

的大学校园近乎有一半的书店倒闭关张，[①]彰显出传统企业在“互联网+”创造新的商业生态环境中对运用互联网的意识和能力不足，一些行业虽然愿意主动利用互联网提升效率，但由于历史惯性等多种因素不想承担变革带来的商业成本，在互联网时代中的处境较为尴尬。一些支持实体书店的扶持计划纷纷出台，但弄虚作假、套骗扶持资金的现象却屡见不鲜，而真正有特色的跨行业融合特色业态并没有培育和推广开来。再如“即刻搜索”的失败，再次证明在“互联网+”时代企业的成功，绝不是传统企业发展过程中屡试不爽的国资背景和传统的先制造产品后营销产品的商业模式，带有“国家队的傲慢”色彩的“行政订制”，[②]与市场和实际需求脱轨，只能造成巨大的资源浪费。

因此，强化政策制定的针对性，以互联网思维全面审视政策工具的功能化，是提升政策实施效率的重要前提。“互联网+”虽然代表以互联网为核心的基础设施的新兴经济形态，但是“互联网+”时代的互联网不仅仅是各行业运作的工具、硬件的构成，而是与互联网结合之后，要求以一种全新的思维模式重构产业链，包括企业与企业、企业与物流、企业与消费者、物流与消费者等各个环节的研发模式、运营模式、商业模式、营销模式、服务模式等。也就是说，传统行业与互联网的结合并非是将线下的内容照搬至线上，不是互联网与传统行业的简单相加。这就要求政策体系的制定与完善，在目标导向上应秉持互联网的市场、开放、共享、平等、共赢的精神，真正在实践操作上为业态创新创造条件。

（三）政策体系长效系统性不足，顶层统筹规划应予强化

不可否认“互联网+”是一个全新事物，在推进文化新业态发展的过程中，势必要改变或颠覆一系列固有的生产关系。因此，发展文化新业态，构建新型互联网文化产业体系，需要从国家顶层设计层面系统规划。

从宏观层面来说，文化产业政策与公共文化服务政策的割裂仍制约着各自

---

① 王晓芸、郑林．北京的大学校园书店倒闭近半．小康，2015（第20期）．

② 陆永花．即刻搜索败于“行政订制”．现代企业文化（上旬），2014（第1期）．

文化服务功能的充分释放。文化产业政策侧重文化的产业属性和经济效能，而公共文化服务政策则侧重文化服务的公益属性和社会效能。这种二元分割，在实际操作中演变为部门的职能分割、行业分割，从整体上来说，不利于新业态的培育和发展。

从微观层面来说，对新业态的治理仍处在“头疼医头”“脚疼医脚”的层面，文化产业政策与科技政策、税收政策、土地政策之间不协调。如文化产业税收优惠政策免征期一般为三年，但文化新业态是具有高科技支撑的文化业态，无法享受高新技术产业免征期从获利之年开始计算的优惠。再如博物馆，一般认为博物馆是公益性事业，而企业筹办的博物馆是否能享受土地、税收等政策。公益性博物馆一般免征营业税、所得税，而当博物馆进行创意衍生产品的开发和大规模销售，那么其公益性的性质是否发生一定程度的改变，其营业税和所得税又应如何征收。这些新出现的问题，均需要通过顶层设计进行系统性的调整和规划。

因此，这就要求针对当前文化新业态发展中暴露出的问题，进行顶层的统筹规划与设计。不仅要及时出台与土地、金融、工商、旅游等文化新业态及相关产业发展的配套政策，也应针对不同行业、重点领域、关键环节推出相互协调的专项政策，增强政策落实的力度。

第六章

文化与科技融合支撑文化新业态发展

文化与科技融合是当代重要的发展趋势，是一个既具有理论性又具有实践性的问题，成为重要的国家发展战略。近年来，我国在推动文化与科技融合发展的过程中，在业态、管理、政策三大领域取得了较为显著的进展，具体表现为文化新业态竞相涌现、新治理的格局初步形成、相关文化法律法规体系不断完善。但仍存在“新治理”合力尚未形成、关键文化装备技术领域仍存在短板、优质内容产品缺乏、大数据的负面影响开始凸显、互联网空间意识形态风控的难度加大等问题。文化与科技融合的发展趋势体现在文化生产、产品、内容、传播、市场、消费、应用等七个层面，表现为人机交互成为文化科技融合新的风向标、产品本身具有的社交功能得到前所未有的释放，以短视频为主的视听产品成为新的爆发点，媒体融合推动全生态的传播与营销方式的变革，以文化科技融合为支撑的新业态影响力显著增强，体验化、智能化和个性化消费将成为主流消费样式，大数据的功能效应介入文化生产。根据文化与科技融合存在的问题与发展趋势，应通过树立“大文化”发展观、完善产业发展体系、提升文化产品的内容品质、倡导向善的文化科技价值观、发挥互联网对舆情监测的作用等，推进文化科技的融合发展，提升文化发展质量。

文化与科技融合是当代的发展趋势，丰富的文化资源可以构成科技发展重要的内容支撑，科技的进步也有助于推动文化形态和内容的更新，有助于传统文化资源的创造性转化和创新性发展。因此，从对文化与科技融合界定这个角度来说，它既是一个理论问题，又是一个实践问题。

在理论层面，文化与科技融合体现为一种历史的趋势和进程，强调产业之间的相互影响和渗透，“融合正以长期发展的方式进行着一个全球化和地方化的过程，并改变着包含人类活动的经济、社会文化和政治结构”。[①] 正因为产业融合涉及领域广泛、影响深远，所以很难就其内涵和外延做出一个明确的界定。在实践层面，文化与科技融合本质上是一种服务于社会的载体或手段，其所提供的服务内容或服务对象主要涉及以下三个方面。其一，文化新业态，主要体现为基于新的互联网技术而生发出的业态，如短视频、互联网媒体、互联网影视等，但是随着5G技术在社会经济中的深入推广与应用，数字内容产业及其相关业态会逐渐爆发。其二，公共文化服务，主要体现为把信息技术、数字技术、网络技术等现代科学技术和传播手段应用到公共文化服务体系的建设中，提升公共文化服务的效能，如各类“文化云平台”“点单式”服务等。其三，支撑文化创造和展示的技术载体，主要指文化内容或文化产品可以依托的各类基础性技术设施，如大数据存储、人工智能（AI）、增强/虚拟现实技术（AR/VR）、增强型移动宽带、语音识别技术等。可以说，在理论和实践两个层面文化与科技融合都是极具全局性、战略性、前瞻性的行动，是对我国传统文化发展模式和路径的升级与超越。

推动文化与科技的融合已经成为世界各国重要的发展战略，面对激烈变化

① Zizi A. Papacharissi, A Private Sphere: Democracy in a Digital Age. Polity. 2010.

的世界格局和世界竞争，十八大报告指出要通过促进文化和科技融合，把推动文化产业的规模化、集约化、专业化发展作为文化发展的重要任务。更为重要的是，随着文化与科技的融合逐渐走向深入，固有的文化秩序和文化生态得到重塑和重组，文化的高质量发展有了更强有力的支撑，但同时也出现了一些不容忽视的新问题。

一、文化与科技融合发展的三维进展

文化与科技的融合存在于多个领域，这既是由文化本身的深厚性所决定的，也深受科技应用广泛性的影响。文化与科技融合有助于转变文化发展方式，提升文化科技的创新能力。近年来，文化与科技融合在相关领域均取得显著进展，主要集中在业态、治理、政策等三个维度。

（一）文化新业态竞相涌现

文化新业态是文化与科技融合发展的产物，从本质上说，文化新业态是文化围绕现代互联网科技而衍生出的新的文化产品、文化行业、文化消费，以及由此构成的新的文化生态，这一生态依据互联网时代文化生产、传播、消费、分配的原则和要求，向社会提供相关文化产品或服务。依据类别不同，新涌现出的文化业态大致可以从以下几个方面来认识。

其一，新“网红”产品频出。“网红”产品既是指因时尚、流行、易操作为基础的小程序、软件等，也指因某件事或某个行为而迅速在互联网中传播且被网民关注的人或事物。前者如 2019 年以“仅需一张照片，出演天下好戏”为口号进而引发网络换脸风潮的“ZAO”软件，后者则多与短视频的流行与普及密切相关，从类型来看可以分为网红人物、网红商品、网红地标、网红城市，其总体特征都是自身的某些特质经物联网无限放大，且在传播过程中迎合网民的消费需求，从而受到互联网世界的追捧。就网红的发展历程而言，当下所言及的网红是“网红3.0版”，与文字时代的网红、图文时代的网红具有较大差异，它以网络短视频为主要传播载体，与粉丝经济存在较为紧密的联系。在某种程度上，网红产品的出现推动了文化的创新与变革。如2016年网红Papi酱视频贴片广告拍卖成为“新媒体史上第一拍”，2018年年末“故宫口红”爆红进一步推动故宫“文化+时尚”的发展探索，2018年张家界玻璃栈道成为旅游者打卡之处，郑州、成都、济南、西安等成为新晋网红城市，推动了城市形象的塑造与传播。从网红的整体效应来说，网红的出现不仅仅是技术、人、商品、地标乃至城市受到了人们的广泛关注，而且在于围绕它本身形成了一种新的文化生产、传播和消费生态。

其二，新行业发展迅速。互联网科技与文化在生产、传播、流通和消费等多个领域的深度融合，催生出一些新的文化行业和文化类别，如以B站为代表的二次元文化、以AR/VR为代表的虚拟文化、以网红直播为代表的粉丝文化、以短视频为代表的影音文化、以语音识别为代表的人工智能和以移动应用App为代表的传媒文化等，这些文化类别所具有的受众规模逐渐增大，文化影响力和市场影响力逐渐凸显。在所有行业中，短视频行业发展最为引人注目。2018年我国短视频应用的用户规模达5.94亿，占整体网民规模的74.1%，引来各大互联网企业布局此领域。[①]其他行业的影响力也日渐突出，2018年我国二次元用户规模达3.7亿，二次元移动游戏市场规模达190.9亿元；[②]人工智能加以推进，2018年我国人工智能核心产业规模达到686亿元。[③]迅速发展的新行业，呈现出以高端创意、跨界融合、模式创新、场景体验为核心特征的产业体系，不仅成为经济发展新的增长点，而且推动了产业结构的优化升级。

---

① 2019年发布的第43次《中国互联网络发展状况统计报告》. 来源：http://www.cnnic.net.cn/hlwfzyj/hlwxzbg/hlwtjbg/201902/t20190228_70645.htm.

② 2019年伽马数据发布的《2018年二次元游戏发展状况报告》. 来源：http://www.199it.com/archives/817229.html.

③ 钟源、班娟娟. 人工智能从“仰望星空”转向“规模化落地”. 经济参考报，2019-02-28.

其三，文化新消费模式日趋多元。新的生产模式必然导致新的消费模式，某种程度上，消费方式的选择是由生产方式所决定的。随着新历史条件下文化新生产和传播方式的变革，适应新时代需求的文化消费模式不断涌现。电商平台消费模式、垂直传播消费模式、IP 产业和 IP 消费模式、网络直播消费模式、众筹消费模式、文惠卡消费模式等正逐渐改变人们的日常生活方式，推动了文化消费与科技消费的紧密结合、网络虚拟消费和现实空间消费的紧密结合，以及小众消费与大众消费的紧密结合。不断涌现出的文化新消费模式，在充分整合现有市场资源的基础上，加速了产业要素在消费终端的整合与创新，有力地促进了消费的升级。

其四，媒体融合取得新成效。媒体融合旨在引导媒体积极适应新时代传播格局的变化，加速实现各类媒体资源在互联网时代的高效整合，实现媒介信息在内容生产、传播体系、公共服务、意识形态风控、平台终端等领域的互融互通。《人民日报》的“中央厨房”致力于媒体的“打通”和“整合”，即“媒体机构和用户的融合”“整合是整合内部资源、整合行业资源和产业资源”，[①] 强化媒体信息整合的数据化、智能化、个性化和移动化能力。上海报业集团在媒体融合中通过探索新的产业运营和投资体系，围绕生产传播打造媒体融合的业务平台、技术平台和空间平台。“在内容生产和传播流程上，打破报媒和新媒在内容生产上分割分离的现状，改造既有的新闻生产流程和发布平台，以全媒体采编平台为牵引，再造流程，探索更加符合互联网传播规律的报道模式和表达方式。”[②] 大众报业集团提出“一二三”融合转型战略，确立了“以‘互联网 +’实现全新生态系统打造为理念，内容为根本，用户为中心，技术为支撑，数据为驱动，人才为关键，资本为纽带”的发展战略，全力构建报网端微一体化融媒矩阵和立体传播格局。[③] 通过各大媒体的融合转型实践，信息传播去中心、网状

---

① 陈玉林．人民日报“中央厨房”的打造与运行．传媒，2017（第 4 期）．

② 张涛甫、覃琴．下好一盘媒体战略转型的大棋——以上海报业集团媒体融合为例．新闻与写作，2016（第 3 期）．

③ 梁国典．媒体融合转型的目标与路径——大众报业集团融合转型的探索与实践．中国记者，2018（第 5 期）．

化和互动性的特征进一步增强，文化信息在传播理念、内容、载体、形式、方法、手段等领域的创新和发展，不仅使媒体生态发生了深刻变化，而且有助于构建舆论导向的新格局。

（二）新治理的格局初步形成

新时代为文化发展提供了新的机遇，新的历史条件下催生出一批新的文化业态，而文化新业态的勃兴与不断壮大必然要求在治理的方式或路径方面做出新的探索。从总体来看，伴随着新的要求和新的挑战，文化与科技融合领域的新治理趋势集中体现为以下两个方面。

一方面，通过国家顶层设计推动治理模式改革。推动体制机制改革是提升文化治理能力的重要途径，为促进与现代文化发展相适应的体制机制的形成，2018 年 4 月，文化部和国家旅游局的职责进行整合，新组建了文化和旅游部；7 月，成立国家科技领导小组，协调与科技创新领域相关的各种关系。注重网络安全与信息化建设，把网络安全纳入国家安全的战略高度，召开“全国网络安全和信息化工作会议”，积极推动网络强国建设。一系列改革创新，从国家顶层设计的高度推动了文化治理的时代化和现代化水平。

另一方面，强化文化科技融合的监管力度。近年来文化新业态呈现出爆炸式的增长态势，为了规范和管理文化新业态，有关部门出台了一系列相关政策，如《关于进一步加强广播电视和网络视听文艺节目管理的通知》（广电发〔2018〕60 号）、《关于进一步规范网络视听节目传播秩序的通知》（新广电办发〔2018〕21 号）、《关于加强网络直播服务管理工作的通知》（2018）、“出版国产网络游戏作品审批”和“出版境外著作权人授权的电子游戏出版物审批”（2019）等。这些文件的发布与实施对完善文化业态的管理、规范文化行业发展具有积极意义。

（三）相关文化法律法规体系不断完善

法律法规是文化建设的重要保障，相对完善的法律法规有助于文化建设的健康、有序进行。目前我国在文化领域的相关法律法规包括《中华人民共和国旅游法》《中华人民共和国文物保护法》《中华人民共和国非物质遗产法》《中华人民共和国公共文化服务保障法》《中华人民共和国电影产业促进法》等，法律法规建设与文化发展的实际需要之间尚存在一定差距。

其一，加快文化产业的法制建设。文化产业经过近 40 年的发展，无论是在社会效益还是经济效应上都取得了显著进展。为进一步推动文化产业发展，2019 年 7 月《文化产业促进法（草案征求意见稿）》公开征求意见，聚焦“促进什么”“怎么促进”两个核心问题以及促进文化产业发展的关键环节，在创作生产、文化企业、文化市场等环节予以扶持，促进文化产业发展。

其二，多维度推动文化科技融合发展。文化与科技融合是文化产业的重要发展趋势，为增强文化与科技的互动，国家相继出台《国务院关于推动创新创业高质量发展打造“双创”升级版的意见》（2018）、《国务院办公厅关于印发文化体制改革中经营性文化事业单位转制为企业和进一步支持文化企业发展两个规定的通知》（2018）、《完善促进消费体制机制实施方案（2018—2020 年）》（2018）、《国家文化和科技融合示范基地认定管理办法（试行）》（2018）、《关于促进文化和科技深度融合的指导意见》（2019）等一系列的政策措施，从创新创业、体制改革、消费机制、基地建设等多层面推动文化科技融合发展。

二、制约文化与科技融合的因素与问题

文化与科技融合正引领传统文化的创造性转化与创新性发展，对丰富文化产品供给和满足居民文化需求具有积极意义。但是，在文化与科技融合发展领域仍存在一些不足，科技对文化建设的支撑作用的潜力还没有充分释放，制约二者融合发展的因素体现在以下几个方面。

（一）文化和科技分属不同行政管理系统，"新治理"合力尚未形成

党的十九大以来，文化领域的体制机制改革取得重大突破，有力地推动了文化建设和发展。但是，从管理部门来看，文化归属宣传部门、广播电视部门、文化和旅游部门、知识产权部门、文化市场综合执法部门、网络管理部门等，但是条块分割、交叉管理的现象依然存在。尤其是随着文化与科技融合的趋势不断增强，以互联网为内容和载体的文化形式与互联网科技、互联网安全、互联网金融等领域的关系越来越紧密，但这些领域从属于网络安全与信息化部门、科技部门、金融部门等，从促进文化与科技融合的角度而言，统筹促进二者融合的协调机制和激励扶持政策仍有待完善，以提升文化治理的现代化水平和治理能力，形成"新治理"合力。

（二）文化产业的科技供给能力不足，所需关键文化装备技术领域仍存在短板

文化与科技融合推动了传统文化业态的创新和新文化业态的发展，但在关键文化技术装备领域仍存在国产化率低的制约，科技对文化产业的支撑有待进一步强化。如超高清视频制播仍被国外企业把持，我国集成和总装的全球"5G＋8K"超高清转播车所需的24类2000余台/套设备，国产化率为15%。文化技术装备的落后，直接导致我国文化装备制造业的整体盈利水平与美国等国家相比较低。目前，中美文化装备制造业存在3倍盈利差距，[①]体现出在文化产业制造业的全球产业链分工中，我国仍处于产业链的下游，在全球产业竞争中仍扮演高端"代工"的角色。

① 牛瑾．文化装备给生活添色彩．经济日报，2017-12-16.

（三）文化企业供给服务体验的创意创新能力相对薄弱，产品缺乏优质内容

文化与科技融合的目的在于为人民群众提供可消费、可体验的文化产品，但从整体发展来看，由于相对缺乏优质的文化创意内容，使得供给结构失衡，即有供给无需求、有需求无供给的现象仍较为突出。在以IP为核心产业链的开发中，产业结构松散，彼此之间未能形成系统的宣传和联动体系；AR的应用以游戏和工具类为主，缺乏沉浸式的内容创意；超高清视频内容以文化旅游、纪录片、体育赛事为主，内容匮乏，片源不足；短视频平台的内容形式同质化严重，商业价值下滑。因此，新业态虽呈现出较快的发展趋势，但创意创新能力缺失，尤其是深入沉浸式、体验式内容创意不足，已成为制约行业发展的关键因素。

（四）文化新业态发展的新市场秩序尚未建立，大数据的负面影响开始凸显

产业发展需要良好有序的产业秩序，然而由于产业发展速度较快，一些法律法规尚存在盲区，行业秩序缺乏规范，如App强制授权和索权、AI一键脱衣、AI一键换脸、游戏外挂等时有发生，良好有序的市场机制仍未形成。与此同时，随着越来越多的文化行业与互联网的融合，大数据在产业发展中的负面影响开始凸显，“大数据杀熟”“同业爬虫”“数据泄露”等导致行业、消费者的相关权益受损。大数据的负面效应，彰显出人们对“技术向善”还是“科技中立”并未形成统一的认识，正确的科技价值观有待于进一步引导和培育。

（五）互联网文化内容复杂多变，互联网空间意识形态风控的难度加大

互联网在各个领域的延伸，既增强了意识形态表现形式的丰富性和载体的多样性，也强化了意识形态表达的隐蔽性。尤其是一些新兴文化企业面对自由追求与秩序规范、发展权力与产业监管、数据共享和隐私保护的抉择时，往往

采取打“擦边球”的方式，歪曲、解构、弱化对主流价值观念和文化伦理的认同，或互联网平台本身对内容监管不力，低俗暴力、垃圾广告、炫富等视频内容频繁出现，抖音、快手等短视频平台也一再被约谈，体现出利益与责任之间的博弈。

三、文化与科技融合发展的多重时代趋势

文化与科技已成为重要的发展趋势，二者的融合发展既革新了文化的内容与形式，解放推动了文化生产力，促进了文化的繁荣发展，同时也使科技渗透到文化生产、产品、内容、传播、市场、消费、应用等各个层面，成为文化发展的重要支撑和引擎。随着文化与科技融合逐步走向深入，融合发展的趋势愈加明显。

（一）文化生产领域，人机交互成为文化科技融合新的风向标

人机交互技术是计算机用户界面设计中的重要内容，从狭义上来说，人机互动主要是人与计算机之间的信息发送、传递与反馈，其核心是人机之间的信息交换；从广义上来说，人机互动是以人为中心而构建的人与计算机间和谐共处的关系。从人机交互的发展进程来说，在经历了鼠标、窗口系统、超文本、浏览器、触摸屏等技术应用型的阶段之后，人机交互已随着物联网、5G的推进开始进入智能时代，“多通道、多媒体的智能人机交互阶段，以虚拟显示为代表的计算机系统的拟人化和以手持电脑、智能手机为代表的计算机的微型化、随身化、嵌入化，是当前计算机的两个重要发展趋势”。[①] 这种趋势以大数据与人工智能的融合为基础，创造了新的文化事物。

从内容类型来说，人机交互的文化生产以虚拟主播、虚拟场景为主。虚拟

---

① 陈永主编．软件工程．北京：中国铁道出版社，2017：121.

主播是在媒体上进行新闻播报的虚拟人物，如2018年南方财经推出的国内第一个人工智能虚拟主播“俎江涛”，2019年以来，《人民日报》、央视等各大媒体相继推出AI虚拟主播“果果”、全球首个可视化虚拟主播“康晓辉”、AI记者助理“小白”、AI虚拟记者“通通”、AI虚拟主播“纪小萌”“邱小浩”等。B站作为国内二次元文化集中的网站，推出的虚拟次元计划，打造出“小希”这一虚拟UP主，同时，B站联合CCTV新科动漫频道开发出虚拟主播“新科娘”。随着各类虚拟人物的相继推出，一些软件也纷纷上线，2019年8月30日，“仅需一张照片，出演天下好戏”的“ZAO”一经上线便燃爆朋友圈，使虚拟技术的场景化应用成为业界关注的热点。尽管虚拟主播的盈利模式尚在进一步发展和探索中，但虚拟主播的大量推出对培育新业态的文化发展氛围具有积极的促进作用。另一类型人机交互的文化生产是虚拟场景的创造，尤其是随着虚拟现实技术的广泛应用，如大型沉浸式旅游演艺项目《乐动敦煌》、重排沉浸式舞台剧《华亭唱宋——侬好苏东坡》，以及“V故宫”项目、各大城市的各类VR体验馆等，都是主打虚拟、交互的场景化创造，体现了文化与科技的高度融合。

（二）文化产品领域，产品本身具有的社交功能得到前所未有的释放

新媒体野蛮生长的背后得益于媒体本身具有的社交功能。由于新媒体的进入门槛较低，信息的即时互动消除了传统信息交流因时间和空间所造成的隔阂，所以社交功能在多媒体和网络平台所提供的文化产品中开始凸显。可以说，建立关系构成了多媒体网络平台最为基础性的功能，而围绕这一社交功能开设的图文分享、评论、点赞、点评、私聊、群聊、打赏、朋友圈等是这一社交展开的基本途径，而各类平台根据平台性质开创的诸如偷菜、占车位、种果树等此类小程序，都是实现增强产品社交黏性的重要方式。

社交正成为各类多媒体平台实现自身成长的重要抓手，且随着文化与科技在各领域的深入融合，社交功能催生出了新的文化形式，如出现在各类视频平台中的“弹幕”，哔哩哔哩和AcFun是国内两个用户群体最大的弹幕视频网，而为了满足用户对弹幕社交的需求，优酷、爱奇艺等视频网站也设置了相应的

功能链接。强化多媒体平台的社交功能不仅能吸引人气、增加流量，而且社交功能中的评论开始影响到人们的日常生活和判断选择。如大众点评网、美团中的点评成为消费者点餐的重要依据；在一些短视频平台，用户不仅刷视频，也在刷评论，而且正是由于刷评论成为短视频平台“社交二次延伸的用户黏性策略”。[①]

社交已然成为当下最为重要的流量入口，也成为中国网络巨头们的竞争热点。2019 年，一系列社交软件相继推出，字节跳动推出“多闪”、罗永浩推出“聊天宝”、快播推出“马桶 MT”、搜狐推出“狐友 App”、京东测试“梨喔喔”、阿里巴巴重启“Real 如我”等，在激烈的市场竞争中，垂直于某个领域，试图找到属于自己的社交圈子。

（三）文化内容领域，以短视频为主的视听产品成为新的爆发点

以短视频、网络直播等为代表的网络视听产品，其短、小、快的传播优势和直观感性的内容优势，满足了在快节奏和碎片化的生活状态下人民群众的精神文化需求和文化消费需求。根据中国互联网信息中心所发布的 44 次互联网报告显示，截至 2019 年 6 月底，中国短视频用户规模为 6.48 亿，占整体网民的 75.8%，用户规模可谓十分庞大。2019 年 4 月，美国学者玛丽·米克尔发布的《互联网报告》敏锐地抓住这一新发展动向，指出中国的短视频行业正在迅速崛起，从 2017 年 4 月至 2019 年 4 月，中国短视频 App 日均使用时长从不到 1 亿小时，增长到了 6 亿小时，可以说以短视频为核心的视听产品正成为中国文化与科技融合发展的风口，短视频正成为文化发展新的爆发点。

作为一种新的发展业态，短视频所创造的文化价值、美学价值和产业价值，是以粉丝为核心的社群对以主播为核心的社群价值认同而产生。尽管这场视觉的文化盛宴才刚刚拉开帷幕，但以 BAT 为代表的互联网巨鳄纷纷布局，各短视频平台之间已形成激烈竞争的态势。围绕短视频所开展的开屏广告、信息流广

---

① 高宏存、马亚敏．移动短视频生产的“众神狂欢”与秩序治理．深圳大学学报（人文社会科学版），2018（第 6 期）．

告、电商进驻、广告植入等成为短视频获得经济效益的途径，同时，短视频与城市形象推广传播、非遗产品展示等内容的结合，彰显出短视频良好的社会效益。不可否认，短视频仍存在定位不清、内容肤浅以及常游走在底线、红线的边缘等问题，而这也恰恰成为短视频未来健康有序发展必须予以解决的问题。

在此，需要特别指出的是，随着5G时代的到来和5G技术的广泛推广，短视频依旧是抓流量的利器，而视频也将成为重要的信息传输方式，短视频的应用场景也会逐渐打破娱乐、电商、广告本身的限制，向资讯、教育、体育、音乐、影视乃至付费等更为广阔的领域渗透，并最终形成规模和内容更为庞大的文化矩阵。

（四）文化传播领域，媒体融合推动全生态的传播与营销方式的变革

文化与科技的融合在文化传播领域集中体现为传统媒体与新媒体的融合发展，人工智能、大数据、区块链等现代互联网科技与媒体的深度融合，推动了媒体全生态传播方式和营销方式的变革。未来媒体融合的趋势是紧紧围绕人工智能技术、移动互联技术、云存储技术、深度学习技术、沉浸技术、超级计算技术、传感网技术、脑科学技术、大数据技术、区块链技术等新兴技术，以“全媒体”的构建为目标，通过前端去中心，后端集中化，构筑起一个以“全程”“全息”“全员”“全效”为媒体特征的全新媒体生态。这一全新媒体生态，打破了时空、职业、媒体类别之间的限制与隔阂，改变了媒体接受者在信息传播中的位置，实现人文与科技、信息发送与信息反馈、版权保护与资源共享、媒体监管与媒体融合之间的高效结合。

不断变化的媒体环境和塑造的全新媒体生态，也在促进传统传播与营销方式的变革。未来信息的传播与媒体营销会建立在大数据的基础上，通过大数据的采集和分析，精准化、快速化地向用户进行信息投放，以实现对用户的个性化营销。为实现精准化的营销，就需要在传播方式上切实从“媒体导向”向“受众导向”进行转变，也就是说，在新的媒体环境中，传统“以品牌为中心”的传播方式已不是营销的重点，营销更为注重用户，即哪类人是信息传播的真

正接受者，人真正成为媒体融合背景下媒体营销的核心。

（五）文化市场领域，以文化科技融合为支撑的新业态影响力显著增强

文化与科技的融合为文化产业的转型升级发挥了积极作用，一批传统的文化产业在科技的助力下升级换代，产业的发展思路都得到不同程度的提升，如传统文博行业、音视频行业借助大数据或有针对性地进行 IP 开发，研发各类衍生产品，或更新传播的内容与形式，积极适应现代碎片化的生活方式，均取得良好的社会效益和经济效益。阿里巴巴、腾讯、百度等互联网巨头积极进入文博、音视频等多个领域，促进了互联网科技与传统文化业态的优势互补与跨界融合，对传统文博行业实现高质量发展具有积极意义。

文化与科技的融合不仅仅革新了传统文化业态的内容和形式，而且催生出一批新的文化业态，这些新业态快速抢占了文化市场，成长为业界的“独角兽”企业。2018 年 3 月，科技部公布的 164 家独角兽榜单企业中，隶属文化类的有 14 家，其领域涉及视频、游戏、音乐等版块，总估值达 287.6 亿美元。[①] 同时，一些具有较大市场影响力的文化企业纷纷上市，如 2018 年 B 站纳斯达克上市，2019 年 7 月斗鱼纳斯达克上市等。这些独角兽企业本身是文化科技融合发展的产物，其本身的存在不仅成为衡量地区文化创新和创意能力的重要尺度，而且其所涉及的经济行业也代表着新的经济增长点和新经济的发展方向。

（六）文化消费领域，体验化、智能化和个性化消费会成为主流

提升和更好地满足文化消费是推动文化与科技融合的最终目的，随着文化与科技的融合走向深入，越来越多的文化产品和服务对以大数据为支撑的智能化体验有着越来越高的要求，这种需求构成了产业升级换代的发展方向。尤其是近年来，一些新兴文化业态依靠大数据智能技术迅速发展起来，如可穿戴设备、AR/VR 产品等，从表现内容与展现形式层面为文化消费提供更为优越的体

---

① 卢扬、王嘉敏．解构文化娱乐产业的创业巨头．北京商报，2018-03-26.

验感。某种程度上，智能化既是优越体验感的重要体现，也是大数据的主要应用方向。从 2017 年国务院印发《新一代人工智能发展规划》（国发〔2017〕35 号），到 2019 年 8 月科技部关于印发《国家新一代人工智能创新发展试验区建设工作指引》的通知，预示着发展人工智能已从国家战略进入具体实施阶段，因此，未来打造具有国际影响力的生态圈和产业链是产业发展的重要任务。

创造更具体验化和智能化文化产品的同时，还应注重消费升级对消费需求带来的变化，即现有的以规模化、大批量、单一化的文化生产模式已经不能满足现代生活个性化、时尚化、品质化的消费需求。此外，消费群体的代际转换，即一个以“90 后”“00 后”为主要构成的消费群体正在崛起，这个群体比以往时代的消费群体对充满个性、品质与情怀的文化消费品更为注重。因此，把握这些具有个性化的消费信息，需要依托来自各移动终端的数据，并以此发现和预测消费者需求，为消费者提供更为个性化、定制化的文化消费产品。近年来，华为、阿里巴巴、腾讯等在贵阳、乌兰察布等建设大数据综合服务平台，就是在基础设施层面进行布局。

（七）文化应用领域，大数据的功能效应介入文化生产

互联网时代的文化生产与消费，产生了海量的数据。然而这些数据不再是单纯交易的痕迹，作为重要的商业资源，它构成了现代市场进行生产和资源配置的重要依据，是现代国家竞争力和产业竞争力的战略制高点。所以，实现文化高质量发展，需要把大数据视为重要的产业资本和经济投入，在文化产业创新和文化产业与其他产业融合的发展过程中，通过在文化市场体系建构中引入大数据这一变量，进而撬动和更新文化市场体系的组织机制。

以往对大数据的应用我们往往强调大数据在消费端的影响力，即通过为消费者画像的方式，把相关信息反馈至生产端，由此再决定为消费者提供或推送相关文化消费内容，如故宫、国博根据消费者喜好对相关文创产品的开发。但 2019 年电视剧《长安十二时辰》的走红，不仅体现出“优酷大数据选角”这一电视剧运作方式的成功，更彰显出大数据在生产端具有良好的预测能力，为大

数据支撑文化产业高质量发展树立了典范。

四、推动文化与科技融合创新的着力点

文化与科技的融合为文化的发展带来了广泛的机遇，可以说，随着融合发展程度的进一步加深，文化发展的整个生态会进行重构，新技术会逐步渗透在文化发展各个产业链的环节中。因此，基于以上梳理出的相关问题与趋势，推动文化与科技的融合发展，应着力于如下方面。

（一）树立“大文化”发展观，创新文化科技管理体制

我国文化产业正处在迈向高质量发展的历史阶段，为实现这一目标，更好地发挥科技对文化的支撑，应打破“小文化”的认知方式和管理方式，树立“大文化”的发展观，协调统筹各方面的管理力量，形成文化治理的新合力。一方面，需要建立文化部门内部的协作机制，打破部门之间的壁垒和垂直管理模式，节约管理资源，避免重复浪费，提升管理的效力。另一方面，需要协调文化与科技部门之间的互动协作机制。尤其是随着数字文化产业的发展，文化业态与科技的动态互动日益频繁，客观上要求打破文化与科技相隔阂的管理模式，以符合现代文化产业发展潮流的管理模式。且越来越多的文化业态的发展、生产、传播和消费都依托于电信网络平台，加强文化内容与电信载体的联动有助于文化新业态的成长。

（二）完善产业发展体系，加强文化科技装备研发

我国在互联网信息技术领域已成为仅次于美国的第二强国，在互联网新兴技术如人工智能、大数据、5G、物联网、云计算等领域已超越美国，但在基础软件和芯片领域仍受制于人。“中兴事件”和“华为事件”给予我们的启示是，核心技术受制于人不仅会带来产业供应链的风险，同样会产生安全风险。因此，

完善产业发展体系，加强语音视听、内容识别、深度学习、人机交互、可视化呈现等领域关键的文化科技装备研发，能推进人类视觉、听觉、语言、思维等智能技术在文化领域的创新应用。

（三）以创意化提升文化产品的内容品质，提升文化供给效能

当代文化产业的首要特征是高度依赖文化创意，形成以创意为王的产业形态。数字时代需要创意内容的支撑，而且数字时代创意内容间的竞争将更加激烈。这一方面需要打造和挖掘经典文化 IP，强化以 IP 为核心的衍生品之间的联动与协作。制定相关扶持政策，积极发展 5G、AR 和超高清视频产业，引领未来产业发展。充分利用各类创新创意大赛，探索 AR、超高清视频对传统文化内容和形式的升级改造。充分利用各大数据平台，加强针对年轻群体的数据分析与共享，提供具有针对性的文化消费产品，实现供需精准高效对接，提升文化供给效能。

（四）处理好发展与管理关系，把向善的价值观融入数字科技

随着 5G 技术的大规模商用，传统的文化产业和互联网正在融合成一个命运共同体，持续的创新能力和正确的价值观是这个共同体的两大基石。推动持续创新，就是要保证创新企业的发展始终运行在合规、合法的范畴内，不越监管底线、不踩规章红线、不碰违法违规高压线，规范自身发展秩序，把向善的价值观视为企业、行业发展的第一道防火墙。抵制和摒弃任何鼓吹“科技中立”“科技无罪”的论调，最大可能地降低大数据、人工智能所带来的负面影响。

（五）加强软硬件的自主研发，发挥现代互联网科技在文化意识形态舆情监测方面的作用

互联网已经从信息源变成了思想源，成为思想文化信息的聚集地和散播地。加强对互联网网络信息领域的自主创新，扶持和推动具有我国自主知识产权的

网络硬件技术和软件设备的研发，提升高端文化装备国产化的占有率，是实现我国网络意识形态安全的关键。同时，在积极推动媒体融合的背景下，充分利用大数据、区块链等技术，及时关注、跟踪网站、微信、微博、博客、论坛等各个网络平台数据网络舆情，从数以亿计的舆情数据中找准管理重点，加强对重大事件的分析、处理和引导，合理配置资源，提高网络舆情整体掌控能力。

第七章

文化新业态的多样类型与产业特征

“互联网 +”理念逐渐与文化发展的实际相结合，催生出诸多新的文化业态。泛娱乐文化业态、二次元文化业态、虚拟文化业态、粉丝经济文化业态、影音文化业态和传媒文化业态的出现，极大地推动了文化产业创新发展。文化新业态在发展过程中，呈现出以“高端创意、跨界融合、模式创新、场景体验”为主要内容的产业特征，促进了产业发展的转型升级。总体来看，文化新业态的发展趋势表现为整体发展的速度较快、小微企业为核心的产业组织迅速崛起、文化内容的创造与形式发生变化、资本的有效供给得到增加、新生代成为消费的主体等。但在文化新业态认知、产业发展秩序、内部产业结构和资金使用效率等层面，也存有亟待解决的相关问题。

“互联网 +”的提出，意味着互联网已超出纯粹工具论的范畴，成为引领社会经济文化创新和变革的新理念。近年来，随着移动互联网、大数据、云计算、物联网等新技术的出现，“互联网 +”日渐渗透到生产、传播、流通和消费等多个领域，影响和改变了日常的生产生活方式，互联网已成为继蒸汽、电力之后又一最为基础性的社会生产力。就文化领域而言，“互联网 +”与文化的结合，不仅革新着文化的内容和形式，催生出了多样的文化业态，而且创造了文化经济发展的新模式、新趋势和新特征，从整体上推动了文化产业的转型升级。

一、文化新业态多样化的类型模式

文化新业态是与传统文化业态相区别的概念。“互联网 +”语境中的文化新业态，主要是文化与互联网及其相关数字技术结合而衍生出的新文化样式，是文化形态和经济效能的统一。文化新业态是指以互联网为产业发展的核心，按照互联网信息时代的生产、再生产、储存以及分配要求或原则，提供相关文化产品或服务的新型经济活动。依据文化新业态主导行业的不同，文化新业态大致分为以下几种类型。

（一）泛娱乐化文化业态

泛娱乐化文化业态以 IP 为核心，IP（Intellectual Property），即知识产权，本意为通过智力性劳动获取劳动成果并对成果依法享有的专有权利。但运用在泛娱乐化文化业态中，IP 成为具有特定品牌影响力和能够可持续性挖掘的文化资源，“是系统方法论构建的有生命周期的内容符号，它可以是具体的人，可以是文学作品，可以是某一个具象的品牌，也可以是我们难以描绘的某一个差异化的、非物质遗产的继承人。它是故事体系和话语体系的稀缺价值，也代表了商业价值的稀缺性和可交换性”。[①] 因此，这个意义上泛娱乐化文化业态关注的是 IP 的内容价值，内容的稀缺性或内容所涵盖的差异化持续创作能力是成就一个 IP 的关键所在。通过对 IP 内容的开发，泛娱乐化文化业态成功打通了包含文学、电影、电视、游戏、音乐、表演、出版等产业门类在内的互动文化娱乐产业链，使优质 IP 成为颇受传播市场和资本市场青睐的对象。

2015 年被誉为“IP 元年”，2016 年 IP 呈现出井喷式发展的态势。以 BAT 为代表的互联网巨头抢滩布局 IP 产业，使创造优质 IP 的网络文学成为整个泛娱乐产业链的上游。2016 年 11 月，尚未出版的小说《摸金玦》拍出 4000 万元电影改编权的天价，并将在此基础上开发电影、网剧、舞台剧、游戏等延伸产品。由此可见，优质 IP 的价值在于它所具有的品牌标识，它不仅能够促进 IP 在不同文化产品之间进行形态的转换，加速文化产品的内生性增长，而且彰显出优质 IP 作为产业连接符号和话语体系在未来文化产业业态开发和模式探索中具有的关键性地位。

（二）二次元文化业态

二次元的概念始于日本，“次元”（Dimension）本意是维度，二次元也就是二维空间。由于早期动画（Animation）、漫画（Comic）、电子游戏（Galgame）、轻小说（Novel）等图像是一种二维空间的构图，所以二次元（ACGN）多用来描述动画、漫画、电子游戏、轻小说等所构成的、蕴含着一定世界观和文化价值秩序的二维空间世界。二次元文化业态主要是围绕 ACGN 形成的电影、电视、游戏，以及场景表演、弹幕、主题巡展、COSPLAY、同人、声优、手办等产业形态。这些产业形态以喜爱 ACGN 的社群为依托，具有较为鲜明的人群属性，ACGN 社群产生的消费需求带动着电影、电视、游戏产品的开发以及相关线上

---

① 吴声．超级 IP：互联网新物种方法论．北京：中信出版社，2016：32.

平台、线下商店和线下活动的开展。

近年来随着二次元文化业态的快速发展，作为一种文化现象，二次元已从青年亚文化逐渐走向主流文化，与大众文化娱乐进行广泛的融合，它不仅丰富和拓展了动漫的产业链条，而且涌现出以 AcFun（A 站）、Bilibili（B 站）、百度贴吧、原力动画、JUJU、青青树等为代表的一批成熟的二次元内容社交平台。作为一种经济现象，二次元已形成多种经济业态，用户规模已达 2.7 亿人，成为新的经济增长点。[①] 以 BAT 为代表的互联网巨头也纷纷参与二次元产业的布局。阿里巴巴于 2015 年 10 月收购优酷土豆间接入股 AcFun，11 月腾讯以 15 亿元入股 Bilibili，使得二次元市场资本涌动。但是相对来说，我国二次元市场的发展与日本等国家相比尚处在发展阶段，为规范和促进二次元市场发展，2016 年 9 月，腾讯、AcFun、韩国 win Asia one、英雄互娱等 30 家企业共同发起的“全球二次元产业联盟”有助于加快我国二次元相关产业要素的集聚融合，提升二次元相关产业链企业的市场化和国际化水平。

（三）虚拟文化业态

虚拟文化业态是以 VR/AR 互联网虚拟信息技术为依托，以构建虚拟视觉场景为核心内容的产业业态，可以应用在网络游戏、现场直播、影视娱乐、医疗保健、建筑设计、工业制造、教育培训、航空航天、商业销售等九大领域。“这种虚拟的基本概念，就是高清晰度。影像的虚拟，还有时间的虚拟（实时），音乐的虚拟（高保真），性的虚拟（淫画），思维的虚拟（人工智能），语言的虚拟（数字语言），身体的虚拟（遗传基因码和染色体组）。高清晰度都标志着越过所有正常决定通向一种实用的——确切地说是‘决定性’的——公式，通向一个参照元素的实体越来越少的世界。”[②] 可以说，虚拟技术的应用推进了科技与文化融合的进程，它破除了图像仅是事物摹本的魔咒，消除了模型与真实世界之

① 刘昕．二次元世界成文化消费新热点．国际商报，2016-09-23.

② ［法］让·鲍德里亚．完美的罪行．王为民 译．北京：商务印书馆，2002：32.

间的差别，它自身就是现实，而且是“超真实”。

由于虚拟世界与现实世界具有较强的情境互动性，在技术上能够完成双向信息传输，与人们日益增长的文化娱乐需求相一致。“2020 年，中国虚拟现实行业市场规模预计将达 556.3 亿元”，[①] 是未来最具发展潜力的市场之一。各互联网市场主体纷纷涉足 VR/AR 技术领域，从事相关项目研发。目前 VR/AR 已进入消费市场，其商业发展模式主要集中为以下几种类型：第一，VR/AR 技术的社交发展模式。如 Facebook 于 2016 年 1 月成立“虚拟社交（social VR）团队”，致力于通过现有的虚拟技术创造社交互动。第二，VR/AR 技术的内容展示开发模式。如北京水晶石集团主创的 VR/AR 互动体验馆对多行业应用性场景的内容开发。第三，VR/AR 技术的渠道应用拓展模式。如 2016 年 3 月，阿里巴巴成立 VR 实验室 GM Lab（Gnome Magic Lab），开发 VR 购物。第四，VR/AR 技术的游戏开发模式。如 2015 年 12 月，腾讯公布了 Tencent VR SDK 框架，并在 2016 年 12 月推出首款 VR 游戏 Shadow Tracker（《猎影计划》）。第五，VR/AR 技术的影视开发模式。如 2016 年 5 月百度开发出 VR 社区，推出 VR 客户端，打造出 VR 视觉影视分享平台。第六，VR/AR 技术的硬件开发应用模式。如华为开发出亚洲首款“沉浸式虚拟现实”头盔的 3Glasses。多样性的开发模式和文化业态，彰显出 VR/AR 技术具有极强的渗透性和延展性，互联网信息科技在经历了平面、音频、视频之后，以虚拟现实为主的文化业态将成为下一个发展的“风口”。

（四）粉丝经济文化业态

粉丝经济与文化产业发展、互联网信息技术更迭密切相关，随着互联网进入移动互联网时代，网红、直播等文化业态的出现，粉丝经济开始进入 3.0 时代。在互联网信息技术发展的早期，由于信息的不对等，消费者（粉丝雏形）的消费以企业的宣传为中心。但伴随着互联网的推广，信息的传播呈现出碎片

① 尹琨．百亿级 VR 市场文化产业大有可为．中国新闻出版广电报，2016-12-15.

化的趋势，此时的信息仍以导向性为主，消费者缺乏忠诚度。但在移动互联时代，围绕网红、直播构成了一个以用户为基础的粉丝社群，它“成功扩展了人的更为丰富的想象力次元与可能性体验的平台，或者说，是一个全新次元的心灵世界”。[①] 连接网红、直播者与粉丝社群的是情感，因此这一阶段的粉丝与之前的粉丝相比具有更高的忠诚度，也更加具有经济价值。

网红、直播等作为一种文化现象，有着数量庞大的粉丝群体和使用用户支撑，截至 2016 年 5 月，仅“微博网红粉丝数量规模已经达到 3.85 亿”，[②] 可谓数量庞大。“对于文化工业来说，粉丝成为一个额外的市场，他们不仅经常大量购买‘衍生’产品，而且提供了许多宝贵而又免费的有关市场趋势和偏好的反馈。”[③] 可以说，粉丝与网红、主播的活动构成了粉丝经济的重要基础，并形成了以直播社交平台、网红经纪公司、网红孵化公司、供应链平台等主要产业要素构成的产业链。直播社交平台是网红经济的重要载体，就直播的类型来说，包

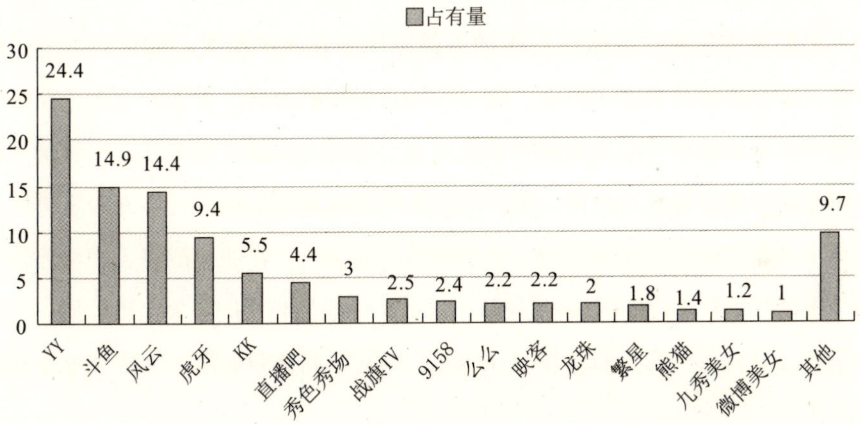

图 7.1　2016 年中国各移动直播平台累计下载量分布

来源：艾瑞咨询

① 徐远重 主编．社群经济：移动互联网时代的生存哲学．北京：中信出版社，2015：58.

② 周雷．直播引爆网红经济“网红工厂”站上风口．21 世纪经济报道，2016-07-04.

③ ［美］约翰·菲斯克．粉丝的文化经济．陆道夫 译．见陶东风编《粉丝文化读本》．北京：北京大学出版社，2009：17.

括泛娱乐直播、秀场直播、游戏直播、商业直播等。目前，活跃在互联网市场的直播平台已超过200家，YY、斗鱼、风云、虎牙、KK、直播吧、秀色秀场、战旗TV、9158、么么、映客等移动直播平台是下载量较高的直播软件。

（五）影音文化业态

影音文化产业包括电影、电视和音乐等产业门类，与传统的影音文化业态相比，影音文化新业态以互联网为载体，主要包括网络大电影、网络微电影、网络自制剧、网络音乐等娱乐文化业态。影音文化新业态的出现与互联网时代紧密相连，互联网尤其是移动互联网作为传播平台需要内容的支撑，影音文化新业态作为内容填充正是渠道拓展后的空白。同时，在移动互联网条件下，人们观看 / 收听娱乐文化的渠道开始转向移动智能终端。截至2016年6月，全国手机网络视频用户规模达44022万，约占网民使用率的67.1%，显示出移动终端在影音文化消费上的巨大潜力。

需要指出的是，虽然以互联网为载体的影音文化新业态的作品展播，越来越多地采取网络直播与影院、电视台同步播出的方式，但影音文化新业态与传统影音业态的市场之争是两种系统对决，影音文化新业态更能适应移动互联网时代用户碎片化、个性化、多样化的文化娱乐需求。同时，各大网络平台于2016年推出的一系列发展战略，如搜狐的“青春+”自制剧战略、爱奇艺发布的“新电影主义”自制网络电影战略、NEW浪潮发布的网络大电影计划、百度音乐致力于打造“耳朵经济带”计划等，催化了网络自制剧、网络大电影和网络音乐的全面升级。

（六）传媒文化业态

随着互联网信息技术的迅猛发展，智能移动终端得到较快普及。人们对信息的接收也从以往的纸媒、广播、电视、杂志等传统媒介转移至新媒体。以“两微一端”（微信、微博、客户端）为重要介质的新媒体平台在信息传播中发挥着重要作用。它们不仅有效推动了传统媒体与新兴媒体在内容、渠道、平台、管理、营销等方面的融合，打造出“中国政府网”“首都之窗”“人民日报”等微信公众号、微博公众平台，形成了腾讯新闻、“今日头条”、网易新闻、搜狐新闻等活跃度较高的客户端。微信、微博和客户端的出现，将信息传播推向了一个订制化时代，信息的“私人订制”在当下成为一种可能。微信、微博和客户端在创新信息传播方式的同时，也促进了产业运营方式的创新，其盈利模式除了传统的广告投放之外，依托其平台的收费订阅、以渠道的利润分成、电子商务、游戏及其增值性业务等也是盈利的重要来源。

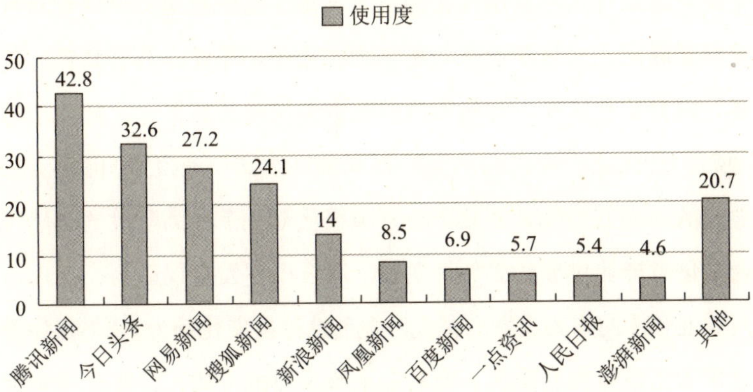

图 7.2　2016 上半年中国新闻客户端活跃用户分布

来源：艾媒咨询

文化新业态的多种类型，展现出互联网正在改变着文化生态及其产业生态的诸种要素，可以预见，随着互联网与文化的融合度不断加强，文化业态的催生与更新速度将进一步加快。这也就意味着文化新业态的内涵和外延都十分宽泛，是一个具有包容性和生长性的概念范畴，能在社会发展中创造出持续的驱动力。

二、文化新业态产业体系的发展特征

文化新业态的快速崛起，以及在多层面展示出的生产能力、传播能力和消费潜力，在提高文化产业规模化、集约化、专业化，培育文化产业新的经济增长点等方面都具有重要意义。随着“互联网+”理念的广泛实践，文化新业态得以逐步发展壮大。2016年1—11月，北京文化创意产业各产业门类收入合计约11917.7亿元，同比增长8.3%，展示出其作为国民经济支柱型产业的地位得到进一步加强。目前，文化新业态正在加快构建以“高端创意、跨界融合、模式创新、场景体验”为特征的产业体系，全面促进了产业结构的优化升级。

（一）文化新业态注重以科技为支撑的高端创意

文化新业态以现代互联网科技为重要支撑，高度重视文化创意与科技创新的融合发展，因此，文化新业态与传统的文化业态相比，具有高科技含量、高知识含量、高专业化水平、高附加值和低资源消耗的特征，它超越了传统的文化产业业态，是文化产业内部产业要素调整升级和产业发展自我突破的产物。文化新业态的高端创意性是文化产业升级换代至一个更高阶段的必然特征，是文化产业向创意产业过渡的必然性逻辑。联合国贸发会议认为，技术是文化产业具备高端创意性的重要支撑和文化产业创造性发展的动力，“多媒体及电信技术的整合带来了创意内容生产、发行和消费手段的一体化，并反过来促进了艺术和创意表现形式的生产”。[①] 可以说，文化新业态具有的高端创意性是与科技紧密结合在一起的，在这一过程中，科技既完成了对传统文化产业升级改造，如数字出版、数字视听、网络文学等，又发展出了由高新技术创造出的全新产业业态，如网络游戏、网络社交、3D打印、可穿戴设备等。

在文化新业态的发展过程中，各地都注重科技对产业的提升作用。建设全国科技创新中心是北京的最新定位，围绕这一新的定位，2016年北京出台的《北京市“十三五”时期信息化发展规划》《北京市“十三五”时期加强全国科技创新中心建设规划》《北京市大数据和云计算发展行动计划（2016—2020年）》《北京市“十三五”时期加强全国文化中心建设规划》等，都强调充分利

① 联合国贸发会议 主编．创意经济报告2010——创意经济：一种切实可行的发展选择．意娜 译．北京：三辰影像音库出版社，2011：18.

用互联网、物联网、云计算、大数据、工业云和电子商务等现代科技，强化开放创新，实现文化发展的提质增效。与北京相比，上海在增强科技对城市及其相关产业的支撑作用上视野则显得更为宽广，2016 年国务院批准《上海系统推进全面创新改革试验加快建设具有全球影响力的科技创新中心方案》，标志着上海在未来世界的竞争力中要以世界科技前沿领域和顶尖水平为发展导向，破解制约文化创新、科技创新“双轮驱动”发展的瓶颈问题。在具体的产业实践中，新研发的科技也为文化新业态的生长提供了无限可能。如 2016 年百度发展出语音识别、人机交互等人工智能科技，华为创造的 Polar Code（极化码）方案成为 5G 控制信道 eMBB 场景编码的最终方案，展示出我国在依托科技创新发展高端创意产业层面具有一定基础和实力。

（二）文化新业态的行业跨界与产业融合趋势明显

在“互联网 +”理念的推动下，互联网已成为行业跨界融合的重要平台。但在“互联网 +”语境下，文化新业态的跨界融合已不是简单所认为的文化科技化、文化经济化和文化、科技、经济三者的一体化，也不是行业的自然延伸或行业粗暴地将线下内容迁移至线上。“对于跨界本质的认识，不能停留在所谓的物理边界上，而更多的是企业能否整合内外部资源，同时又打破自己的组织边界和系统结构。”[①] 也就是说，新业态的跨界融合，是以互联网为基础生产力，对以固有文化资源、商业模式和组织架构构成的生产关系所进行的深层次颠覆或重组，是对各相关行业产业要素的重新配置。

因此，文化新业态的根本观念就是通过越界促成不同领域、不同行业产业要素的重组与合作，在固有产业的内部或边缘重新挖掘、培育或发现新的产业经济增长点。在这个意义上，文化新业态是在传统文化产业衰落或转型的历史机遇中生发出来的。如新闻 App 客户端是在移动互联网撬动传播整体舆论格局、传统媒体为有效进行新闻生产而出现的。优秀的 App 客户端不仅仅是一个

① 马化腾等．互联网 +：国家战略行动路线图．北京：中信出版社，2015：47.

新闻发布的载体，还要符合多个领域的具体要求。“今日头条”之所以在众多新闻客户端中脱颖而出，不仅是内容符合用户碎片化的需求，而且得益于软件本身适配安卓系统、建立社群增强客户端的黏性、选择恰当的营销时机、创新投放广告形式以及顺利融资等一系列条件。由此可见，文化新业态的跨界融合只是最为基本的前提，为适应新需求对内部各要素的组合进行再调配才是新业态取得跨界融合成功的关键。

（三）文化新业态引领思维创新与运营模式创新

新的业态必然要求新的思维与新运营模式与之相适应，因此互联网思维的呼之欲出就成为一种必然。“互联网思维，是指在（移动）互联网、大数据、云计算等科技不断发展的背景下，对市场、对用户、对产品、对企业价值链乃至对整个商业生态进行重新审视的思考方式。”[①] 互联网思维与文化新业态的结合，就是要在深刻理解文化新业态本质及其运营规律的基础上，通过与之相应的互联网思维创造出新的产业形态和内容产品，构建出一种适用于线上或线下宣传与销售的服务体系，设计出面向互联网的组织运营模式。如网红、直播等粉丝经济业态遵循的就是互联网思维中的用户思维，这种思维将创建品牌与培养粉丝融为一体，注重与粉丝间的情感培养，而非原来那种强调人与物间的互惠关系。

思维创新直接导致运营模式的变化，运营模式之所以会发生变化就在于互联网渗透进创意设计、信息传输、制造生产、管理销售等各个环节，并通过进一步延伸拓展，大数据、物联网、云计算将生产与消费、机器与人连接起来，形成人与物、物与物的智能化连接，创造出新的产业运行模式，如平台为王模式、垂直传播模式、O2O 模式、众筹模式等。2016 年，京东双十一促销活动的前 29 秒营业额就突破 2010 年双十一全天的纪录，得益于 O2O 模式最大限度地打通了线上线下的信息和体验环节，提升了资源整合的效率和精准营销的能力。

---

① 赵大伟. 互联网思维独孤九剑. 北京：机械工业出版社，2014：4.

可以说，文化新业态不断强化思维创新，通过大数据、物联网等打破了传统工业时代的规模化、标准化生产，探索出以满足个性化需求的新型生产模式，促成了产业链的开放融合。

（四）文化新业态不断强化场景式文化体验

场景式文化体验在文化新业态的发展过程中具有不可忽视的作用。其原因在于互联网消除了传播信息的不对等，万物的互联、实时连接降低了信息反馈和用户参与的成本，强化了生产与消费之间的互动性，使消费者的权利得以明显提升，形成了以买方为核心的市场结构。所以，市场主体为赢得市场提供的就不能仅仅是商品，而是应通过充满感性力量的最终体验吸引消费者的关注。由此“以场景化思维思考的互联网商业应用都是在为场景服务，为消费者的体验而服务”，[①] 而这种“体验是使每个人以个性化的方式参与其中的事件”。[②] 消费者在消费活动中，购买的不仅限于个性化的服务或商品，而是在消费过程中获得的具有记忆性的体验，增强了人与物、虚拟世界与现实世界的融合。

场景式体验就是以场景式搭建为舞台，以体验性服务为商品，围绕消费者创造出的令消费者值得回忆的文化活动。场景式体验在文化新业态中使用得越来越普遍，就其呈现形式而言，有场景冲击式体验，如以追求视觉体验的各种景观式电影；场景互动式体验，如各种直播平台、秀场的互动交流；场景娱乐式体验，如以 AR/VR 技术为依托的各种虚拟类游戏；场景营销式体验，如阿里巴巴在 VR 情境式购物层面的尝试。可以说差异化的体验持续生产有价值的内容，这些内容足够吸引消费者的消费与分享。2016 年，“暴风魔镜国美移动 VR 体验馆”“D3IN 铟立方未来商店”等以场景式体验为主题的场馆正式在北京运营，

---

① 朱建良、王鹏欣、傅智建．场景革命：万物互联时代的商业新格局．北京：中国铁道出版社，2016：63.

② ［美］B. 约瑟夫·派恩、詹姆斯·H. 吉尔摩．体验经济．夏业良等 译．北京：机械工业出版社，2002：19.

预示着具有高附加值、高效率变现的场景式体验行业将在未来几年的产业园区/集聚区建设中占有一席之地，场景式应用也为文化与移动互联网的融合提供了一个新的入口。

三、文化新业态发展的总体性趋势

文化新业态展示出的发展活力和发展潜力，不断增强文化新业态在产业结构调整和经济发展方式转型过程中的引擎作用。2016 年 11 月发布的《“十三五”国家战略性新兴产业发展规划》中，已明确促进“互联网 +”新业态创新，建立适应、营造分享经济的文化氛围，推动新一代互联网信息技术与社会各领域的融合发展。随着文化新业态从顶层设计层面的深入布局，文化新业态在整个文化创意产业体系中占据了更加突出的位置，并呈现出一些值得关注的发展趋势。

（一）整体发展的速度较快，呈现出井喷式增长态势

由于文化新业态与“互联网 +”时代的文化内容需求、传播结构、产业结构等相适应，是对人才、技术、资本等要素的重新配置与优化，代表着新一轮科技革命和产业革命的发展方向，因此文化新业态一经出现便呈现出较快的发展态势。“互联网 + 元年”“IP 元年”“VR 元年”“网络直播元年”等的集中出现，充分证明文化新业态能激发文化产业的内生性增长。依托于直播的电商网红店铺在 2015 年 3 月—2016 年 4 月成交额增长了 1 倍，2016 年全年“网红产业”的产值约为 580 亿元，与同年的电影总票房相近；手游产业从 2011 年的 62 亿元，增长至 2016 年的约 800 亿元，展示出文化新业态强大的创造力。文化新业态的井喷式发展意味着以互联网为基础的创业和创新符合时代发展的趋势，为急速扩张的互联网提供了强有力的内容支撑。

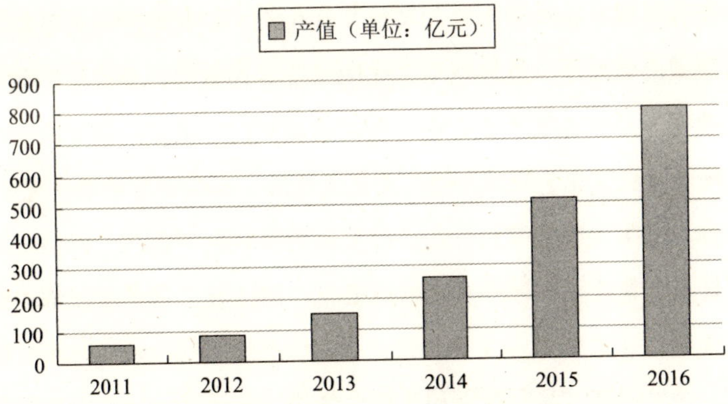

图 7.3　中国手游产业产值柱状图

（二）产业组织形式发生变化，小微企业迅速崛起

产业组织是一种组织利用社会资源进行产业生产、市场交易的产业主体，在产业发展过程中不仅形成了以 BAT、TMD 为代表的航母型企业，还发展出大量的小微文化企业，就全国范围而言，目前中国小微文化企业的数量占到文化企业总数的 80% 以上，而北京规模以下文化（含文化、体育和娱乐业）企业占比则高达 96.1%，体现出一线城市具有更强的文化发展活力。正是基于文化小微企业的重要性，近年来，中央出台《关于大力支持小微文化企业发展的实施意见》（2014）等一系列政策措施，从多个层面优化小微文化企业的发展环境。小微文化企业的崛起与人们文化需求的多样化存在紧密联系，相较于大企业的规模化生产，小微文化企业更能迎合多样的消费需求，在文化内容的生产层面是对航母型文化企业的补充。小微文化企业的创造性活力源于其自身可根据需要适时改变组织结构，创造出具有发展弹性的经营、成本、融资、人才模式，在创造就业、边际利润、技术革新和附加值等层面能够发挥出自身的产业特点，提高生产效率。

（三）互联网与文化紧密结合，创新了文化的内容与形式

互联网科技是人类智慧的结晶，它在创造巨大社会财富的同时，也改变着

文化的功能与形式，重构着与之相关的文化生态。在互联网作为基础性生产力统筹一切领域的情况下，互联网与文化的结合日益紧密，改进了生产工具，提升了工作效率，同时也赋予了文化以新的功能与内容形式。就文化的内容创新而言，出现了网红文化、视频直播、文化泛娱乐、虚拟现实和增强现实、弹幕、网络自制剧、网络大电影等新行业。就文化的形式创新而言，推动传统文化的互联网化是文化新业态在近年呈现出的亮点。2016 年，国务院四部委联合出台的《关于推动文化文物单位文化创意产品开发的若干意见》，对深入挖掘传统文化资源，开发创意产品，继承和弘扬中华优秀传统文化具有重要意义。北京故宫是一个拥有海量优质资源的超级 IP，2016 年故宫先后与阿里巴巴、腾讯合作，利用现代互联网和新技术平台，将故宫的优秀传统文化资源以创意的形式进行“活化”和普及，创造出“故宫日历”“皇帝的一天”App 游戏、故宫猫等衍生产品 8683 种，销售额达 10 亿元，① 有效盘活了博物馆文化创意产业，推动了博物馆迈向“大众”时代。

（四）大量金融资本涌入，增加资本的有效供给

文化新业态是文化产业的重要组成部分，是以经济效益为重要导向的业态，它的发展需要金融资本的介入。这种介入是通过文化经济政策的规范以及国家文化投入的积极引导，将社会资本配置到文化新业态发展过程中，以期推动文化新业态快速健康发展的经济活动。近年来，百度、美团、360、小米等以收购、兼并、参股、上市、业务合作的方式，全面渗透到各文化新业态中。如 360 收购趣游（2014）、大众点评与美团网合并（2015）、美图秀秀香港上市（2016）、京东收购一号店（2016）等。在利用社会资本层面，文化企业上市是重要的举措。2016 年 1—6 月，全国新三板上市文化企业共 369 家，其中北京 135 家，占 36.9%，显示出一线城市在利用社会资本层面具有较高的积极性。而且为充分调动社会资本，2016 年北京出台《北京市推广政府和社会资本合作

① 陈杰、张致宁．“故宫文创”10 亿销售额炼成记．北京商报，2016-04-20.

（PPP）模式奖补资金管理办法》，成立 PPP 促进中心，吸引和优化社会资本进入文化服务领域，提高资金使用效率。

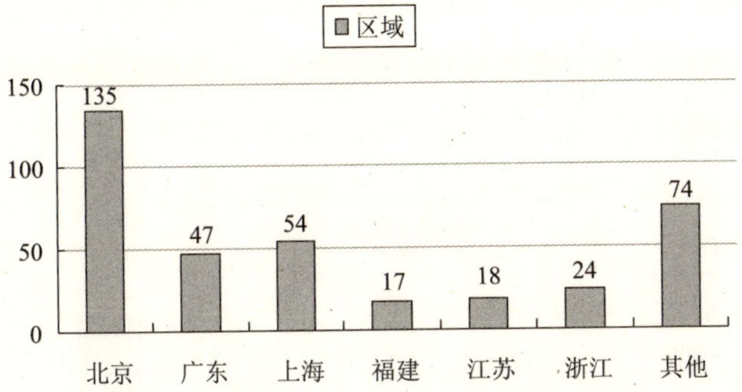

图 7.4　2016 年 1—6 月新三板上市区域分布

数据来源：中国文化产业投融资数据平台

（五）文化消费欲得到释放，新生代成为消费的主体

文化消费处于整个产业链的最终端，既是产业发展的直接目的，也是经济发展的重要支撑。文化消费的极大增长，能提高和释放社会生产力。2016 年 11 月出台的《关于进一步扩大旅游文化体育健康养老教育培训等领域消费的意见》认为，扩大文化消费不仅有助于改善民生，而且能有效促进服务业的发展和培育新的经济发展动能。目前，以互联网为基础的新文化业态消费发展迅速，互联网文化消费的用户规模和收入均呈现出较快发展态势，文化消费诉求和欲望得到有效激发。

2016 年，互联网视频付费消费用户规模已突破 6000 万，收入也迅速激增至 107.9 亿元，比 2013 年的 4.6 亿元增长了数倍。城市互联网文化消费中，北京作为网民数量众多的城市，互联网文化消费占总体文化消费的比重已达 40%，彰显出互联网文化消费作为新经济增长点对城市发展的驱动作用。[①] 同时，在

① 卢扬、郑蕊．四成文化消费来自互联网：18 家电商再掀线上文化消费热潮．北京商报，2015-08-28.

支撑互联网文化消费的群体中，“90后”（含部分“85后”）等新生代成为主要群体，在移动支付用户中21~30岁群体约占54.5%。[①] 正是基于此，互联网文化企业将“90后”的消费心理、消费行为、消费观念等视为重点关注的对象。可以说，随着“90后”群体消费能力的日益增强，互联网文化新业态的消费潜力将得到充分挖掘。

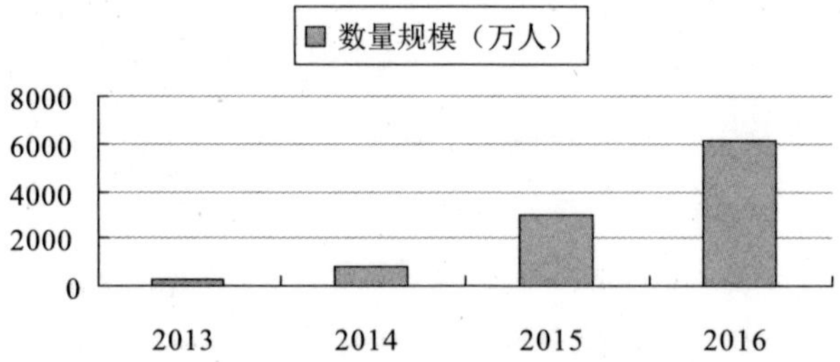

图 7.5　网络视频付费用户规模

数据来源：中投顾问《2016—2020年中国网络视频行业投资分析及前景预测报告》

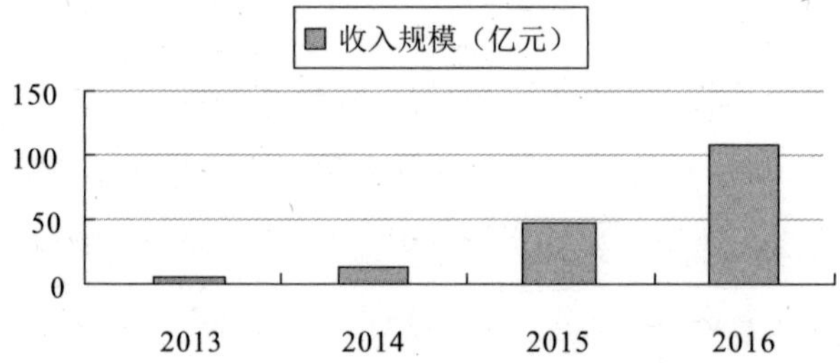

图 7.6　网络视频付费收入规模

数据来源：中投顾问《2016—2020年中国网络视频行业投资分析及前景预测报告》

四、文化新业态创新发展的突破路径

毋庸置疑，文化新业态拥有着较为广阔的发展前景，它的发展与技术进步、

① 中国支付清算协会. 2015年移动支付用户调查报告. 来源：中文互联网数据中心，http://www.199it.com/archives/471990.html.

资本支持、消费诉求等存在紧密的联系，且随着与各产业要素的融合创新，互联网文化新业态的产业体系正在逐步完善。但文化新业态在发展过程中，也存在一些亟待解决的问题。

（一）转变对文化新业态的认知观念

目前，针对“互联网+”语境下的文化新业态存在一种较为普遍的认知错位，即文化新业态就是将线下的内容简单地搬迁至线上，如搭建网上商城，或在文化产业发展过程中充分利用互联网的营销、传播和推广功能，如打造独立的App。这种不计投入地将传统文化产业与互联网相结合，是粗暴地将自己的主观意愿诉诸互联网语境下的企业转型，简单地嫁接出一系列的“互联网+行业”。这种纯粹的嫁接，仅是将互联网视为产业发展的工具或载体，没有认识到“互联网+”的真正核心与本质。

因此，发展文化新业态首要之处在于转变观念。“互联网+”的出现意味着互联网已成为时代发展最为基础性的生产力，并要以此为基础改造传统的文化生产模式、销售模式、组织模式、消费模式、盈利模式，创造出一种新的经济业态，并使之成为新的经济增长点。这也就是说，文化新业态所强调的文化与互联网的融合不是简单的嫁接，更不是将互联网视为单纯的工具和载体，而是要运用互联网思维对各种文化要素进行重新整合，颠覆旧的行业传统，在探索中逐步完善产业机理和发展路径，创造出新的产业发展模式。

（二）规范文化新业态的发展秩序

文化新业态是一个新生事物，产业萌生、培育、发展、壮大、成熟的过程，也是一个由乱而治的过程。2016年，“百度魏则西事件”“快播涉黄案”“斗鱼TV直播造人”等事件，彰显出文化新业态在快速发展过程中的无序和混乱。造成这种混乱的原因一方面在于我们的市场经济体系仍不成熟，产业伦理尤其是对以互联网为核心的技术伦理的认知尚处在初步认知阶段，使产业伦理难以成为文化新业态规范运营的有效束缚；另一方面，法规体系的不完善使得文化新业态产业伦理的构建缺少硬性的措施保障，尽管2002年我国出台了《中国互联网行业自律公约》，但实施效果并不明显。

这就要求我国在文化新业态的发展与规范中，必须强化内在产业伦理道德意识的约束，不断提升市场主体的责任意识，逐步深化市场主体对产业伦理的认识，将产业伦理提升至自主、自觉的高度。同时，加快相关法律、法规的起草和出台。2016年，《公共文化服务保障法出台》《电影产业促进法》《互联网直播服务管理规定》等出台规范了相关文化业态的发展，但与整个庞大的文化产业体系而言，文化法律法规依然偏少，因此加快《文化产业促进法》等法律的起草出台就显得尤为必要。

（三）优化文化新业态的内部产业结构

文化新业态的快速发展为社会经济的发展提供了强劲动力，但也应认识到某些行业的狂飙突进加剧了同类业态的同质化问题。以直播平台为例，目前，活跃在互联网文化市场上的200多家直播平台中，游戏直播和美女直播是主要的两种类型，直播平台的界面、架构与功能相差不大，提供的内容及产品同质化的趋势较为明显，优质和高质内容稀缺。同时，各大平台之间为抢夺用户流大肆烧钱，在某种程度上扰乱了正常的市场秩序。因此，加快文化新业态内部产业结构的优化和整合就显得势在必行。

对文化新业态内部产业结构的优化和整合，可以通过兼并、收购与整合等形式。近年来，以BAT为主导的对中小企业的产业并购，占据着互联网文化市场上的半壁江山。[①]兼并、收购与整合是互联网文化市场从突进回归理性的标识，代表着以市场为导向的自我修复，但是狂热的收购不仅会使产业巨头之间产生恶性竞争，致使资金利用效率低下，使得刚刚发展起来的互联网文化产业陷入停滞不前的境地。因此，在未来对互联网文化新业态进程结构优化过程中，需加强对兼并、收购、整合的监督，鼓励在主营业务范围内进行专业化并购和

① 郑梅云. 2015并购案席卷互联网界BAT坐拥半壁江山. 通信信息报，2015-12-30.

对核心技术领域的并购，以有效整合商业资源，打造清晰的运营模式。

（四）提升文化新业态的资金使用效率

充裕的资金是文化新业态发展的重要条件，大量社会资本的涌入也对以政府为主体的投资方式形成了有效补充。但从整体来看，财政依然是文化发展的主导，然而“财政对于文化发展的投入虽然从总量上有了显著的增长，但是在财政总支出中的比重却在相对下降，而且由于文化领域政出多门，存在重复投资、投资范围宽泛、投资结构不合理、投资效益低下等一系列体制性问题”。[①]2015 年，北京文化投入为 27.58 亿元，比 2010 年的 16.17 亿元增长了约 10 亿元，但占全市财政支出的比重却从 2010 年的 0.6% 减少至 0.48%，[②]凸显出文化地位的尴尬。随着 2016 年《关于修改〈上市公司重大资产重组管理办法〉的决定（征求意见稿）》的发布，文化资本市场将进入一个调整期，投资者的投资选择将变得更加谨慎，这就要求必须提升现有资金的使用效率。

目前，政府推出的 PPP 模式，是财政支持文化发展的探索性尝试。在面对文化市场更加审慎进入的情况下，有必要推进 PPP 模式的专业化水平，避免以往“撒芝麻”式的资金投入，加强资金投入和使用的针对性。同时，在推广这种模式初期，可以在多个领域通过推出一些风险低、周期短、效益高的文化项目并在详细评估项目风险的基础上来吸引社会资金，提升资金的使用效率，增强 PPP 模式的应用推广。

应当承认，文化新业态在发展过程中出现的诸种问题，是一个产业从萌生到发展成熟所必然经历的。这其中固然有体制机制的束缚、法律法规的缺失，乃至自身产业结构的不完善等各种制约，但文化新业态所展现出的发展活力和生命力，意味着文化新业态在未来社会经济发展中将发挥不可忽视的作用。

---

① 魏鹏举．中国文化产业投融资体系研究．昆明：云南人民出版社，2014：131.

② 中华人民共和国文化部．文化发展统计分析报告（2016）．北京：中国统计出版社，2016：362.

第八章

文化新业态的消费模式与发展趋势

“消费降级”体现的是“互联网 +”时代社会消费所发生的结构与形式的重大变革，这种变革集中体现为消费模式的创新。在互联网文化产业发展的过程中，电商平台消费模式、“线上 + 线下”一体化消费模式、垂直传播消费模式、IP 产业和 IP 消费模式、网络直播消费模式、众筹消费模式、文惠卡消费模式等是较为流行的消费模式。随着互联网的普及，互联网文化消费呈现出跨界融合、日常生活方式培育、消费空间拓展、小众与主流文化界限的破除等发展趋势。为积极提升文化消费加快消费升级，需要从培育行业盈利模式、增加优质供给、加快制度建设、加强消费数据分析等层面，破解互联网文化消费表里不一、解决文化消费供需结构失衡、强化文化消费内容监管和把握代际转换中的消费取向等问题。

近段时间以来，“消费降级”成为社会的热议话题。这种观点的主要论据支撑是全国传统消费品零售总额增长速度放缓，根据统计局的数据显示，2018年5月份社会消费品零售总额名义增速8.5%，实际增速仅为6.8%，增速为15年以来的最低。客观上来讲，传统零售总额增长速度放缓是不争的事实，但仍处于增长过程中，因而仅以增速放缓就来认定消费呈现出降级趋势的论断明显过于牵强。尤其是在“互联网+”时代，互联网作为继电力取代蒸汽之后又一支撑社会发展最基础性的生产力，已经超越了工具或载体的范畴，成为引领社会变革的重要动力。在此推动下，社会消费正在经历着结构与形式的重大变革。因此某种程度上所谓的“消费降级”既可理解为面向互联网消费转型所经历的阵痛，又可视为与新消费模式未能完全成型推广存在紧密的联系。或者说，在人们满足了一般物质型消费，对文化服务型消费表现出更多需求之时，单纯以零售指标降低就断言“消费降级”并不能客观衡量消费模式和消费结构升级的趋势。文化消费是消费领域的重要组成部分，也是在满足基本的物质消费需求后的更高层次消费，并且随着互联网与消费的深度融合，互联网科技重新配置了传统消费模式的生产关系，促使新的文化消费模式不断涌现，这些消费模式不仅展现出较大的发展潜力，而且推动了消费的升级。

一、互联网文化消费模式的多样化类别

消费方式与生产方式关系紧密，生产不仅是为消费提供对象，而且生产的水平与方式决定了消费的方式。“生产为消费创造的不只是对象。它也给予消费以消费的规定性、消费的性质，使消费得以完成……对象不是一般的对象，而

是一定的对象，是必须用一定的而又是生产本身所媒介的方式来消费的。”[①] 因此，从生产与消费的关系来说，不仅是消费的对象，而且消费的方式，都是由生产所创造和决定的。这也就意味着，新的生产技术不仅为人们提供了新的文化消费产品，其实在技术应用的背后隐藏着消费者行为的根本变化。互联网是当代文化产业生产的重要载体，所以，在某种程度上互联网也就决定了文化消费的路径与模式。从目前互联网文化产业的消费实践来看，互联网对生产关系的重新配置与改变集中体现为新消费模式的不断涌现。

（一）电商平台消费模式

互联网平台是文化与科技融合发展的重要基础性设施，是培育、发展和展示文化科技型产业的重要载体，在互联网文化产业的生产与消费中发挥着重要的支撑作用。互联网电商是平台为王模式的重要体现，2003 年，中国互联网市场开始细分互联网电商，涌现出 C2C、B2C 和 B2B 等一批消费模式，极大促进了互联网零售行业以一种近乎疯狂的态势发展，市场交易规模持续攀升。2012 年，中国互联网零售交易规模仅约为 13200 亿元，至 2017 年交易规模已

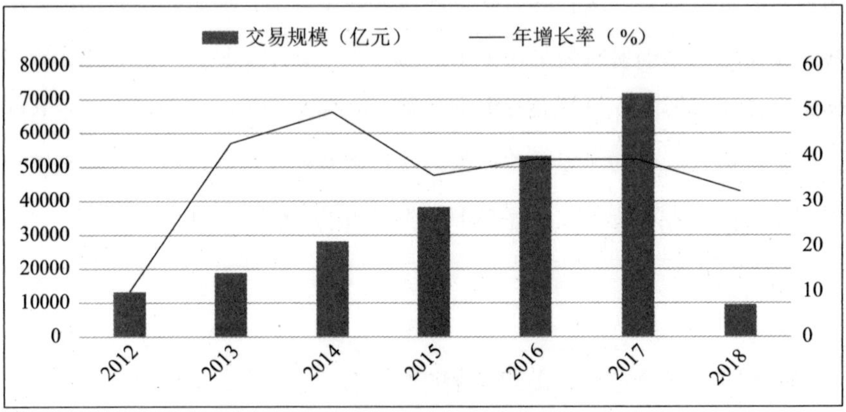

图 8.1　中国互联网零售交易规模

数据来源：根据相关数据整理

---

① 马克思恩格斯全集（46 卷上册）. 北京：人民出版社，1979：29.

增长至约72000亿元，年度平均增长率高达约40%，可谓发展迅猛。互联网电商平台消费模式与传统的消费模式相比，呈现出更强的消费便利性的特点，这种消费模式打破了消费时空的限制，涌现出的跨境经营、无人零售、优品电商、社交电商、二手电商等消费模式和场景，培育和激发了新的消费需求。

需要指出的是，以电商为平台的消费不仅限于女装、女士精品、手机、男装、美容护肤、箱包皮具等普通商品，还拓展至旅游、演出、影音、娱乐、宠物生活、医药保健等商品种类。这说明，以电商平台为依托的消费已从一般的物质消费、精神产品消费完全扩展至日常生活消费。某种程度上，电商平台推动了网络电子商务的发展，而依托于电商平台网络购物的日常化，则正将网络购物日益转变为全民的一种生活方式。

（二）“线上＋线下”一体化消费模式

随着电商平台的激烈竞争，线上红利开始逐渐缩减，增长的速度由此放缓。互联网零售交易规模的增速已从高歌猛进时期的49.65%（2014年）逐年降低至32.2%（2018年第一季度），说明单纯线上红利的时代已经结束。因此，在这一背景下充分发挥互联网线上平台的连接作用，促进线上与线下的有效连接与融合，利用互联网大数据对线上与线下的供给侧进行结构性优化，构建新的体验场景，以实现红利的最大化便成为一种可能。以BAT为代表的互联网巨头在线上竞争流量的同时，开始积极对线下的家电数码、快消品商业超市、餐饮美食、服饰百货、家装家居等实体进行布局，积极探索OMO（Online Merge Offline）的新型消费模式，就是主动适应新的文化消费模式而对营销方式进展的变革。

OMO所强调的“线上＋线下”与传统电商线上支付、线下消费的模式具有很大不同，它以大数据为依托，是“线上—移动—线下”三位一体立体式、精细化管理的产业营销平台，提供的是线上与线下无差别的一站式服务，增强了消费的体验性。如果说线上支付、线下消费的消费模式将世界区分为真实的物质世界和虚拟的数字世界，体验仅是线下物质世界消费闭环中的最后一个环节，那么，在OMO这种打通了内容提供者与产品消费者、机构与终端、企业与渠道代理商之间的区隔，推动了线上平台与线下实体店一体化管理的营销平台体系下，体验性始终贯穿在消费者通过各种载体及终端进行交易和消费的过程中，并使得消费体验能够及时得以反馈。体验的及时收集和反馈，是OMO一体化消费模式的重要特点，这是因为互联网进入数据化、智能化的发展阶段之后，商家可以利用大数据等先进技术对线上和线下的用户群体相貌进行综合分析和挖掘，同时以此为基础对用户进行细分和定位，并针对用户不同场景的需求对生产、商品、销售进行优化调整和服务升级，优化完善消费者的场景体验。

（三）垂直传播消费模式

垂直传播借用的是医学术语，亦称纵向传播，本意是病原体通过母体传给子代的传播方式。在互联网文化消费领域，垂直传播消费模式是指依托互联网，将消费信息直接传递给某一类人群，或者说，垂直传播消费模式往往限定在某一特定人群对某一特定领域的特定需求。这一类人群充分体现了互联网时代的碎片化特征，他们是通过社交聚集在一起的拥有相近价值观、兴趣、行为、需求的小社群。垂直传播就是为这类群体提供的更加精准的消费服务，消费的类型主要包括旅游、学术、教育、医疗等。垂直传播消费模式的出现与消费市场日趋精细化、类分化密切相关，它不仅为市场提供和发掘出了具有黏性的优质客户，也是文化消费升级的重要体现。

消费市场的分化促使文化产品的供给越来越多地转向小众消费群体，这就要求文化生产企业必须对市场进行细分，并制定与之相应的营销活动。“细分市场使先前被传统和常规模式忽略的消费者权益得到认同，数字和网络模式以此扩大了一定的市场。”[①]因此，垂直传播消费模式就是在消费市场格局不断细化和重新聚合的语境中，根据定位的目标市场而进行企业营销模式的转变。麦兜旅

① ［美］克里斯·奥拉姆．电商战略：数字时代的精准战略．朱玲 译．北京：中信出版社，2017：79.

游、布拉旅行、马蜂窝旅游等均是携程、艺龙、去哪儿网等综合性平台，在无法深入的更为精细化服务的领域，如目的地、年龄、性别、酒店业务等进行的市场细分，推进了文化产品和消费渠道的个性化和多元化。因此，垂直传播消费模式通过有针对性地制订和调整文化市场的营销，有利于拓展文化市场，进一步促进文化企业进行更好的优化配置。

（四）IP 产业和 IP 消费模式

IP（Intellectual Property），即知识产权，本意是通过智力性劳动获取劳动成果并对成果依法享有的专有权利，运用在文化产业的运营中，泛指具有特定品牌影响力和能够可持续性挖掘的文化资源。优质 IP 的运作以产业链的延伸与拓展为核心，“对于那些长盛不衰的 IP 来说，它们总能与时俱进地在各种媒介形态之间实现 IP 更新，将能引起共鸣的角色价值尽可能地释放出来”。[①] 通过对 IP 内容的开发，互联网文化业态成功打通了包含文学、电影、电视、游戏、音乐、表演、出版等媒介在内的互动文化娱乐产业链，使得优质 IP 成为颇受传播市场和资本市场青睐的对象。

以 IP 为核心所创造的文化消费，主要体现在以文学、动漫、影视剧为核心 IP 的产业链拓展与延伸。这种消费模式通过核心 IP 所积累的粉丝群体，辅之以衍生产品和周边产业的消费拉动，将粉丝崇拜转化为消费力，提升了文化产品的变现能力。从内容制作到粉丝积累、开发周边以及相关展览、观光等实体体验场景，是 IP 消费的主要模式。目前为争夺优质 IP，众多行业巨头纷纷涉足 IP 的抢购与拍卖，爱奇艺、优酷土豆、乐视网等纷纷推出 IP 改编的电视剧、游戏、动画等，使得 IP 逐渐成为网络文化产业链的枢纽和核心，并由此促进了影视剧、游戏、动画、文学等业态间的互动式消费。如热门影视 IP 对原著图书消费拉动作用明显，2017 年《人民的名义》在电视剧上映前后拉动纸质图书销量增长了 21 倍，电子书增长了 191 倍，足见 IP 业态之间互动的效果显著。

---

① 韩布伟. IP 时代 从 0 到 1 打造超级 IP. 北京：中国铁道出版社，2016：26.

（五）网络直播消费模式

网络直播是依托互联网独立进行视音频采集、编辑、发布的方式。网络直播起步开始于 2009 年，2011 年进入快速发展阶段，涌现出百度秀吧、风云直播、秀色秀场、花椒直播、果酱直播等一批互联网 App。直播消费的内容从类别看大致可以分为游戏竞技、公共演艺和个人秀场等三种。在内容生产层面，以内容原创为主，平台除了通过广告、内容版权转让等方式盈利外，“主播 + 打赏”的用户消费是直播盈利的重要收入来源。需要指出的是，网络直播仍处在发展成长期，随着短视频与各领域的融合，它的消费和盈利模式也日渐走向多元化。

网络直播消费的出现，与大众娱乐消费方式向移动端转移密切相关。在某种程度上，随着直播视频技术的发展以及进入的门槛越来越低，网络直播不仅会继续承载这个红利，而且会放大乃至统筹线下的演艺市场。网络直播已占领消费市场的一席之地，如 2017 年仅游戏直播消费市场规模已达 37.3 亿元，网络直播消费的影响力由此可见一斑。作为一种大众的娱乐方式，网络直播消费的流行，“意味着互联网娱乐消费已经成型……互联网娱乐消费习惯已经形成”。[①] 在此趋势下，越来越多的文化活动试水网络直播，如 2014 年汪峰在北京鸟巢举办“峰暴来临”演唱会成为演艺直播消费的一个标志性事件，而 2017 年花椒 App、花椒直播与《中国新歌声》合作试水付费直播演唱会，则开启了网络 App 演艺综艺直播消费新时代。同时，随着网络直播平台影响力的逐步扩大，一些文化消费活动开始向线下转移。如抖音 App 与城市营销的结合，催生了西安、成都、济南等一批网红城市，2018 年也成为“网红城市元年”。从实际效果来看，这种结合不仅促进了短视频本身的流量消费，也间接提升了网红城市的城市消费。

---

① 李亚等. 直播：平台商业化风口. 北京：机械工业出版社，2016：9.

（六）众筹消费模式

众筹模式是近年来伴随着互联网文化创意产业的发展而兴起的产业筹资模式，因其具有门槛低、多样化、草根性和创新性等特点，一经出现便受到投资者、生产者和消费者的青睐。众筹消费是通过预售聚拢消费群体，在产品预售的过程中，不仅向消费者"兜售"了参与感，而且产品经过了市场和消费者的检验。可以说，众筹消费以消费者为核心，以线上互联网众筹平台为载体，将线下体验和线上消费结合在一起，从而完成消费者消费需求和生产企业有目标性生产的无缝对接。

众筹消费模式推动了互联网对文化消费和文化生产市场要素的优化配置与整合。仅就消费层面来说，消费者通过购买消费券的方式获得该产品使用权、消费权，增强了生产与消费之间的互动，实现了消费和投资的有机结合。以"消费者为中心"，将消费者纳入生产的过程中，是消费资本化的探索与尝试。在以"90后""00后"等年轻群体自我意识、参与意识和体验意识日益增强的语境下，众筹消费模式所坚持的传统的以产品为导向的经营模式正在向以用户消费为导向的模式转变，适应了时代发展的必然趋势。

（七）文惠卡消费模式

文惠卡是近些年在北京、天津、陕西等地区，利用和促进互联网文化消费层面所做的一种探索。发放惠民卡促进消费并非我国首创，最早的抵用券制度是由美国经济学家米尔顿·费里德曼提出的。米尔顿·费里德曼认为，在广泛的社会公共服务项目领域可以用抵用券来获得公共服务。英国经济学家艾伦·皮考克也认为，抵用券能够在不改变分配的前提下，增强低收入群体消费能力的机会。"抵用券把决定享用什么艺术的权利留在消费者手中而不是那些'家长式文化垄断机构'的手中，部分解决了长期以来困扰人们的艺术补贴问题，即那些高雅文化艺术吸引了生活更富裕的消费者，他们从税收转移中比那些相对贫穷的纳税人获得了更多的利益。”[①] 因此，具有抵用券性质的文惠卡能够拓展中低收入群体获得公共文化服务的渠道，具有涵养和培育文化消费市场的效果。

每年一度的“惠民文化消费季”，已成为首都等地区的文化品牌。这一活动在利用文惠卡促进互联网消费层面已进行了颇有成效的探索，如“北京文惠卡官方服务号”微信平台是消费券唯一的发放平台，文惠卡不仅与腾讯微票、腾讯支付等开展支付合作，而且与文化艺术、新闻出版发行、广播影视和文化电商等多个领域的单位进行销售合作，开启了“互联网 + 文化消费”的新模式。这一模式既为文化企业提供了产品销售平台，也有效撬动和促进了大众文化消费。

可以肯定的是，以上诸种消费模式是在互联网这一基础性生产力的推动下，消费的不同要素与互联网深度融合的产物。随着互联网在各种生产关系中的逐步渗透，其他各种消费模式也将会相继涌现。这些新型的消费模式并没有带来所谓的“消费降级”和消费者的消费水准降低，反而提升了消费的便捷性、精准性、体验性和精细化程度，进一步强化了消费的导向性和消费产品的文化科技内涵，从整体上推动了消费的升级换代。

二、互联网文化新业态的多重消费趋势

消费升级是不可逆的发展趋势，在新型互联网消费模式和消费业态的不断培育和发展过程中，互联网以其不可阻挡的力量重构了整个文化消费生态。随着互联网文化消费在各个领域彰显出的巨大影响力，巨量的互联网文化消费潜力正在被日益培育和挖掘，并且日渐呈现出日常生活化、跨界融合、空间拓展、界限消弭等趋势。

---

① 金元浦．消费引领：补齐我国文化产业发展的短板．同济大学学报（社会科学版），2013（第 5 期）．

（一）互联网文化消费正成为人们的日常生活方式

随着互联网在社会各个领域的应用，普及率和用户规模日益攀升，互联网作为社会生活的重要组成部分，影响着整个社会有机体。“互联网在日常生活中的应用是给定的社会关系中网络社会的传播、形式和文化特征的理想指示器。以互联网为媒介的社会结构、社会行为和意义建构的相互影响，体现了社会变革的过程，这种变革是技术、文化和社会相互作用的结果。”[①]这也就意味着，互联网文化消费的日常生活化，代表着消费升级的最终实现。在这一目标指向及其相关实践的推动下，互联网带来的不仅是人们思想观念的转变，更重要的是它以互联网为基础颠覆了传统的行为模式，重构了人们整体的文化生活方式。因此，在这种趋势下，互联网文化消费就会成为人们的必需品。

根据第42次《中国互联网络发展状况统计报告》的数据显示，截至2018年6月，互联网用户规模已达8.02亿，网络消费支付用户规模达5.69亿，网民网上支付的使用比例约为71.0%。可以说随着移动端支付向线下支付领域的进一步渗透，互联网消费已经逐渐成为一种日常的生活方式。互联网消费已涵盖衣、食、住、行等日常生活领域，在新兴文化消费领域更是如火如荼，以移动智能终端为载体的刷微博、玩游戏、看视频、玩抖音等流量消费和付费消费已大有蔓延之势。当互联网消费成为一种整体性的生活方式之时，它就不是特定时空领域内的特定活动，而是渗透到日常生活的各个领域，在全社会形成一种新的文化。这种文化已成为现代都市文化的重要组成部分，且为了进一步推动互联网消费文化在整个社会的普及，与之相关的生产体系、物流体系、支付体系、结算体系、消费体系等都将发生相应的变化。当然，这种变化不仅仅体现为消费模式的升级，消费产品也会随着消费文化的改变在内容和形式上进行调整，以适应新的时代发展需求。

---

① ［美］曼纽尔·卡斯特. 网络社会：跨文化的视角. 周凯 译. 北京：社会科学文献出版社，2009：256.

（二）互联网文化消费跨界融合的趋势日益明显

文化科技融合是互联网文化产业的重要支撑，这也就意味着互联网文化消费不仅仅是依托强大的消费支付系统，与金融密切结合，而且在消费的内容上注重科技导向，推动了文化科技融合的发展。为进一步提升互联网消费的品质，通过消费刺激生产，国务院在2015年出台《关于积极发挥新消费引领作用加快培育形成新供给新动力的指导意见》后，于2018年9月又出台了《完善促进消费体制机制实施方案（2018—2020年）》，在文化领域提出推动“互联网+电影”业务创新，拓展数字影音、动漫游戏、网络文学等数字文化内容，进一步扩大和升级信息消费，促进消费层面的文化科技融合。北京、上海等在刺激文化消费的政策层面，也体现出较为明显的科技导向。北京出台《提升生活性服务业品质促进消费增长措施》（2016），上海出台《促进新消费发展发挥新消费引领作用行动计划》（2016），鼓励创新模式消费，促进新兴消费，支持“互联网+生活性服务业”新模式，加快推进移动互联网、云计算、物联网等与生活性服务业跨界融合，以示范引领创造新供给、释放新需求，促进消费的提质增效，拓展丰富消费内涵。

在各项政策推动和相关消费的实践中，文化消费跨界融合的趋势进一步彰显。近年来，文化产品的科技化水平和科技产品的文化内涵不断提升，文化科技融合的进程不断加快。尤其是随着线上与线下融合服务和面向文化娱乐的数字创意内容产品的不断丰富，“在融合创新发展模式中，文化科技融合、文化与相关产业的融合更加关注内生增长动力，即通过融合创新带来生产率的提高、新的文化价值的增值”，[①] 原先占据文化产业重要位置的传统产业形式，如演出、旅游、出版业等被跨界发展的创意产业、创意经济所取代，由此进一步推动了文化消费的跨界融合趋势。以科技为导向的文化新业态的消费随着可穿戴设备、

① 魏鹏举．内生增长视野下的文化产业创新发展思路分析．同济大学学报（社会科学版），2016（第3期）．

游戏设备、手游、移动短视频、二次元等新一代产品的出现，获得了良好的社会效应和市场效应。如二次元的用户规模已达 2.7 亿人，涌现出 AcFun（A 站）、Bilibili（B 站）、原力动画等一批较为成熟的二次元内容社交空间，而代表着最先进文化科技的可穿戴设备以及相关 VR/AR 产品也随即进入消费市场，进入寻路阶段。可以预见，以科技为支撑的文化消费在未来的生活中，将伴随着物联网、云计算、虚拟现实、智能服务等产业链的不断完善和发展，得到进一步的发展和普及，消费的品质也将得到进一步的提升。

（三）互联网文化消费拓展了文化消费的新空间

消费空间作为特定生产力和生产关系的一种表现形式，是产生消费关系并进一步促进消费关系实现的单元组织。传统的文化消费空间大都是一些固定的场所，容易受时空限制。但互联网文化消费的出现及其对消费的升级，创造了文化消费新的空间和场所。这种空间是网络虚拟空间与线下现实空间的融合，网络视频、网络音乐、网络小说、网络社区、网络游戏、网络新闻、网络教育、网络购物、网上交友等日益普及，越来越多的个人通过网络空间所塑造的场景进行消费和交流。网络空间为消费提供了另一种场景，与传统的物质空间相比，网络空间消费打破了时空局限，进一步缩短了生产与消费的距离，增强了网络消费的互动性、便捷性和直接性，是对传统消费形式的转型升级。

但需要指出的是，便捷并不意味着完全开放，某种程度上网络空间消费具有一定的公开性，也具有一定的隐匿性。这种隐匿性是消费者身份的隐匿，即消费者无须面对面地进行交易，这就使网络消费的个性化和私人化成为一种可能。尤其是随着互联网消费空间的不断扩大和支付功能的不断完善，网络空间中的消费者不再满足于一般化的产品供给，而是开始寻求以购买服务为核心的互联网订制消费。订制消费的出现不仅进一步推动了消费空间私人化和私密化的趋势，而且提升了消费空间的互动性、智能化和个性化的消费体验。这种消费体验，使“互联网的空间里拥有‘一个有意义的社交互动’，而不是‘进入一家商场，像僵尸一样四处游荡’”。[①]可以说，互联网空间的互动、私密与个性化，极大拓展了文化消费的空间。新兴的互联网消费模式在真实社会空间之外重构了一种新型的社会空间，这种空间以其强烈的实时性、互动性、参与性、趣味性，能够满足网民多层次的文化消费需求。

（四）互联网文化消费消弭了小众与主流的界限

互联网文化消费品的私人订制，从效果上打破了小众文化与大众主流文化的界限，使越小众、越主流成为一种可能。传统产业发展模式追求工业化大规模的生产和批量销售，但是在互联网环境中传统的产业发展模式逐渐失去商业价值，人们的个性化需求和分散的海量创意得以充分释放，并实现了二者的无缝对接。由此，随着全球商品供应链进入网络时代，以小众群体为核心的“以销定产”和“以消定产”的生产和消费模式更加注重的是产品本身的创意。这也就意味着，传统商品的品牌价值将被削弱，因为消费者更为关注产品的文化创意和独特体验，某种程度上，互联网文化消费推动了品牌概念内涵从“吸引消费者”向“为了消费者”的商业逻辑转变，社会正进入向小众个性化升级的新消费时代。

当小众消费日益流行之时，这种模式便成为一种主流。在互联网的语境中，当互联网将分散的小众需求汇集在一起时，就会形成一个体量较大的细分消费市场。小众不是边缘，而日益成为消费的主体；亚文化不是局部，而日益成为主流。尤其是在消费群体正在进行代际转换的背景下，随着“90后”“00后”逐步走向社会，他们基于共同价值观所组成的消费社群与以往的消费群体具有很大的差异，他们“注重消费过程中收获的快乐，并理性计算风险收益；强调自身感知和体验，在用消费满足需求的同时，更不忘现实的利益选择与妥协”。[②]他们所消费的小众文化，如泛娱乐文化业态、二次元文化业态、虚拟文化业态、

---

① ［美］杰夫·贾维斯．分享经济时代：新经济形态，分享什么，如何分享．南溪 译．北京：中华工商联出版社，2016：205.

② 曹仕涛、刘庆帅．“95后”消费观透视．青年消费论坛，2018（第1期）.

粉丝经济文化业态等，已具有引领社会风潮的力量，成为大众文化的重要组成部分。可以说，互联网消弭了小众与大众的界限，是新形势下市场乃至整个社会文化发展的必然性结果。小众和大众的判决，不是流行的拥趸，而是时代趋势的选择。

从整体来说，互联网与人们文化消费的关系正变得高度密切。互联网技术的快速更迭与互联网消费群体规模的日益扩大，人们对互联网文化消费的需求与认同日益提升。应该承认，随着文化科技跨界融合的深入推进和消费空间向纵深拓展，互联网文化消费的品质会得到提升，消费结构会更加多元和优化，消费升级的趋势会在互联网文化消费领域进一步彰显。

三、互联网文化消费着力破解的突出问题

毋庸置疑，随着互联网的普及以及人们消费观念的转变，新的互联网文化消费模式会日益涌现。新的消费模式不仅会重新整合现有的市场资源，加速各产业要素的融合创新，而且在培育新的消费增长点，进一步促进新业态的发展过程中，也具有十分积极的意义。但不容忽视的是，推动文化消费向互联网文化消费升级，互联网文化消费也存在一些亟待解决的问题，只有在未来的发展中正视并解决好这些问题，才能更好地推进消费升级的进程。

（一）培育行业盈利模式，破除互联网文化消费表里不一

互联网与各种文化业态的融合，产生了大量的文化新业态。按内容类别来分，可以分为电影产业、互联网出版和移动游戏产业、动漫产业、音乐产业、网红经济产业、直播产业、VR/AR 产业、电子竞技产业等。但是各业态消费之间的消费状况差别很大。动漫产业和移动游戏产业，长期以来一直保持着稳定的发展态势，然而消费服务却未尽人意。手机游戏消费投诉在 2014 年已首次成为社会关注的热点问题。VR/AR 产业也面临相似的境遇。2016 年被称为 VR

行业元年，经过近两年的市场培育，VR体验店如雨后春笋般涌现，三里屯乐客VR“乐翻天”、西单大悦城和朝阳大悦城的奥秘世界VR体验馆等，是北京较为著名的消费场所。但根据《中国VR体验店现状白皮书》公布的信息显示，VR体验店盈利的仅占三成。可见，虽然这一业态表面火爆，但却扩张过快，且受困于产业链的不完善，经营压力依然较大，使这一行业刚进入“暖春”，便进入“寒冬”。

针对互联网文化业态发展与消费表里不一的现状，当务之急是尽快培育和探索产业行之有效的盈利模式。由于某些文化新业态尚处于起步阶段，借助媒体和资本的炒作被置于产业发展的风口浪尖，于是一哄而上，使用类似的消费模式，提供类似的消费内容，同质化竞争较为严重，在产业发展初期盈利模式尚未形成之时，互联网文化产业部分行业的冬天已提前到来，因此“抱团取暖”成为新业态生存发展的一种主要方式。所以，探索产业消费的兴趣点，寻求差异化的发展道路，培育产业的盈利模式，是进一步提升互联网文化消费的必由之路。

（二）增加优质产品供给，破解文化消费供需结构失衡

内容是产业生产和消费的前提和基础，消费升级后人们对文化内容的要求较之以往有更大的提高。但是优质消费内容的相对性缺乏，某种程度上制约着互联网文化消费的健康发展。互联网文化行业本身属于新业态，处在产业发展的前期，由于前期成本压力较大，产品消费定价虚高，造成产品消费的性价比不高。网络中流行的流水线复制“Papi酱”、短视频中频频露面的“社会人”、肤浅庸俗的网络剧、同质化严重的娱乐综艺等，彰显出低端文化产品供给相对过剩，优质文化消费产品相对不足，供需失衡已成为制约消费升级的主要障碍。

解决供需失衡的矛盾，以创新优质供给满足消费需求，需要充分利用已掌握的互联网大数据。在产品生产和产品质量层面，引入大数据检测技术，如LBS POI数据改进、搜索Badcase、用户满意度和情感分析、App Crash分析等，提升创意产品内容质量等领域数据资源的捕获和利用能力。同时，针对各大数

据平台因数据孤立而形成的“信息孤岛”，需要加快信息平台的整合，推进各数据平台之间的数据合作。2015 年以来，我国相继出台的《关于促进云计算创新发展培育信息产业新业态的意见》和《关于印发促进大数据发展行动纲要的通知》等，旨在培育新兴文化业态，激发大数据在产业消费领域的活力和动力。如爱奇艺已经涉足大数据，利用已掌握的大数据进行影视剧和综艺节目的采购、定位消费群体。《偶像练习生》《创造 101》等现象级文化娱乐节目的出现，大数据对市场的分析与开发功不可没。因此，破解优质文化产品的供需失衡，需要运用现代互联网科技技术，对细化和多元的市场进行综合分析，实现产品的精准投送和营销。

（三）加快规章制度建设，强化文化消费内容监管

制度推动消费升级和促进产业发展的重要保障，但是在新兴业态发展的过程中，新兴产业基于迅速扩大市场，降低成本，吸引消费者的需要，在生产和营销过程中，往往会采取一些不正当或“打擦边球”的手段。如快手、抖音、今日头条、西瓜视频、火山小视频、内涵段子等，均因节目涉嫌恶搞、非法剪拼、涉黄等内容，放任低俗、荒诞、暴力等不良信息传播，而受到有关部门的约谈或整顿。为了避免网络消费环境中各种违法乱纪的现象，营造一个健康有序的网络文化空间，近年，国家相关部门相继出台一系列措施，如《移动互联网应用程序信息服务管理规定》《关于加强网络视听节目直播服务管理有关问题的通知》等，不断加强执法力度，强化对网络内容的监管，依法关闭花椒直播、一直播、六间房和 360 水滴直播在内的直播网站的数千个账号。

从法律法规建设层面加强对互联网文化空间的整治，传递出打造消费的升级版仍需完善网络安全保障体系。但与新兴文化业态的成长速度相比，现有的法律法规仍与新兴文化业态的内容爆炸脱节，法律法规建设仍显滞后。因此，在刺激互联网文化消费和培养新兴消费模式的过程中，应不断强化顶层设计的问题意识，根据新问题、新动向，及时建立和完善相关制度，为新兴文化业态

的创新、消费模式的打造和消费的升级奠定制度基础。

（四）加强消费数据分析，把握代际转换中的消费取向

某种程度上，消费升级更多的是面向未来消费群体的升级，因此，如果说行业盈利模式、优质产品供给和规章制度建设只是整个产业链条上的重要环节，那么消费群体才使得整个产业链形成了一个闭环。当前消费群体的代际转换是消费升级面临的最大历史契机，根据第42次《中国互联网络发展状况统计报告》的数据显示，截至2018年6月，20~29岁年龄段的网民约占网民总量的27.9%，是数量最多的互联网用户群体。这也就意味着“90后”“00后”消费群体正在或已经崛起，他们比以往任何一个年代的消费群体，都更为注重文化消费产品的创意化、智能化、数字化。因此，从发展的角度而言，在消费群体正在发生代际转换的文化语境下，加强对新兴消费群体消费取向的研判，有助于从需求端出发调整产业政策和产业生产，促进产业结构的调整和消费的升级换代。

加强对新一代消费群体消费取向的研判，要充分利用大数据平台对年轻消费群体消费信息的分析与共享。某种意义上，“90后”“00后”是真正的互联网的原住民，他们在互联网文化消费中所产生的海量信息，已成为重要的商业资产。在大数据时代，“数据的价值从它最基本的用途转变为未来的潜在用途。这一转变意义重大，它影响了企业评估其拥有的数据及访问者的方式，促使甚至是迫使公司改变它们的商业模式”。[①] 而商业模式的变革也就决定了消费模式的更新，因此，收集和分析互联网大数据是创新消费模式的重要基石。同时，利用大数据对新一代消费群体消费取向进行分析研判，也能进一步发掘新的需求，降低周转成本，提升文化产品的消费效率和投入的回报率。

推进互联网文化消费的升级，是一项涵盖各个领域的系统性工程，也是一

---

① ［英］维克托·迈尔－舍恩伯格、肯尼思·库克耶．大数据时代：生活、工作与思维的大变革．盛杨燕、周涛 译．杭州：浙江人民出版社，2013：130.

项长期的战略性任务。所以，在推进消费升级的过程中，应积极发挥各相关主体的职能优势，统筹协调各产业环节的结构性作用，它既需要文化、产业、体制、群体乃至价值观等要素的综合性配套，又需要一定时间的检验和积淀。也就是说，消费模式的创新既是在探索中发展，也是在发展中不断解决问题完善自身的过程。因此，根据变化了的产业发展实际、不断更迭的技术以及消费群体的消费需求，及时完善各项激励和规范措施，培育新的经济增长点和消费点，才能持续推进消费升级。

第九章

文化新生代引领新业态创造性发展

文化新生代引领着新业态的发展潮流和方向。“90后”“00后”等新生代消费群体迅速崛起，在各个领域影响着文化的生产生活方式。但文化供给结构的失衡，如无效供给、低端供给，以及供给渠道障碍等仍然存在。随着文化消费面向“90后”“00后”等新生代群体的代际转换，供给侧领域文化与各领域深度融合的趋势不断增强，而需求侧新生代消费群体在付费意愿、消费模式、个性化需求以及粉丝经济等文化需求侧领域出现的一些新的变化，也为把握供需之间的耦合关系提供了充分依据。

以高质量文化供给增强人们的文化获得感、幸福感，是文化生产的最终目的。这意味着我国文化产业在经过了近40年的高速发展之后，对文化产业的发展质量有了更高的要求。当前，我国的主要矛盾已经转化为人民日益增长的美好生活需要和不平衡不充分的发展之间的矛盾，凸显出新消费需求已成为生产关系中应予重点考察的要素。马克思主义消费观认为人类生产的最终目的就是消费，因此，把握需求与生产的互动关系，有助于推动文化产业的高质量发展。在对文化产品的消费中，“90后”“00后”等新生代消费群体迅速崛起，对消费的贡献度逐年上升，引领了现代互联网消费的新时尚。抓住新生代，就是抓住了文化产业发展的未来。某种程度上，“90后”“00后”群体对文化消费更高的审美、时尚需求，倒逼着文化产业的高质量发展。

一、新生代文化消费群体的崛起

“凡一代有一代之文学”，道出了每个时代都有一个时代的文化艺术和文化创新的真谛。“70后”的一代之文化是港台音乐，“80后”的一代之文化是电视媒体，而“90后”的一代之文化则与互联网密切相关。某种程度上，互联网文化是“90后”文化身份的标识，以互联网为载体的文化新业态成为“90后”的文化主场，也渗透着“90后”喜好的文化底色。

文化消费处于整个产业链的最终端，既是产业发展的直接目的，也是经济发展的重要支撑。文化消费的极大增长，能提高和释放社会生产力。目前，在所有的文化消费群体中，以互联网为背景的新生代文化消费群体，构成了互联网文化消费用户规模的主体，并爆发出强烈的文化消费诉求和欲望。

"90后""00后"是真正诞生在互联网时代的文化群体。1990年，英国科学家蒂姆·伯纳斯－李发明互联网，而后开通世界上第一个WWW网站，在二十多年的演变中互联网从Web1.0、Web2.0逐步更替至Web3.0，从PC端逐渐走向移动智能端，从线上走向线下，影响力渗透日常的生产与生活，成为文化的重要组成部分。"90后"的世界里，充满着属于他们自己的互联网文化元素，他们称自己为"御宅族"，晒出的是"呆萌"的表情包，使用的是只有自己理解的"火星语"、汇通的是他们认可的QQ币和比特币、养育着不能触摸的电子宠物，玩的是颠覆传统观影体验的"弹幕"……他们，已不再满足于在漫展上做个默默无闻的观众，于是，他们自己裁制衣服、制作道具，扮演自己心中的英雄，玩起Cosplay。可以说，"90后"依托互联网创造了新的文化内容和文化形式，创造了属于他们自己的文化业态，泛娱乐文化业态、二次元文化业态、虚拟文化业态、粉丝经济文化业态、影音文化业态和传媒文化业态的爆炸式增长，显现了新生代文化消费群体巨大的文化需求和文化消费能力。

新生代文化消费群体创造出的文化业态正在不断发展壮大，这既展示出文化的内涵和外延始终是一个宽泛的、延展的概念范畴，又预示着"90后""00后"的文化趣味越来越多地对社会经济文化的发展具有支配性的力量。他们不仅展现出创造新文化业态的能力，也体现出乐于接受新型娱乐方式的开阔心态。可以说，新生代文化消费群体已经浸染文化新业态的发展底色，且大有燎原之势。他们必将主导文化新业态的未来发展方向，重塑文化的内容与形式，重构文化产业的商业运作模式，毕竟未来是由未来者创造。

（一）"90后"撑起第三方支付的"半边天"

网上支付成为一种文化生活方式。文化绝不仅仅是精神性的文学和艺术，依照英国学者雷蒙德·威廉斯的观点，文化是存在于经济、政治、意识、法律、语言、艺术、符号等多种要素中的整体生活方式，体现为一系列的生产生活实践。目前，以支付宝、微信钱包为代表的第三方支付所占市场份额稳定增长，但是，需要指出的是在使用第三方支付的人群中"90后"群体占据了半壁江山。据调查显示，18~25 岁年龄段的“90 后”群体占支付宝支付总人数的 59%，与支付宝相比，18~25 岁年龄段使用微信支付的“90 后”群体所占的比重虽略逊于支付宝，但也达到了 45.4%。可以说，以第三方支付为代表的文化生活方式，已使得大部分年轻人开始忽略钱包的重要性，而这其中“90 后”群体无疑推动了这种文化生活方式的流行。

（二）“90 后”推动影视剧题材的年轻化趋势

得“90 后”者得天下。2016 年的大众电影百花奖将最佳男配角和最佳女配角颁给以李易峰、Angelababy 为代表的“小鲜肉”“小花”，给人不小震惊。一时间，“小鲜肉”“小花”影视经济的魔力开始为人们所重视。如果说，2013 年《致我们终将逝去的青春》是“80 后”开始集体向社会宣告“80 后”的青春已经成为一种回忆，那么，同为 2013 年上映的《小时代 1.0》则意味着“90 后”已风华正茂，开始引领社会文化的发展潮流。无论是《花千骨》《琅琊榜》等古装剧，还是《麻雀》《法医秦明》等悬疑剧，还是《欢乐颂》《何以笙箫默》等现代剧，无不主打“小鲜肉”“小花”。“90 后”已成为当下最主要的观影群体，根据星美国际的调查，“90 后”占总观影人次的 60%，是影视消费的主力军，因此，“90 后”群体的消费心理、消费习惯正成为影视制作大咖们纷纷揣摩的对象，毕竟在以市场为主导的竞争中，迎合消费者心理才是最佳的营销方式。

（三）“90 后”向社会普及二次元文化，开启资本进入的闸门

2015 年被媒体称为二次元元年，5000 万核心二次元用户和 1.49 亿的泛二次元用户将二次元文化从属于“90 后”的小文化推向主流人群，推向资本汹涌进入的火热文化业态。二次元，一种原本与动画、漫画、电子游戏、轻小说联系相关的文化业态，开始与电影、电视、游戏、主题表演、Cosplay、同人、声优、手办等产业形态结合，在带动电影、电视、游戏产品的开发的同时，引发以 BAT 为代表的互联网巨头也纷纷涉足二次元产业。2015 年 10 月，阿里巴巴正式收购优酷土豆，以间接方式入股 AcFun，11 月腾讯持 15 亿元巨资入股

Bilibili，使得 AcFun 和 Bilibili 两个最大的二次元社交网络平台背后有了巨人的身影，开启了资本介入二次元文化发展的时代。

可以说，如果仅仅作为生活元素思考“90 后”“00 后”新生代与互联网文化新业态，并没有真正洞察到这一新生代群体蕴藏的巨大的文化创造力。随着“90 后”“00 后”消费能力的日渐增长，以及这个群体逐渐走向社会，他们所喜爱的文化已不再是一种小众的亚文化，而是开始或已经成为文化发展的主流。更为重要的是，他们对文化消费品的选择已不再满足一般性的文化消费，而是追求更为精致、更为独特、更具品质、更具时尚感的文化消费品，具有更高的审美诉求。以新生代群体为代表的文化消费需求的升级，决定了文化产业必须走高质量发展之路。

二、结构性失衡难以满足新生代高品质的文化需求

当前，我国文化产业在发展过程中面临着较为突出的结构性失衡问题，尤其是在互联网文化消费领域，文化供给与新生代文化需求之间存在较大差距。这一结构性失衡主要集中在以下几个方面。

（一）低端文化产品供应过剩，无效化供给突出

无效供给指的是社会总供给与有效供给的差额部分，是产品供给的过剩。这种过剩是一种无效供给，而之所以会出现无效供给其原因在于文化产业不能提供高品质的文化产品以满足日渐扩大的消费需求，当大批低端的文化业态充斥文化生产时，有效供给和消费能力之间的差距将日渐拉大。如某类题材网络大电影、网络电视剧、手机游戏的“扎堆”或“一窝蜂”出现，说明我国文化产品缺乏高端创意，仅能满足人们单一层次的文化需求。“90 后”“00 后”群体的需求是多元的，低端文化产品的低效叠加不仅削弱整个行业发展的动力和竞争力，而且导致这一群体越来越多地转向国外文化产品的消费。《海贼王》《环

站公主》、初音未来、《浴血黑帮》《行尸走肉》等在新生代群体中大行其道，反映出我国文化产业未能给新生代消费群体提供具有高文化科技内涵和特色审美风格的文化产品。在单一的信息传递中进行信息的低效叠加，会削弱整个行业发展的动力和竞争力。正是因为文化产品的无效供给，某种程度上在造成消费需求外流的同时，国内文化产品大量过剩，文化需求出现了巨大的缺口。据推算，我国文化消费潜在规模近 5 万亿元，但实际文化消费仅 2 万亿元左右，在供给和需求之间存在 3 万亿元左右的缺口。[①] 这就使得文化产业供需结构性失衡的矛盾越加突出。

（二）互联网文化消费整体需求增加，低端化供给仍在

文化消费是文化产业链中最末端也是最关键性的环节，文化消费的成功意味着整个文化生产的完成。在整个产业链的运作过程中，"生产创造出合需要的对象；分配依照社会规律把它们分配；交换依照个人需要把已经分配的东西再分配……生产表现为起点，消费表现为终止，分配和交换表现为中间环节"。[②] 可以说没有文化生产就没有文化消费，而文化消费与人的精神文化需求密切相关。改革开放以来，我国城乡人均文化消费额呈现出较快增长态势，近年来，我国城乡居民人均文化娱乐消费支出的平均增长率保持在 12% 以上，显示出旺盛的消费潜力。在所有文化类消费中，网络文化市场消费保持较高增长速度，网络游戏、网络音乐、网络动漫、网络表演等互联网文化消费需求明显增长，2017 年数字经济的规模已占我国 GDP 比重的 32.9%。而这些文化消费的支撑群体恰恰是"90 后""00 后"等新生代，他们在网民结构中占到大约 30% 的比重，是最大的互联网文化消费群体。但是，许多低俗的网络文学、媚俗的短视频、涉黄涉暴的游戏暴力充斥在互联网领域，网红平台大事件、网络传播淫秽物品牟利案等层出不穷，不仅拉低了文化产品的质量，而且将低俗蔓延至社会，

① 李慧、刘坤．文化产品供给：巨额缺口如何补齐．光明日报，2016-06-16.

② 马克思恩格斯选集（第 2 卷）．北京：人民出版社，1972：91.

危及整个社会的道德底线。

（三）供给与消费之间缺乏精准衔接，渠道障碍未解

文化消费的实现有赖于文化产品的分配与营销，供需衔接是文化产品分配与消费的中间链条，是联络生产和消费的关键性枢纽。供需信息的透明与对称，是产品实现精准营销的保障。但是，由于资金支持、市场导向、价格浮动、产品类型等多种因素的影响，供需衔接的渠道堵塞，使得文化消费不能顺利完成。电影《李雷和韩梅梅》《喜欢你》《遇见你真好》《过春天》等清纯文艺电影虽然有口碑，但由于上映档期不佳等原因，并未赢得较好票房。这一事例说明，符合“90后”“00后”等新生代群体文化喜好的文艺电影并非没有市场，而是市场依托以往文艺片“叫好不卖座”的惯例，在电影上映早期没有为电影排上足够多的档期。这固然有市场追逐利润最大化的因素，但也体现出文化资源的分配具有一定的非公平性。“文化分配的非公平性直接导致了文化消费实现的社会差异性和非均衡性。”[①] 易言之，文化消费有赖于通畅的供需渠道，这需要生产供给对需求具有一个相对精准的把握，才能更好地调配社会资源。

可以说，供需关系是文化产业经济学的核心命题。文化产业供需的结构性失衡其原因是多方面的，但在新生代消费群体崛起的时代背景下，文化产业生产经营实践所处的语境更加复杂。尤其是随着新兴消费群体的需求日益多样，生产的日益丰富，围绕供需所形成的产业联动关系也日趋复杂。因此，需要破解供需失衡的矛盾、筹建新需求供需均衡的产业关系。

三、文化供给侧领域出现的深度融合新趋势

文化产业的结构性失衡是不争的事实，破解供需之间存在的矛盾，满足新

① 胡惠林、李康化. 文化经济学. 上海：上海文艺出版社，2003：130.

生代文化消费群体的需求，实现供需均衡，需要对文化产业的供给侧进行结构性改革。当前，新生代在介入供需新耦合关系的形成中，供给侧领域出现了一些新的变化。这种新变化集中体现为文化产业深度融合的趋势不断增强。文化产业注重产业的跨界融合，文化与经济、科技的融合创新发展是近些年来文化产业重要的发展趋势，“融合正以长期发展的方式推动着全球化和地方化的进程，并改变着包含人类活动在内的经济、社会文化和政治结构”。[①] 在文化产业的供给侧领域，融合不仅是文化生产力提升及产业结构优化升级的必要性条件，也改变着文化产品的内容和形式。因此，以新供给释放新需求，破解文化产业供需的结构性失衡就必须注重产业融合的发展导向。

（一）文化产业与创意的融合

某种程度上，创意在文化产业中地位的凸显是文化产业本身转型升级发展的需要。虽然一切经济活动都需要创意的存在，是所有经济活动的起点，但是在一般的行业领域中，创意并不居于产业发展的核心。现代文化产业之所以强调创意，是将“创意与智力资本作为初始投入的产品与服务的创作、生产和销售的循环过程”，[②] 也就是说，文化产业与创意的融合，是充分发挥创意对文化生产的提升作用。长期以来，内容缺乏个性与创意成为文化产业发展的桎梏。“韩流热”“美剧热”等现象充分证明文化缺乏好的构思创意就会在同类产品的竞争中丧失感染力、吸引力和竞争力，成为同质化的低端供给。所以，强化创意对文化产业的支撑，就是在文化产品的内容上拓展想象力，切实解决文化产品品位不高、缺乏个性的问题，提升产品供给的品质。

（二）文化产业与科技的融合

如果说文化产业与创意的融合，强调的是文化产业在内容上的提升，那么

---

① Zizi A. Papacharissi, A Private Sphere: Democracy in a Digital Age. Polity.2010：65–66.

② 联合国贸发会议 主编．创意经济报告（2010）．中国社会科学院文化研究中心 译．北京：三辰影库影音出版社，2011：7.

与科技的融合强调的则是文化产业的业态创新。在文化科技化和科技文化化的过程中，文化产业的跨界应用呈现出日益多样化的趋势，科技不仅已成为现代文化产品的重要组成部分，而且催生出许多新的文化形式和业态。目前，依托现代互联网科技，催生出各类创意工作坊、创客空间等业态发展载体。“首先，他们使用数字工具，在屏幕上设计，越来越多地用桌面制造机器制作产品；其次，他们是互联网一代，所以本能地通过网络分享成果，通过将互联网文化与合作引入制造过程，他们联手创造着 DIY 的未来，其规模之大前所未见。”[①]激发了产业发展的活力，带动了二次元业态、虚拟文化业态、泛娱乐文化业态的发展，与之密切相关的网络游戏、网络音乐、网络动漫、网络表演等高端业态成为新的经济增长点，有助于填充因低端业态的无效供给而产生的消费缺口。

（三）文化产业与“互联网 +”的融合

“互联网 +”作为一种全新的理念和产业实践，将互联网提升到了社会经济发展最基本生产力的高度，既为文化科技融合提供了平台，又从多个层面推动了文化科技融合的创新，对文化科技行业的发展发挥了积极的作用。传统企业对互联网的认识与应用最初是基于拓展销售渠道这一目的，电子商务成为这一应用的典型代表。然而，随着互联网对传统行业的不断渗透以及二者之间的深度融合，传统行业原有的经营模式受到了冲击和颠覆。O2O 模式、BTC 模式、BTB 模式、垂直营销模式、平台为王模式、IP 整合模式、网络直播模式、众筹发展模式等探索的成功实践，变革了文化产品的生产流程、供应链方式，加速了各行业的互联网化进程，扩大了有效供给，提升了供给能力，推进了文化产业供给侧的升级。

---

① ［美］克里斯·安德森．创客：新工业革命．萧潇 译．北京：中信出版社，2012：27.

四、新生代文化消费群体在需求侧出现的新变化

结构性失衡的问题，实质是对文化消费群体代际转换过程中出现的新变化缺乏有效的预判。文化产业的高质量发展需要关注需求侧，供给与需求是产业经济活动的两个基本层面，大卫·赫斯蒙德夫认为："文化产业的方法将焦点置于供应方——文化生产者、发行者以及他们所处的社会和政治环境上，但是它并没有忽视受众的能动性。"生产和消费并不是彼此相分离的实体，而是完整文化产业链闭环中的不同阶段。因此，推动文化产业高质量发展，准确推进供给侧结构性改革，必须以高品质的文化产品满足具有更高审美要求的消费群体，只有二者达到耦合，才能实现供给与需求的平衡与协调统一。随着文化消费面向"90后""00后"等新生代群体的代际转换，我国文化产业在需求侧出现了一些新的变化，主要体现在以下几个方面。

（一）新兴消费群体有较高的付费消费意愿

消费是文化生产的最终目的，文化产业供给侧结构性改革的目的就是实现产品更好的消费，因此从消费发生的角度来说，需求引领能够主导文化产业的发展。当前，随着消费人群代际的更迭，"90后""00后"作为新兴的消费群体开始崛起，而且这一群体与以往群体消费的不同是他们更愿意接受新生事物，对创新能以一种更加开放和包容的态度来看待，在文化消费上更加注重对精神层面的追求和体验，而且在消费时对在线付费持有较高意愿，即新生代文化消费群体愿意以付费的方式得到更具品质的文化体验。所以，消费主体及其消费需求的变化要求文化产品的供给内容及供给方式做出相应的调整，以适应需求侧发生的新变化，推进文化产业结构的优化升级和文化产业高质量发展。

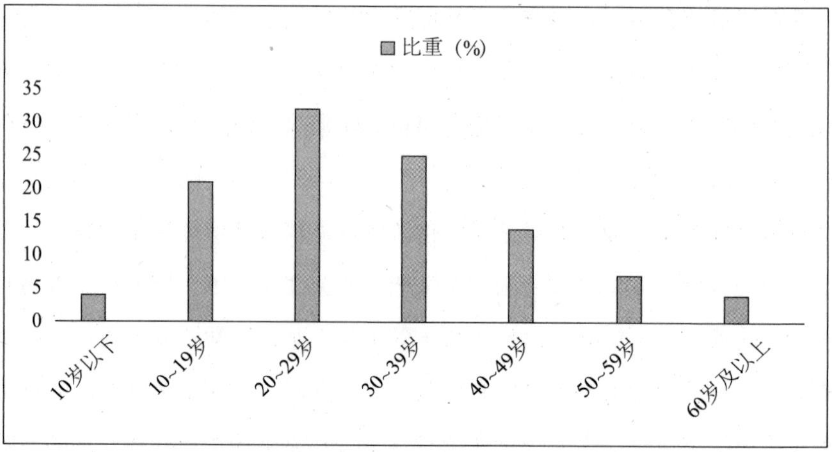

图 9.1　中国互联网网购消费者年龄分布

数据来源：易观智库

（二）新兴消费模式提升了生产消费的效率

伴随着新生代消费群体的出现，传统的营销模式和消费模式也发生了较大改变，共享经济、社群经济、虚拟经济、网红经济等消费和营销模式，促进了新兴消费的发展。这些新的消费模式某种程度上颠覆了传统产业结构，将文化消费从封闭推向开放，从平面引向垂直，从广告扩展到社群，在消费过程中，开始注重分享参与、线上与线下的互动，在培养消费用户的过程中，使得新兴产业的消费成为拉动互联网经济增长的重要动力。这些消费模式由于有云计算、大数据、物联网、移动互联网的依托，以接近零成本的连接方式缩短了生产与消费的距离，最大限度地减少了信息不对称，大幅提高了连接效率，促进消费便利化，将传统以生产供给为主导的卖方市场转换为以消费需求为主导的买方市场，强化了消费者的自主选择权，使得产品的生产供给具有较强的精准性，提升了产业的运营能力和盈利水平。

（三）新生消费群体个性化消费需求增长

文化产业的高质量发展应该关注个性化需求的增长，所谓个性化的文化需求，是在消费社会中原来固有的产品标准化的提供方式即将走向终结，人们对文化产品及其体验的追求向着定制化、个人化的方向发展。这种新消费需求与新兴消费群体的崛起有关，年轻化的消费群体崇尚时尚与潮流，他们愿意在文化体验与消费中打破常规，从而满足自己多层次和多样化的文化需求。个性化消费将需求侧置于产业链的最前端，这就要求在产业结构的优化调整中，文化供给要依靠订单或定制进行专门性的生产，产业在发展中要注重与需求侧的互动交流，注重社群效应对生产供给具有的引导作用，探索建立更加具有弹性的生产方式。某种程度上，个性定制化服务以销定产，有助于降低产业的投资成本和风险，但需求侧的多元与细化的发展趋势，为供给侧结构性改革的方向增加了不稳定和不确定性。但这并不意味着供给侧结构性改革可以毫不作为，只要充分把握“90后”“00后”群体的文化消费心理、消费行为、消费观念，必能以供给侧改革为契机，推动文化产业的高质量发展。

（四）新兴粉丝经济凸显产业威力

“80后”的真人秀直播创造了“超女”“快男”，那还是一个互联网PC端占据主导地位的时代。“90后”的真人秀直播则与移动互联网紧密结合在了一起。2015年Papi酱的横空出世以及2016年Papi酱拍出的2200万贴片广告费，宣告了围绕网红、直播构成的粉丝经济已具有搅动文化产业要素重新配置的力量。目前，活跃在互联网市场上有200多个移动直播平台，如YY、斗鱼、虎牙、花椒、映客等，且围绕网红真人秀形成了多产业要素构成的产业链，并且深度挖掘了粉丝们的消息潜力，创造出丰富多样的营销方式和消费行为，培育出一个规模不可预估的粉丝产业群。

“90后”创造出的文化业态正在不断发展壮大，这既展示出文化的内涵和外延始终是一个宽泛的、延展的概念范畴，又预示着“90后”的文化趣味越来越多地对社会经济文化的发展具有着支配性的力量。“90后”的文化喜好已不是一个小众性的文化，而已成为大众文化的重要组成部分。他们不仅展现出创造新文化业态的能力，也体现出乐于接受新型娱乐方式的开阔心态。可以说，

“90 后”已经浸染文化新业态的发展底色，且大有燎原之势。“90 后”必将主导文化新业态的未来发展方向，重塑文化的内容与形式，重构文化产业的商业运作模式，毕竟未来是由未来者创造。

“90 后”会创造出自己的一代之文化，但这一创造与“70 后”“80 后”创造自己的一代之文化会有所不同，因为“90 后”面临的是一个互联网时代。随着“互联网 +”的出现，各个行业纷纷与互联网相融合，但融合的表象之下其实掩盖着互联网已经成为继蒸汽、电力之后的支撑社会发展的又一基础性的生产力的事实。这也就是说，属于“90 后”的一代之文化——互联网文化，将比“70 后”“80 后”创造的文化更具有颠覆性和广泛性，将更为深刻地革新社会各领域的生产关系。未来究竟如何，或许只有“90 后”“00 后”才能解答，因为真正新奇文化业态的涌现本身具有不可预测性，也正是这种不可预测性才能够不断地给人以惊奇、惊喜。

因此，于当下而言，我们需要做的就是给文化新业态以健康成长的土壤，包括制度的顶层设计、文化发展的环境优化等，而不是以“卫道者”的口气或以“看不懂”为由给予“棒喝”。只有这样，我们才能在未来探索到更多的未知，体验到更多的生活方式，构建起一套属于那个时代并能诊断那个时代文化症候的话语体系。

第十章

文化视觉新业态影像创意与消费时尚

——以虚拟现实为例

虚拟现实是数字技术与影像艺术的创意性结合。作为影像的高级艺术和产业形式，虚拟现实凸显出技术的重要性，彰显了当代文化创意产业发展的一般逻辑以及在多个层面展现出了不同于传统影像的特点。虚拟现实的实践遵从文化消费的逻辑，在这一逻辑中虚拟现实不仅彰显出鲜明的商品化特质，又推进经济的拟像化进程，体现了影像与经济的融合。虚拟现实消费作为一种文化时尚和特定人群的“生活设计”向度，源自消费者对自身和他者差异性的追求，也正是这种追求，使得时尚具有了不断生产的可能性。

虚拟现实（Virtual Reality）通过数字技术与图像艺术的深度融合，为人们创造了前所未有的视觉真实感和沉浸感。从美学的维度讲，虚拟现实图像化场景的出现意味着它本身是异于传统图像的文化形式，代表着图像发展从相似律的向自指律的演进与转变。这种转变不仅意味着观看的审美范式发生了变革，而且从产业化的维度说，虚拟现实一经出现便被纳入资本的运营。尤其在当代创意产业与创意经济勃兴的时代潮流下，虚拟现实作为最富有创意性特质的艺术形式和文化产品，紧密依托数字技术所赋予图像的无限创造力，成为最具创意的文化新业态，引领着视觉时尚的发展趋向。

一、虚拟现实助力影像艺术产业升级

虚拟现实，是数字技术与艺术完美结合的产物。数字技术向一切领域渗透是不可逆转的历史进程，虚拟现实这一数字艺术形式，随着数字技术的大规模应用，创造了丰富的创意性图像景观。虚拟现实超越了传统的图像形式，与传统纸质图像相比，代表着图像生成与呈现方式的升级与换代。作为图像的高级艺术形式和产业形势，虚拟现实图像化场景彰显了当代文化创意产业发展的一般逻辑。

文化创意产业作为文化产业发展的高级阶段，起决定性推动作用的是日新月异的数字技术。正是在数字技术的推动下，创意在文化产业中的作用凸显出来，推动了科技与文化的融合，使得文化的科技化和科技的文化化成为一种现实。对于图像艺术而言，数字技术给图像艺术带来的最显著变化是将图像带入虚拟现实时代，数字技术在艺术领域的介入，不可避免地影响到艺术的全部技巧，进而创意性地影响到艺术的表现形式、运作形式与接收形式。“它（技术）提供新的手段，而这些手段提出一些目的，包括审美目的在内。技术的发展给艺术展开了新的天地，这不仅有助于艺术家的活动，因为他具有了新的表现手段，而且有助于观众的感觉，使观众发现新的天地。”[①] 强调技术对艺术变革的意义，虽有可能被指责为“技术决定论”的嫌疑，易将人类的技艺与才华简单解释为一种纯粹的机械作用，但不可否认的是数字技术支撑下的虚拟现实艺术，如数字电影、数字摄影、数字广告、网络游戏以及虚拟现实等，将我们“挟裹”进了影像制造的虚拟世界。

虚拟现实在从实验室走向实际应用于图像的真实性上大致经历了仿造、生产和仿真三个阶段。仿真与以数字技术为依托的虚拟现实相对应，关于这种虚拟图像的形式特征，鲍德里亚曾予以这样的概括：“这种虚拟的基本概念，就是高清晰度。影像的虚拟，还有时间的虚拟（实时），音乐的虚拟（高保真），性的虚拟（淫画），思维的虚拟（人工智能），语言的虚拟（数字语言），身体的虚拟（遗传基因码和染色体组）。到处，高清晰度都标志着越过所有正常决定通向一种实用的——确切地说是‘决定性’的——公式，通向一个参照元素的实体越来越少的世界。”[②] 可以说，这一概述大致勾勒出虚拟现实图像化场景不同于一般图像的创意性特征，即高清度、超现实、现实化。

（一）高清度的图像特质

高清与逼真是数字技术应用于图像艺术领域而呈现的最显性特征，尽管传统的图像艺术形式，如绘画、摄影（依据鲍德里亚的阶段划分，它们分别从属于仿造和生产）等随着技法或技术的每一次进步，图像的清晰度都有很大提高，如绘画中焦点透视法的发明以及摄影银版照相法、湿版负片、明胶干版法和胶卷感光法等方法的发明与应用，但这些技术与数字成像技术相比仍逊色不少。

---

① ［法］M. 杜夫海纳．美学与哲学．孙非 译．北京：中国社会科学出版社，1985：211.

② ［法］让·鲍德里亚．完美的罪行．王为民 译．北京：商务印书馆，2002：32.

由数字支撑的动作捕捉系统、表情识别系统、信号处理系统等成果，成倍地提高了图像的辨析率和清晰度，同时，立体技术的应用还将普通的二维平面图像艺术转化为三维立体图像艺术。前沿的虚拟现实技术从容积捕获（volumetric capture）、场景重现（reconstruction）、压缩编码（compression codec）、播放和直播串流所采用的图像引擎（graphics engine for playback and volumetric streaming）等各个操作流程，能够创作出以“360° 全景 + 高清 + 六自由度”的虚拟图像，这些图像不仅使层次更分明，立体感更强，而且虚拟现实技术从模拟环境、感知环境、创造环境和传感设备等多方面，以其特有的交互性、传感性、沉浸性、想象性等特征丰富了虚构场景的视觉创意，为受众创造出高清与逼真的视觉盛宴。因此，虚拟现实被广泛应用于当代电影产业，成为当代电影创意的核心科技。电影《星球大战》《侏罗纪公园》《阿凡达》等，无不有虚拟现实技术的身影。《流浪地球》中冰封地表、太空景观、地下城市、航天器、地球车等均离不开虚拟现实技术的支持。

（二）“超真实”的幻象存在

在传统图像中，或者说虚拟现实发展的前两个阶段，图像并未完全与摹本、实物相脱离。古典时期的仿造，是一种以实物为摹本的制造，图像与自然现实之间是一种指示性的关系，虚拟现实也只是一种“象征义务的虚拟现实”。而工业革命之后，虚拟现实进入第二个发展阶段，生产是这一阶段的主要模式，机械复制是生产的主要形式，机器大工业虽然对图像——摹本构成的秩序形成了挑战，但它对世界的征服而言，仍是一个“相当贫乏的想象性解决方案”。那些存在于想象中的、意念中的虚幻的纯精神性场景受到图像生成条件的限制，或者说虚幻的场景在机器复制的条件下无法得以完美展示。而在互联网时代，虚拟现实进入第三个发展阶段。虚拟现实的生成机制受数字代码的支配，使图像在处理与摹本 / 实物的关系上有了革命性的转变。英国艺术史家约翰·伯格曾以照片和心电图的对比为例，说明了数字影像和普通图像之间的区别。伯格认为“照片只是对所见事物的一种记录，其艺术性与心电图相似”。[①] 也就是说，在仿造或机械生产阶段，指涉物与其再现之间存在着类比和对应关系。

数字时代的到来，使摹本或现实在虚拟现实面前失去了原有的效力，原件和副本之间没有了区别，图像与现实真实之间的界限已被打破，真实与非真实之间的区分也得以消解，而且虚拟的真实有时显得比现实真实的更为真实，是一种极具创意性的“超真实”。凯尔纳和贝斯特指出：“在拟像社会中，模型和符码构造着经验结构，并销蚀了模型与真实之间的差别……在后现代世界中，形象或拟像与真实之间的界限已经内爆，与此相伴随，人们从前对‘真实’的那种体验及真实的基础也均告消失。”[②] 换言之，虚拟现实本身实现了从图像的相似性向自指性的转变本身就构成了一种创意，因为它不再要求人们想象现实或实在的东西，而是专注虚拟现实营构的“超真实”世界。真实不再仅仅是现实实在的物质世界，它本身就是真实的幻象，就是虚拟的实在。

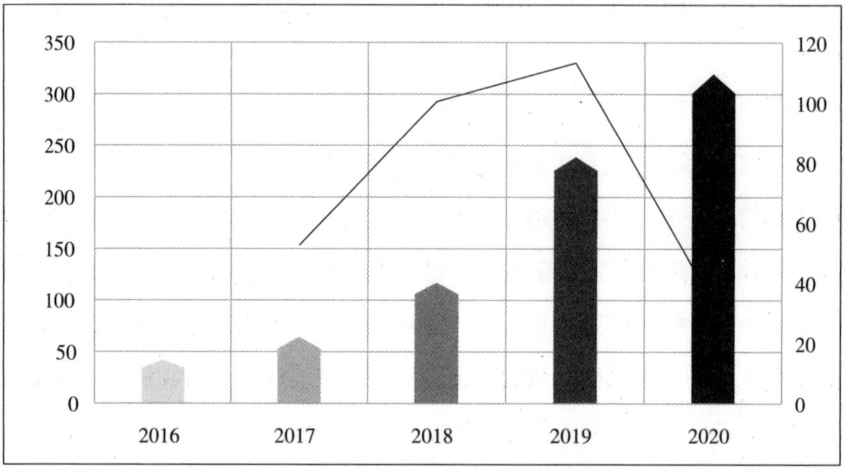

图 10.1 中国虚拟现实（VR）市场规模及增长率

① JohnBerger.*Understanding a Photograph.*in Classic Essays on Photography, edited by Alan Trachtenberg, New Haven:Leete’s Is land Books,1980：291-292.

② ［美］道格拉斯·凯尔纳、斯蒂文·贝斯特．后现代理论：批判性的质疑．张志斌译．北京：中央编译出版社，2001：153-154.

可以说，虚拟现实技术重构了图像与想象、现实等层面的关系，一切形式或内容的图像都可以通过数字技术创意性地实现，这极大地释放了图像的文化生产力。图像创作不再是一种精神性的隐喻或艺术家内在的精神活动，而是依托于数字科技的创意性生产。也正是基于此，虚拟现实被认为是下一代通用技术平台和下一代互联网的入口，是引领世界新一轮技术创新和产业变革的重要力量。近年来，虚拟现实产业发展迅速，其潜力为许多国家和地区所重视。某种程度上，虚拟现实生产所能达到的科技化、数字化程度，成为衡量这个国家和地区文化创意产业层次和水平的重要标准。

（三）现实化的社交组织关系

数字技术以其强大的魔力征服着世界，世界在数字技术的驱动下日益呈现出数字化、虚拟化、创意化的特质，而这也构成了数字虚拟化图像超越其他两个阶段虚拟现实的独特之处。在数字虚拟的世界中，创意性地将人物关系、身份扮演、时空场景、历程体验等融入虚拟的世界，虚拟世界为现实提供了一个可以“参照”的时空环境，形成了颇具虚拟现实时代特色的社会组织原则和社交关系。《英雄联盟》的网络社交分布在游戏的各个阶段，相较于其他游戏，《英雄联盟》粉丝们所营构的社交属性极为强大。“当一位队友在队内发起疑问、或是指责时，如果其他玩家不进行跟进或者是做出平息情绪的事，那么一定会由一场公关危机衍生到赛果的胜负，甚至结怨于江湖之间。”① 可以说，数字虚拟世界为人们提供了一个在线的模拟环境，在这一环境中结成的社交关系，会影响和延伸到玩家在真实社会交往中的关系。

现在已有许多类型的虚拟创意社群为娱乐、工作、生活、学习提供专门的社交平台，而且越来越多的互联网用户也愿意通过互联网虚拟平台进行在线交流。一项调查显示，“00 后”群体同意或部分同意网络社交方式的比重高

① 玩“英雄联盟”学社交. 来源：https://www.gamersky.com/wenku/201610/819608_3.shtml.

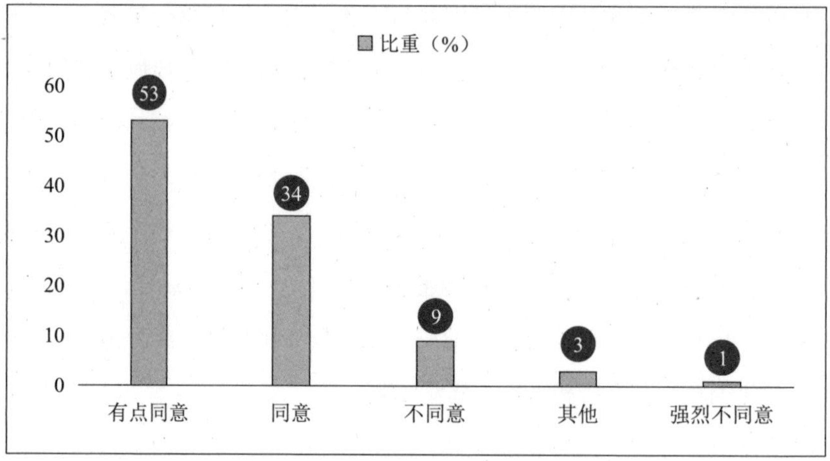

图 10.2 “00 后”群体网络社交认同度

达 87%，显示出“00 后”使用社交网络进行沟通更具“原生性”。① 可见，随着青年一代逐渐进入社会，网络虚拟社交的影响力和规模正在日益扩大。虚拟现实所产生的冲击已不仅局限于艺术世界，而是向现实生活扩张。哈宝社区（Habbo）作为全球最大图形互动的创意型社区，针对的是 8~14 岁的青少年而开发的虚拟空间。目前，该社区的注册用户已经超过 1.3 亿人，并且每月接受来自欧洲、亚洲和美洲等地的访问达 2.7 亿人次。虚拟世界不仅在加强人们与人们的交往与合作等方面提供了一个可资利用的平台，而其所带来的商业利益也正一步步地予以凸显。

由此可以认为，在数字技术革命的影响下，虚拟现实掀起了一场从视觉创意到线下社交活动的剧烈变革，使其自身完成了从形态展示至社会关系层面的调整与重组。虚拟现实图像的出现，不仅将图像的生产模式与传统相割裂，赋予了图像生产更多的意义，使得图像具有鲜明的创意化特质，而且生产型虚拟现实与消费的融合，催生出新的行业和产业部类。随着后工业时代行业界限的进一步消弭，“一个‘形象审美’的信念正在被博物馆化，同时一个‘拟像消

① “00 后”时代，网络社交全面替代传统交流. 来源：https://new.qq.com/omn/20200731/20200731A07KYQ00.html.

费’的大趋势正在氤氲于我们的生活”。[①] 虚拟现实正在向以消费为导向，与互联网、电视、电影、广告等数字化产业业态相结合，成为能够体现文化经济化和经济文化化的创意性行业。

二、虚拟现实遵从文化消费的逻辑

经济的文化化与文化的经济化是现代图像创意产业的一大特征。图像作为一种艺术类别，在数字技术的推动下，在虚拟现实化的进程中，美学特质已非虚拟现实固守的唯一价值，而是在与其他领域相碰撞与融合的过程中具有了多元价值的可能性。行业与行业之间的融合，学科与学科之间的越界，成为当下语境中不可阻挡的趋势。虚拟现实的经济性或经济的虚拟现实化诉求，深刻体现了作为文化艺术的图像与经济的融合，它们的融合共同推动了虚拟现实在观看消费领域的扩张，彰显出文化消费的发展逻辑。

（一）虚拟现实遵从的消费逻辑强调的是图像具有商品属性

虚拟现实作为一种创意性商品进入资本的流通与交换，经历了一个逐渐发展变化的过程。鲍德里亚认为，在拟像的三个进程中，拟像已经在工业时代成为一种商品，这种商品首先表现为摄影产品。摄影的兴盛缘起于摄影术发明后的最初十年（1839—1849），此时工业革命的成果正在欧美大陆蔓延。“在这摄影兴起的最初时代，叫卖小贩和江湖贩子出于营利目的既非笼笼统统也非单纯地掌握了这一新技术，而是将之用于批量生产，但这并非工业生产，而是更接近集市上的艺术品制作。”[②] 图像的商品属性在摄影产品的制作中逐渐得到强化，而最初的图像制作者从中也获利颇丰。“假如今天的摄影见习生首次将目光投向

① 金惠敏．从形象到虚拟现实．文学评论，2005（第 2 期）．

② ［德］瓦尔特·本雅明．摄影小史．王才勇 译．南京：江苏人民出版社，2006：3.

那前工业时代的摄影兴盛期，那他们就会不足为怪地看到摄影与当时令人震惊的资本主义工业之间的潜在关联。”①易言之，在工业化时期，图像的商品属性就已经崭露，它阐释了虚拟现实作为文化艺术在社会生活中所能发挥的作用。随着工业化进程的加快，它与经济之间的联系也逐渐加强，虚拟现实的生产由游走于街头巷市的个体生产也随即为机械复制所代替，虚拟现实的生产与制作日渐成为一种规模化的生产性活动。

20世纪中后期，信息技术革命进一步推进了虚拟现实与技术的融合，数字信息技术手段不仅介入虚拟现实的生产，而且在行业发展上进一步拓展了虚拟现实的发展空间。如果说机械复制时代的虚拟现实生产将图像从对原真性、唯一性的迷恋中解放出来，开始规模化地运用到日常生活中，那么在信息技术支撑下的虚拟现实生产会将虚拟现实的经济性充分地展示出来。在这一阶段，虚拟现实生产不仅出现了如数字音乐、数字模拟、网络游戏等新的产业类别，而且原来的一些部门和行业如电影、电视、摄影、出版印刷等也无不成为数字技术性强的行业。此时，虚拟化图像作为商品已完全被纳入消费的逻辑之中，商品语法成为虚拟现实内在的基因，虚拟现实产品的交易与消费成为虚拟现实生产的核心目的。虚拟现实在产品开发、发行流通等诸多层面，无不以消费为最终导向，消费者的消费品位、消费心理、精神需求等无一不是产品开发者考虑的对象，追求利润的最大化成为虚拟现实经济化的最大目的。

（二）虚拟现实遵从的消费逻辑推动了经济的虚拟化进程

虚拟现实的商品化属性展示出虚拟现实具有的经济效能，与此同时，经济也越来越多地呈现出虚拟现实化的发展态势。所谓经济的虚拟现实化，即是经济以虚拟现实化的手段实现产业的增收。信息时代的消费者，深受数字多媒体技术的影响，对数字媒体、数字媒体产品、数字媒体平台等已形成了一定的依赖性，对数字化技术支撑的创意性产品的需求超出了以往任何一个时代。所以，

---

① ［德］瓦尔特·本雅明．摄影小史．王才勇 译．南京：江苏人民出版社，2006：4.

在现代经济中占据重要比例的创意性经济与数字化的娱乐休闲方式紧密结合。或者说，以虚拟现实为中心的创意产品是以现代产业开发的形式而展现的，如网络游戏、动画片、虚拟穿戴设备等。尤其是对虚拟体验性需求的不断增强，虚拟技术整合真人或真实场景的消费体验活动，将虚拟体验与日常生活紧密地结合在一起，视角、情节和交互性带来的颠覆性体验，极大地增强了虚拟现实技术的产业经济价值，使得虚拟现实技术作为新的经济业态和经济增长点得到许多国家和地区的重视。虚拟现实技术市场规模至2020年已达到万亿产值，目前IBM、谷歌、苹果、三星、小米、中兴等国内外科技巨头纷纷进军虚拟现实产业，一场艺术与科技融合的产业风暴蓄势待发。

之所以经济活动注重虚拟现实的开发和利用，就在于对虚拟现实的消费与体验表现出了比真实实在更强的优越性，或者说，其对虚拟现实消费本身便构成了一种真实的实在。不可否认，尽管对虚拟现实和超真实对当代社会的构成有片面夸大的嫌疑，但不得不承认的是“电脑空间、用技术手段创造出来的各种现实（如计算机游戏、人工食品和化妆品、人工感知元件）以及其他新奇事物,则预示着未来有可能会出现如鲍德里亚的范畴所预期的那些戏剧性变化”。[①] 而事实的发展的确证明了这一点，这体现在数字技术在实践领域的应用这一维度上。

由于数字虚拟现实突破了物质现实的限制和时空条件的束缚，显露出图像创意的强大展示能力，能够以一种更为逼真的形式表现其所要表现的效果，并能为虚拟现实的制作带来丰厚的经济价值。如航空航天的高空环境模拟、工程中的建筑设计、事故中的情景还原、医学中的临床演练、生物中的基因构造以及某些特效的图像展示等，这些虚拟现实类别跨越了一般的商品消费，向谋求更高经济价值和社会价值相统一的方向迈进。

其实，无论是虚拟现实商品属性的凸显，还是经济日益体现出虚拟现实化

---

① ［美］道格拉斯·凯尔纳、斯蒂文·贝斯特．后现代理论：批判性的质疑．张志斌译．北京：中央编译出版社，2001：186.

的特质，其本质彰显的是在后现代语境中行业的越界与融合已成为不可逆转的趋势。图像产业是极富创意性的产业，正是通过行业的越界与融合，对不同领域的资源进行重组和整合，在探索中寻找创意的生长点，衍生出体验性、艺术性、观赏性、娱乐性等为内涵特征的行业产品，培育新的文化产品和文化市场。米勒指出："当印刷业逐渐让位于电影、电视和因特网时，正如现在以剧增的速度所发生的，所有那些界限、边界和隔墙完全都发生了变化。所有那些曾经坚实的边界现在都模糊了。"① 正是由于边界的消弭与模糊，图像不再仅仅禁锢在艺术的范畴之内，而是渗透到政治、经济等领域，信息技术、传输技术、自动化技术等高新数字科技也已经全面渗入各类图像艺术的制作、传播与接受的过程中，迅速转化为虚拟现实经济的核心生产力。

行业的越界与融合打破了传统行业固有的领域，也正是在行业的越界与融合中，创意虚拟现实不再仅仅是美学的，甚至再以美学的视角来审视都会"显得匪夷所思"。这也就意味着对虚拟现实考察的维度并不唯一，而实践也进一步证明，现阶段的虚拟现实生成已经成为商业运作、信息技术及文化内容等多个行业、部门联合进行的事业，已成为一种极具时尚性的创意型产业。

三、作为时尚的虚拟现实消费

虚拟现实在消费时代已被浸染了资本的逻辑，虚拟现实作为艺术的形式与经济活动之间的界限已轰然坍塌，商品世界及其结构在当代社会中无疑占据着重要地位。现代消费的目的已不是满足基本生活的需要，注重的也不再是商品的使用价值或物质性，而是它所代表的符号意义。易言之，消费虚拟现实成为当下文化消费中的时尚，因为虚拟现实创意性的形式与内容，不仅体现着图像新的风格、新的体验和新的感觉，也是衡量消费者消费能力、审美品位、社会

① 谢少波、王逢振．文化研究访谈录．北京：中国社会科学出版社，2003：146.

地位、生活档次等要素的重要标准。

虚拟现实生产的目的在于消费，只有生产的产品被消费了，虚拟现实生产的过程才算最终完成。但从生产到消费的过程，虽然在实践层面是以一种实在的观看行为发生作用，但在文化消费的逻辑中，虚拟现实消费作为一种具有时尚性特质的消费方式，经历了一个对虚拟现实本身的符号化过程。这种符号化就是在图像的流通与传播中告别图像的物质属性，赋予图像一种表征性的意义。"符号——物既不是给定的，也不是交换得来的：它是被个体主体将其作为一种符号，也就是说，作为一种符码化的差异来占有、保留与操控的。在此存在的是消费的物。而它常常是属于并来自一种在某种符码中被'符号化了的'、具体的、被消解的社会关系之中。"[①] 就是说，在消费社会的逻辑下虚拟现实消费不再以物的转移为中介，它已经从物的生产转变为符号的购买与消费，虚拟现实成为一种符号——物，虚拟化的图像形式构成了这个符号——物本身的一种修辞。在这一关系中，消费的已不再是虚拟现实艺术的物质性，而是虚拟现实代表的一种观念。这种观念作为一种时尚给予了虚拟现实以完整的价值和意义，现实使用性的要素在符号面前消解了，虚拟现实成为纯粹的表征。

时尚对于消费虚拟现实的意义并不存在于虚拟现实与观者的观看关系中，也不存在于图像所展示的虚拟世界中，而是存在于观者与他者、其他事物的比较之中，存在于与他者的差异之中。西美尔指出，时尚的魅力就在于它既是对既定模式的模仿，又满足了对差异性、变化和个性化的需求。它一方面"凭借内容上活跃的变动——这种变动赋予今天的时尚一种区别于昨天、明天时尚的个性化标记"，另一方面时尚又"总是具有等级性这样一个事实，社会较高阶层的时尚把他们自己和较低阶层区分开来，而当较低阶层开始模仿较高阶层的时尚时，较高阶层就会抛弃这种时尚，重新制造另外的时尚"。[②] 时尚既需要他者的模仿以减轻个人美学与伦理上的责任，又不能将模仿转化为刻板的普遍性

① ［法］让·鲍德里亚．符号政治经济学批判．夏莹 译．南京：南京大学出版社，2009：46.

② ［德］齐美尔格·西美尔．时尚的哲学．费勇等 译，北京：文化艺术出版，2001：72.

规则。消费时尚的动力源自对自身和他者差异性的追求，尤其在以视觉文化作为主导文化形态的消费语境中，虚拟现实消费已然成为特定人群特有的“生活设计”向度。在这个层面上我们可以认为，当3D电影《激情与速度7》公映之时，奇幻的3D虚拟整合技术“塑造”了一个“完整的”保罗，带给消费者的观看以创意性的视觉冲击和经验，“高科技”的3D影像成为时尚，去影院看这部新类型电影，是追求时尚的一种表现，仿佛没看过《激情与速度7》就与时代、与他者脱节。也就是说，在消费社会的语境中对虚拟现实的观看犹如一种“仪式”，在这个“仪式”中看什么并不重要，重要的是“你看了”。只有“你看了”，你才能获得图像符号所意味的声望和时尚，才能获得图像符号所代表的社会身份，才能在社会存在的比较中获得一种“差异感”。

虚拟现实作为时尚性的消费，在完成给予观者观看的自我满足与肯定之时，也在刺激着虚拟现实对更具创意和创新的追求。在消费逻辑之中的虚拟现实观者为始终追求身份性的差异，会保持求新的欲望，会希望能生产出更具创意性的影像来满足内心的期待视野，而虚拟现实生产为能在消费社会中成为被消费者消费的时尚，会不断通过技术创新来完成对更具创意性虚拟现实的生产。在某种程度上可以说，时尚具有不断生产的可能性，时尚消费就是生产方式和消费需求互动的产物，消费与生产存在着一种共生与循环的关系。所以，作为虚拟现实生产为能进一步引领时尚，更好地把握文化消费逻辑中的消费者心理，为消费者创造更具观赏性的创意影像，实现虚拟现实的商品属性并推进相关领域的虚拟现实化进程，对受众心理的把握与“测量”不可避免地会成为虚拟现实生产与营销所关注的内容。

第十一章

互联网时代网红经济的产业要素和特征

——以 TFBOYS 组合为例

网红经济是互联网时代的产业业态，是传统粉丝经济在社交化时代的展示形态。TFBOYS 组合是当下最流行的网红，围绕 TFBOYS 组合形成了网红经济的产业链。包括网红的招募与培养、网红的包装与推广、网红的变现与盈利三种产业要素。网红经济适应了网络社交化时代的新需求，彰显出高度依赖互联网平台、具有较高的精准营销度、具有较高的成交转化率和拥有稳定且庞大的粉丝群等产业特征。从文化发展的角度来看，以 TFBOYS 组合为代表的网红经济，意味着在进入消费社会之后，身体消费成为一种时尚，浮华的表象背后隐藏的是资本与消费的逻辑。

在互联网高速发展的时代，互联网与各种文化活动或产业经济相互融合，催生和带动了一批堪称商业运营经典的商业模式。网红即网络红人，是流行于网络中的文化现象，指在现实生活或网络生活中被网民关注而走红的人，且随着网络的传播与营销其影响力逐渐扩大，其本身具有的经济开发的价值称之为“网红经济”。网红经济作为互联网文化新业态的一种类型，以网络红人为核心，主要通过针对粉丝进行市场营销而生发出与之相关的商业链条和盈利模式。“‘网红’的商业模式基本上属于注意力经济范畴，也就是通过吸引并打包售卖注意力而实现利益诉求。”①尽管如此，当下所言及的网红经济与传统意义上的粉丝经济、注意力经济又略有不同，而是传统粉丝经济的高级形态，是传统粉丝经济主动适应网络社交化时代的新探索。

随着互联网进入 3.0 时代，移动化、社交化愈加明显，网红经济也呈现新的发展趋势。从这个意义上说，网红经济并不是传统的粉丝经济，而是互联网媒介环境中的市场行为，具有较为鲜明的产业要素和特征。TFBOYS 组合是近年来流行各大网络媒体的少年偶像组合，由王俊凯、王源和易烊千玺 3 名成员组成，隶属北京时代峰峻文化艺术发展有限公司。本文以 TFBOYS 组合为例，阐释围绕 TFBOYS 组合所形成网红经济的产业要素配置及其呈现的时代症候。

一、网红经济的产业链条与要素

互联网 3.0 时代的网红经济是互联网推广与普及到一定程度而出现的，具

① 魏鹏举．“网红”——网络效应的中国式变现．前线，2016（第 10 期）．

有较为明晰的产业要素。产业要素是支撑产业发展的最为基础性的内容，从较为广泛的层面上来讲，包括人文资源、人力资源、科技资源、媒体资源、资本要素以及品牌要素等内容。从产业发展的层面来说，可以将之简要地概括为生产、传播、销售、变现。就网红经济这一新兴的业态而言，网红经济的产业要素包括网红的招募与培养、网红的包装与推广、网红的变现与盈利，这三者之间相互联系，构成了一个闭合的产业链。

（一）网红的招募与培养

“网红”是网络红人的简称，网红的存在在于围绕网红周边具有大量的粉丝群体，因此，“网红”是粉丝与互联网充分结合的产物。但之所以说网红进入了3.0时代，就在于当下的网红与之前的网红有所不同，如1.0时代的因《第一次亲密接触》而走红的痞子蔡，痞子蔡成为网红靠的是才情，对他进行的商业开发也较为传统，2.0时代的网红代表是芙蓉姐姐，这一阶段的网红虽然在专业化层面有所进步，但恶搞和低俗的成分较多。网红进入3.0时代，虽然成为网红的门槛越来越低，但是成为网红则一般需要招募和专业化的培养。TFBOYS组合作为3.0时代的网红，其成功并非是偶然的。韩国娱乐明星的练习生模式是较为流行和成功的明星培养模式，2009年，北京时代峰峻文化艺术发展有限公司采用练习生的方式开启了少年艺术培训。王俊凯、王源、易烊千玺等分批进入公司进行明星化的培训，培训内容涵盖舞蹈、声乐、表演、主持等各种演艺技能。2013年，TFBOYS组合正式成立，发行EP《Heart 梦・出发》，凭借青春、帅气和才艺，迅速聚拢了大批粉丝群体。

可以说，与以往的网红相比，当下网红更多是一种产业化的产物，它依托专业化的培训，培养的是一批有团队共同经营的职业化网红。招募成为当下网红人选的主要选择方式，不仅如此，越来越多的网红招募与商业平台直接合作。如斗鱼联合汽车之家网红招募，旨在共同打造以买车、用车、玩车为内容的直播栏目。天猫校园发起“开播吧同学”淘宝主播海选招募，针对52个贫困县农产品开展“直播扶贫”活动。京东开启超级合伙人计划，斥资千万元，打造覆盖社交生态的全域红人。招募仅是手段，而各类平台招募和打造网红的目的，仍是通过以网红及其粉丝群体，放大内容产生的流量聚焦效应，改变传统商业运营模式，达到推广和营销的目的。

（二）网红的包装与推广

对于网红而言，需要经营团队的包装与推广，其目的就在于能够培育或催发市场热度，将信息传递给消费群体。就 TFBOYS 的包装与推广而言，在路径上采取的是“养成模式”。所谓“养成模式”，就是让粉丝们看着偶像长大，在这一过程中制造粉丝的参与感，拉近明星与粉丝之间的情感距离。正因如此，TFBOYS 的相关视频拍摄都是与之年龄相符的简单化的视频。为更好地加强对 TFBOYS 组合的营销推广，在具体的商业营销中，TFBOYS 组合的经营团队采取了一系列的方式，主动适应网络社交时代的新变化，其包装与推广方式大致可概括为以下几种。

其一，社交平台营销。社交平台营销是充分利用社会化网络、在线社区、博客、微博、微信、百科或者其他互联网协作平台媒体来进行营销、销售以及处理和维护公共关系的一种方式。TFBOYS 组合在新浪开通官方博客，已有 1555151 人次的浏览量，成为重要的交流社区。TFBOYS 组合开通新浪官方微博，通过与网友互动，及时在微博发布行程与个人信息等，聚拢了 10348733 人的粉丝群体。TFBOYS 组合开通的官方微信公众号，吸引了大批粉丝关注。通过在社交平台上的营销与互动，带来了可观的营销效应。2016 年，TFBOYS 组合荣获亚洲新歌榜年度最佳组合和年度推荐 MV 奖，与此同时，TFBOYS 组合粉丝团荣获年度最具贡献粉丝团体奖，可见社交平台对粉丝团体的经营与团体营销之间存在着紧密的互动关系。借助社交平台对网红进行推广和包装，从整体上符合当前互联网用户的文化消费需求和趋向，在互联网平台进行参与、分享和互动，是当下互联网年轻一代推崇的社交方式。与以往纸媒、电视等媒体相比，互联网社交平台深度强化了网红与粉丝之间的联系。

其二，事件营销。事件营销是常见的营销手段，“通过策划、组织和利用名人效应、新闻价值以及社会影响的人物或事件，引起媒体、社会团体和消费者的兴趣与关注”，[①] 在短时间内达到信息最大化和最优化传播。TFBOYS 组合本身就是一场事件，在更进一步发酵和推广的过程中，十分注重某些节点性的事件。2015 年，TFBOYS 成员、队长王俊凯于 2014 年 9 月 21 日发布的微博，截至 2015 年 6 月 19 日中午 12 点已被转发 42,776,438 条，成为吉尼斯世界纪录 TM “转发最多的一条微博 TM 信息”。这不仅表明微博已经成为明星和粉丝互动的重要平台，而且也成为证明明星影响力的重要衡量标准。

在针对 TFBOYS 组合的事件营销中，“TFBOYS 庆生事件”展现出粉丝群体的巨大影响力。“TFBOYS 庆生事件”由粉丝自发的粉丝运营部发起，在参与 TFBOYS 养成的过程中，粉丝所扮演的“亲爹”“亲妈”角色，以各种方式在自己合适的舞台上发挥自己的作用。粉丝发起的庆生城市不仅包括重庆、上海、成都、北京、台北等国内城市，也包括首尔、纽约等国外城市。庆生方式既有重庆时代广场巨幕广告牌庆生、公交车上的移动广告庆生，也有定制的数十万张专属登机牌，投放多个 LED 生日应援。从这一事件营销案例可以看出，由于粉丝群体这一要素的介入，围绕传统事件营销所形成的“事件发生—商业主体发起—传播”要素构成发生了颠覆性改变。在新的事件营销构成中，“粉丝发起—传播—事件”组成事件营销的核心要素。这一新的组合，并不是粉丝围绕一个事件进行营销，而是粉丝发起本身构成一种新的营销事件。

其三，媒体传播营销。媒体营销是较为传统的一种营销方式，信息通过媒介进行传播，媒体的出镜率高，自然也会受到公众较多的关注。在进行媒体营销层面，TFBOYS 组合参加了各类娱乐综艺节目，包括快乐大本营、天天向上、王牌对王牌第二季、微博之夜、最强大脑第四季、梦圆东方、广东卫视跨年演唱会、天猫双 11 狂欢夜等，可以说，当下所有最为流行的综艺节目都有 TFBOYS 组合的身影。在所有综艺类的舞台上，最具有象征意义的可以说是春

① 江礼坤．实战移动互联网营销：互联网 + 营销的 7 个关键要素．北京：机械工业出版社，2015：212.

晚。“它的媒介仪式功能已经被符号化，成为中华民族幸福与团圆的象征，塑造着歌舞升平的盛世中国的文化形象。”[①]TFBOYS 组合登上 2016 年春晚，不仅是借助春晚的舞台进行自我营销，某种程度上也是主流意识形态领域对这一组合的认可与收编。

其四，粉丝互动营销。传统的营销方式是面向受众群体的营销，即首先关注的是“我要营销什么”“向谁进行营销”，营销的过程始终是以产品为中心，但在互联网时代，营销的成功关键在于与消费者构建起较为稳固的情感关系。“与自己的客户互动起来，把客户变成自己的忠实‘粉丝’，这些‘粉丝’义无反顾地购买自己喜欢的品牌的产品，此外他们还爱屋及乌地进行口碑传播，把品牌的优点传播给自己的亲朋好友。”[②]利用粉丝进行营销的优势在于能尽可能地减低成本，扩大营销效果。毕竟参与互动和营销的粉丝在利用微博、微信进行传播时个人自媒体平台构成了一个社交网络，而这是传统媒体所不能及的。TFBOYS 各地粉丝见面会、周年庆典直播、生活场景直播等都是通过线上线下互动维系粉丝热度和情感的重要方式，也只有形成稳固的粉丝群体，才有可能发挥明星组合的商业价值。2019 届 BoF500 榜单 TFBOYS 组合成功入围，商业价值约 430 亿美元，成为年度时尚行业最具影响力人物，这其中 TFBOYS 组合在微博拥有 2 亿多粉丝的作用不可小觑。

其五，公益活动推广。“明星公益”已不是一个新鲜时髦的词汇，随着越来越多的明星参与到公益领域，随着明星公益的影响力日益扩大，公益效益逐渐增强。明星公益是明星充分承担社会责任的体现，从途径和方式上来说，明星公益活动推广一般分为以下三种：（1）成立专项基金会。就 TFBOYS 组合而言，三人各自成立基金会，以基金会的形式参与各种社会公益慈善活动。（2）出任形象大使和参与慈善义演。形象大使有助于推广文化活动，最大可能地发挥明

---

① 王玉风．春晚作为媒介仪式塑造国家文化形象的功能浅析——以 2016 年央视猴年春晚的语言类节目为例．视听，2016（第 4 期）．

② 周斌．“粉”营销 移动互联网时代下的粉丝经济．北京：中华工商联合出版社，2015：92.

星的品牌效应。如 TFBOYS 成员王源被任命为联合国儿童基金会青年教育使者，致力于对“爱生学校”模式（Child Friendly School model）进行推广，促进教育公平。义演也是明星网红重要的推广模式。2020 年 TFBOYS 举办“相信未来”线上义演，支持抗疫。（3）慈善捐款。慈善捐款是每个公民和家庭应尽的义务，也是一种最普遍的帮扶他人的救助方式。近年来随着社会慈善意识的增加，越来越多的人参与到慈善捐款的活动中来。TFBOYS 组合作为社会公众人物也关注慈善，以己之力回报社会。2017 年《中国慈善家》杂志推出的“2017 中国慈善名人榜”TFBOYS 稳居第一，成为最具正能量的网络明星组合。

表 11.1　TFBOYS 成立基金会名称

人　物	成立时间	基金会名称	关注项目
王俊凯	2017 年 9 月	“焕蓝梦想基金”	“王俊凯启智儿童图书馆”
王　源	2017 年 10 月	源基金西藏光明之旅	西藏白内障患者复明
易烊千玺	2017 年 11 月	“童伴妈妈”计划	帮助留守儿童

（三）网红的变现与盈利

对于娱乐综艺流水生产线上的职业网红，营利是最终的目的，TFBOYS 组合也不例外。与一般娱乐明星的盈利模式相似，TFBOYS 组合也会通过一些代言、演出等获取部分收益，但 TFBOYS 组合号称是“零商演”，也就是说 TFBOYS 组合的变现和盈利模式并不拘泥于此。会员服务和生产周边是 TFBOYS 组合获取收益的主要方式。所谓会员服务是在不同平台通过开通会员的方式，支付一定的会员费获取与偶像单独交流或获得专属产品的服务，如口播铃声、手机壁纸、独家花絮、线下互动等。同时，线上平台还有一些打赏活动，可以直接使偶像拥有收益。目前，TFBOYS 组合在音悦台、微博及贴吧等均开设此类服务。在注册会员的同时，TFBOYS 组合还开有淘宝店，其产品涵盖专辑、抱枕、生写、文具、手环等各类产品。由于粉丝群体的强大，各类产品往往是上线即刻就被抢空。如王俊凯最新夏日生写 1 小时就卖出 21399 套。直播打赏也是 TFBOYS 组合变现的重要途径。2016 年 TFBOYS 组合试水直播，在与粉丝互动的

1 个小时内，被粉丝打赏 30 万元，显示出 TFBOYS 组合具有较强的吸金能力。

二、网红经济运营的产业特征

网红经济作为一种新的文化业态，利用网红的明星效应以及对自身及相关产品进行推广和传播。网红经济适应了网络社交化时代的新需求，不仅创造了现代互联网新媒体经济的奇迹，创新了产业经营模式和发展模式，而且颠覆了受众接收信息的习惯。围绕 TFBOYS 组合所进行的产业运营，彰显出网红经济在当下呈现出的较为鲜明的产业特征，成为业界关注的对象。

（一）高度依赖互联网平台

网红经济是互联网催生出的文化新业态，互联网在各领域的渗透及融合，使得互联网已经超越了工具或载体的范畴，成为继电力取代蒸汽之后引领社会变革的新驱动，是社会经济发展最基础性的生产力。网红经济就是互联网开始发挥其作为生产力的效应，调整或重组社会生产关系的产物。TFBOYS 组合不仅运用互联网进行各种商业运作，而且更是深谙 O2O 的精髓，借助互联网搭载的平台，如利用博客发布行程，利用微博与粉丝互动，利用直播赢得粉丝参与感等，通过线上线下互动，实现对自身的营销与推广。

（二）高精准度的营销模式

网红经济的营销与传统的营销方式不同，它专注于对粉丝用户的深度挖掘，在营销过程中通过有意识地对粉丝的信息进行数据分析，为粉丝提供最为适宜的需求和个性化的服务。因此，这种营销方式具有精确性强，准确度高的特点。“养成模式”就是让粉丝能够了解 TFBOYS 组合的生活细节，关注网红成长。因此在营销过程中，结合粉丝的心理需求推出日常性的活动，能够充分调动粉丝的积极性。2016 年 6 月，TFBOYS 组合在美拍做的吃播不仅达到了吸粉的目的，获得了

3.67 亿的点赞，而且还收到近 30 万元的打赏，展示出精准营销的巨大商业潜力。

（三）高成交转化率的变现方式

转化率是经济学领域的重要概念，是指电商实际购物的人数与所有到店铺的访客人数的比率，即成交转化率 = 成交人数 / 访客数。可以说，成交转化率与电商的实际收益成正比。由于网红经济普遍采取的是精准营销的方式，因此，其服务和周边生产的成交率一般会高于传统商业。TFBOYS 组合选择给士力架代言，以“00 后”群体为营销对象，针对“00 后”群体学习压力大、精力和体力不支，打造“备考神器——士力架”，而且推出“电商组合款”“电商单人款”等不同品种。士力架在上架后 1 个小时内，天猫旗舰店的交易额竟超过 350 万元人民币，售出 3526 箱组合款，3464 箱王俊凯单人款，3930 箱王源单人款，3481 箱易烊千玺单人款，体现了网红经济在转化率上具有的巨大优势。

（四）高度稳定且庞大的粉丝群体

粉丝是网红经济不可或缺的必要性因素，在互联网经济时代围绕网红形成的粉丝群体以一种社群的形式存在。借助于互联网，社群摆脱了地域的限制，可以通过网络进行社群群体与社群群体、社群群体与网红之间进行互动与交流，某种程度上，社群群体之间的交流要比社群群体与网红的交流更为频繁。TFBOYS 组合在百度的贴吧关注人数为 493302 人，每条信息之下粉丝追加的大量评论显示出粉丝群体在百度贴吧这一社区内具有较高的活跃度。帖子“=TFBOYS= 日志 =TFBOYS 和《我是歌手》”有 9866 人次回复，帖子“=TFBOYS= 公告 = 致所有四叶草的一封家书”的回复人次竟然达到 13871 人次。群体活跃度越高，则说明围绕 TFBOYS 组合形成的社区经济价值越大。“其经济价值由社群成员对于社群的价值认知和定位产生，围绕社群本身进行增值，而不是利用用户搭建平台获得现金流。”[①] 这也就意味着，维持网红与粉

① 胡泳、宋宇齐. 社群经济与粉丝经济. 中国图书评论，2015（第 11 期）.

丝之间的社交关系链，建构有认同度和信任感的社群是网红经济产业链的重要任务。

三、网红经济的文化本质与发展趋势

前已述及，网红经济是互联网时代的产物，其鲜明的产业特征和经济潜力已使其成为当下不可忽视的产业业态。然而，人们在关注网红及其网红经济这一现象时，也在探讨其未来的发展，思索网红经济是“美丽的泡沫还是未来的走向”，① 或者认为“‘网红’昙花一现，网红经济却是常态”，② 可以说，对网红经济的认识存在多种视角的解读。

在本文看来，网红经济作为一种新的文化现象与当下方兴未艾的互联网文化消费存在着密切的关系。他们的流行，暗示着我国在进入消费社会之后，身体消费成为一种时尚，毕竟读图时代高颜值的“小鲜肉”颇具杀伤力。“身体，变成了最美的关切之物，独自垄断了一切所谓正常的（对其他真实的人的）情感性，但并不因而就获得了自身的价值，因为，在这一情感转向的程序中，无论其他何种物品都能依据同样的崇拜逻辑来扮演这一角色。身体只是心理所拥有的、操纵的、消费的那些物品中最美丽的一个。”③ 因此，在这个层面上，身体已经失去了其超验的属性，成为一种表征。TFBOYS 组合所代表的网红经济就是消费身体、消费美丽，网红已为媒介传播中与生产和指导性消费有关的社会编码及标准所规训，正是在对身体进行的编码中，现代互联网传媒引起了人们对网红的关注，因而使得与网红形象塑造相关的“网红经济”成为重要的产业经济部类。

---

① 冷悦．“网红经济”——美丽的泡沫还是未来的走向．经济师，2016（第 7 期）．

② 刘英团．“网红”昙花一现，网红经济却是常态．产权导刊，2017（第 3 期）．

③［法］让·鲍德里亚．消费社会．刘成富、全志刚 译．南京：南京大学出版社，2001：142-143.

从这个意义上说，网红经济背后隐藏的是资本与消费的逻辑，这是网红经济的内在本质。TFBOYS组合的成长无不有资本和消费的身影。TFBOYS组合所在的北京时代峰峻文化艺术发展有限公司，本就是一家集组织大型文艺演出、艺人培训、艺人经纪于一体的专业文化娱乐传播机构，在采用练习生养成模式进行明星培养方面走在全国的前列。易言之，北京时代峰峻作为经纪娱乐公司其最核心的业务就是培养和推广艺人，做到产业利益的最大化。北京时代峰峻尽管对TFBOYS组合的培训与打造是通过免费的方式，但这种免费只是暂时的，经纪公司注重的是组合成年之后的经济收益。收益的来源就在于网红经济是一个粉丝消费网红的过程，这种消费并不是TFBOYS组合提供给粉丝的物质需求，也不是粉丝代言商品具有的使用价值和物质性，而是TFBOYS组合本身具有的符号意义。“符号——物既不是给定的，也不是交换得来的：它是被个体主体作为一种符号，也就是说，作为一种符码化的差异来占有、保留与操控的。在此存在的是消费的物。而它常常是属于并来自一种在某种符码中被‘符号化了的’、具体的、被消解的社会关系之中。”[①] 也就是说，在消费社会中，对TFBOYS组合的消费不再以物的转移为中介，消费已经从物转移至对符号的购买。就如同士力架的营销，TFBOYS组合为士力架代言并非是这个广告在艺术上有多成功，而是将TFBOYS组合与士力架结合在一起之后，TFBOYS组合代言的士力架成为一种时尚，在这种时尚面前，士力架本身的使用性功能消解了。

既然是网红经济代表着一种时尚，那么，不免要深思的是网红经济会不会像其他时尚一样，经过人们的追捧之后，沦为一种现象，一种明日黄花。其实如果梳理网红的发展史则不难发现，从痞子蔡到芙蓉姐姐，从芙蓉姐姐再到TFBOYS组合，互联网在每一个发展阶段都有属于特定阶段的网红，只是不同阶段的网红具有不同的产业要素和表现形式。互联网1.0时代的网红作为一种新生事物，它的流行凭借的是个人的才情，2.0时代的网红多了一些浮夸和炒

① ［法］让·鲍德里亚. 符号政治经济学批判. 夏莹 译. 南京：南京大学出版社，2009：46.

作，它的流行靠的是以低俗和恶搞来赚取人们的注意力，但 3.0 时代随着自媒体的普及，没有专业化力量的介入和一定的艺术水准，网红就很难脱颖而出。由此，不难看出，网红及其网红经济在不同阶段均有不同的前置性要素，网红及其网红经济的发展变化是互联网作为基础性生产力对构成网红要素的重新组合与配置。不可否认，网红有各种局限或不足，比如，网红对本人的年龄和颜值有一定的要求。但在互联网时代，网红经济的产业要素始终存在，且随着互联网的深入与变革，这些产业要素会根据需要进行重新组合与配置，于是网红和网红经济会呈现出新的不同形式的样态。

所以，从一种较为积极的层面来说，网红经济作为一种新的文化业态，会逐渐拂去附着在其身上的浮华与躁动，在产业变革中逐渐夯实其产业发展的要素基础和市场基础，找准其盈利模式和发展方向，从而充分释放其具有的产业经济价值。

第十二章

消费新业态中的偶像经济与身体实践

——以“小鲜肉现象”为例

“小鲜肉”是当今各类媒体中一种重要的文化现象。“小鲜肉”的出现与消费社会的来临有关，其形象经历了一个由“硬汉”到“花样美男”的变化过程，在这一过程中消费社会的文化逻辑得以逐步体现。在男性形象商品化的过程中，作为资本的身体实践和作为偶像的身体实践成为男性形象商品化特质的具体表现。

随着消费社会的文化逻辑在一切领域的延伸，以及现代媒介的迅速扩张，“小鲜肉”作为一种被开掘的偶像资源已然被纳入消费社会的逻辑体系，杂志、海报、广告等媒介中无不有以男性为载体的文化内容。较之于女性在各种媒介中的显露，“小鲜肉”男性形象作为一种重要的视觉符号可以说丝毫不逊色，关于男性形象的偶像消费已然成为混迹于媒介喧嚣中的一种重要文化现象。随着泛娱乐时代的到来，年轻的偶像面孔日益增加，一些负面新闻也不断出现，导致人们开始越来越多地以否定或怀疑的态度审视这一群体，甚至给他们贴上了“小鲜肉”这种明显带有贬义的标签，虽各有上万级的粉丝团和后援会的追捧和支持，但对其的批评和质疑仍不绝于耳。尽管在主演影片、薪酬等议题中，有关“小鲜肉”的争议之声不绝如缕，但“小鲜肉现象”作为重要的产业内容，支持着当代偶像经济的发展。围绕“小鲜肉”消费而畅销的各种杂志、影视剧等，都彰显着封面或荧屏内外“小鲜肉经济”特有的商品化或产业化特质。

一、媒介消费语境中“小鲜肉”的文化内涵

“小鲜肉”是近年流行的一个词，最初用来形容韩国演艺界的偶像组合，后泛指荧屏上那些年纪轻、高颜值的男演艺明星们。随着荧屏上年轻的偶像面孔日益增多，“小鲜肉”的出现频率也日盛。但从其使用的语境来看，“小鲜肉”的含义，一方面包括对这些年轻偶像年龄的描述，即他们都是18~30岁的年轻人，所以他们“鲜”；另一方面则多少包含对这些年轻偶像的否定，即因为他们年轻，所以他们还未能培养出正确的职业道德观，虽一夜爆红，但易迷失自我。因此，当我们越来越多地以否定或怀疑的态度审视“小鲜肉”之时，则不免给

他们贴上了某种标签，使得“小鲜肉”成为一种“恶名”。

然而，当我们环顾历史，却发现这种“恶名”并不仅是当下的“小鲜肉”所背负的，或者说，各个时期都有对“小鲜肉”的质疑。20世纪80年代，影视刚刚开始在社会普及之时，“小鲜肉”的代表是唐国强，被冠之以“奶油小生”称谓；20世纪90年代，港台影视的影响力急速扩张，“小鲜肉”的代表是“古惑仔”，又被人指责为“毒害内地一代人”；而当下随着泛娱乐时代的到来，偶像浪潮化更迭速度的加快，“小鲜肉”已成为一个群体的代表和象征，各种女主、男主，以及各类少年、青年偶像组合，俨然是你方唱罢我登场，虽各有上万级的粉丝团和后援会的追捧和支持，但对“小鲜肉”的吐槽和嘲讽仍不绝于耳。某种意义上，每个时代都有自己的“小鲜肉”，每个时代的“小鲜肉”在其成长之初的历程中都会受到各种各样的质疑，甚至是指责。而之所以会是这样，想来总是新的事物与传统的观念不相统一，与固有的认识相抵触，过来人免不了总是以怀疑的眼光审视年轻人，由此年轻人就“免不了标新立异的罪名，不许说话；或者竟成了大逆不道，为天地所不容”。

但是，当我们抛开强加在“小鲜肉”上的偏见，从一种较为纯粹理论层面来看，“小鲜肉”是指在各种媒介中以俊朗的男性为主要文化传播形式的视觉形象。媒体影像中俊朗男性形象的出现，首先适应的是消费社会中大众媒介的需要，尤其在图像社会的文化转向之下，人们对视觉文化形象的追求超过了以往任何一个时代，大众媒介的图像化在消费文化的传播中发挥着至关重要的作用。包含了男性形象在内的图像景观不仅引导着时代的消费，而且本身就作为文化消费的一种形式，构织起了消费社会中庞大的符号系统，形成了具有时代文化特色的图像文化。

究其本质而言，“小鲜肉”已经成为特定语境下的特定称谓，意指在消费时代出现于现代媒体（包括传统纸质媒体、电子媒体等）之中的俊朗男性形象，它注重男性的气质以及由此而引发的以男性消费为最终导向的文化现象，具有强烈的时尚性、消遣性、参与性等特点。之所以将消费作为一种特别的因素在“小鲜肉”的媒介传播及界定中凸显出来，首要原因在于它是对媒介现实的真实描述，即在现代媒介中充斥着大量的俊朗男性形象，在形象表征层面是对传统男性形象的一种颠覆。他们不仅是“眼球经济”时代杂志、影视作品、代言商品的“卖点”和炒作的噱头，而且作为被观看和展示的景观，构成了被消费的对象。

作为媒介消费中的文化现象，国内对“小鲜肉”的认识源于21世纪初F4的走红以及《流星花园》在视觉媒体中的热播，使人们倏然间意识到以“花样美男”为典型的男性形象在不知不觉间成了媒介中被展示、观赏的景观，当然他们更是一种文化消费品。《中国青年报》曾以“男色”为题材刊登了一篇题为《娱乐圈进入男色时代》的文章，第一次在主流公共媒体中正式揭开了男性现代形象展示这一话题的神秘面纱。随即南方网开辟“娱乐圈男色时代”的专题新闻报道、讨论，其涉及内容多以新闻描述的方式描写“娱乐圈”出现的新变化。《深圳商报》在“谈话空间”栏目曾以《“男色时代”来临了吗？》为题，再次讨论了这一话题。文章的突出之处在于对现代男性形象的特征进行了总结，强调了现代男性形象与经济、消费需求之间的复杂关系，并将其特征大致概括为：（1）男性形象俊朗，气质优雅；（2）喜欢美色是人的本性；（3）与女性的情感需要有关；（4）体现了女性经济地位的提高；（5）是市场经济的特有产物。① 其外延涉及“小鲜肉”的文化语境、外形设计、消费的对象及其与产业经济的关系等。但从整体而言，在20世纪初“小鲜肉”作为一种文化现象并未真正在文化研究领域引起广泛的关注，直至进入21世纪后，随着都市媒介文化的丰富以及各种文化娱乐节目的流行，一批男性杂志如《男人志》《风度》和选秀节目如《加油，好男儿》《快乐男声》等，使得以“花样美男”为代表的“小鲜肉”形象最终成了媒介传播中一个值得关注的文化问题。虽然在媒介的讨论中，一些论者对“男色时代”是否已经来临尚持一种保留的态度，但并不否认“封面男性”是一种与经济时代的消费活动存有密切联系的文化现象。

国外对“小鲜肉”现象的认识稍早于中国，可大致追溯到20世纪80年代中期。当时英、美等国针对各种媒体和现实生活中男性气质的变化展开了

① “男色”时代来临了吗？. 深圳商报，2003-04-07.

对“新男性”的讨论，这场讨论涉及的话题颇多，许多话题在不同的领域具体展开，如政治、社会结构、性别歧视等方面，但尤为重视与消费的关系。英国学者莫特在论及那个时候的争论时指出：“其中有一个领域对它关注倍加，这就是消费文化领域。在所有意见交换中，关于青年男性的形象和他们的消费模式所展开的辩论最引人注目。”[①]2002 年英国评论家马克·辛普森在综合相关资源的基础上，将 metropolis（都市）和 sexual（性别）两个词复合在一起，创造了 metrosexual 一词。“metrosexual”在中文中一般译为“都市美男”或“都市美型男”。这类群体的特点是生活于都市之中，或作为杂志等媒介的内容出现，他们关心自己的外在形象，讲究生活的品质，会为了自己的形象而选择美容、修饰，且通过媒介的传播引领时尚的发展。“都市美男”的出现与媒介消费文化的兴起紧密相连，辛普森在文章中曾明确指出，在消费社会中，彪悍的男性（heterosexual men）在媒介的传播中已没有了市场，他们已经被都市美型男所替代。[②]可以说，“小鲜肉”是伴随着消费社会的悄然降临和媒介在消费社会中的迅速扩张而出现的文化现象，这一现象的出现不仅彰显了男性对躯体时尚美的关注，在某种程度上可视为男性自身的解放，而且在“小鲜肉”形象流变的过程中，消费社会的文化逻辑逐渐成为一种主导性的因素得以显露。

二、“小鲜肉”现象的多元驱动力量

在消费社会的整体文化逻辑下，“小鲜肉”成为一种不可忽视的文化现象，且具有强大的产业影响力。但需要进一步追问的是，为何偶像明星“小鲜肉”会作为一个现象在当下如此显耀，成为一个全民讨论的话题？要解答这一问题，必须从多个角度剖析这一现象背后的潜流涌动。

---

① ［英］弗兰克·莫特．消费文化——20 世纪后期英国男性气质和社会空间．余宁平译．南京：南京大学出版社，2001：20.

② Mark Simpson．*Here Come The Mirror Men*．来源：文化研究网．

（一）文化娱乐时代的全面到来

可以毫不讳言地说，我们正处在一个文化娱乐的时代，娱乐并不是罪，这是因为人们在满足了基本的物质需求之后必然会对精神文化消费提出更高的需求，于是，电子媒介、商业、广告、新闻、视频等多种文化要素，从不同的角度为人们构织了一个供消费的娱乐景观。无论是反恐战争、体育竞技、政治丑闻、突发事件，还是上传至网络的生活视频，无不是借助电子媒介以娱乐的方式出现、传播，当然这其中自然也包括“小鲜肉”。“小鲜肉”不仅出现在各种娱乐节目中，是各类娱乐节目的主角，而且还不时通过展示生活场景达到吸粉的目的。TFBOYS 组合在美拍做的吃播，获得 3.67 亿点赞，收到的打赏近 30 万元，让传统产业叹为观止。可以说，随着娱乐化在日常生活中逐步渗透，日常生活的娱乐化、娱乐生活的日常化正成为当下的常态。这并不是说媒介为我们展示了娱乐性的内容，而是说媒介把娱乐本身变成了表现一切的形式。

（二）“造星工厂”的资本驱动

正是在媒介娱乐化这一大的背景下，日常的生产生活最终落入娱乐化的彀中，“造星”成为资本谋取商业利益的方式。当下火热的各种“小鲜肉”组合都是“造星工厂”的产物。张艺兴、吴亦凡是韩国 SM 公司旗下练习生，TFBOYS 则是北京时代峰峻文化艺术发展有限公司强力打造的少年组合。当“造星”成为一种潮流之时，高颜值的“小鲜肉”就成为资本的关切之物，“小鲜肉”的身体就成为可供消费的美丽景观。在娱乐资本操控的年代，资本和偶像彼此渴望、需求，而当偶像行业被资本追逐游戏所主导，一个规模庞大的偶像市场便出现了。《偶像练习生》和《创造 101》等爆款综艺标志着中国的偶像经济市场正在向产业化的艺人培养系统迈进，“造星工厂”将竞相涌现。据艾瑞数据预测，2020 年中国偶像市场总产业规模将达到 1000 亿元。[①] 偶像直接关联粉丝，可以

---

① 赵昂．偶像经济需要成熟的产业模式．工人日报，2019-07-31．

带动粉丝经济消费市场的发展。在资本创造的偶像景观之下，人们对高颜值偶像身体的消费超过了以往任何一个时代，“小鲜肉”本身所承载的快感、欲望、差异与游戏等资本的力量在各种要素中格外凸显出来。

（三）文化消费群体的代际更替

资本总是围绕消费群体的需求进行生产，如果说，2013 年的《致我们终将逝去的青春》是“80 后”的青春已经成为一种回忆的宣言，那么，同年上映的《小时代 1.0》则意味着“90 后”已风华正茂，开始引领社会文化的发展潮流。时下一些火爆的影视剧，如《楚乔传》《醉玲珑》《择天记》等无不主打“小鲜肉”，“90 后”是最主要的消费群体。根据星美国际的调查，“90 后”占总观影人次的 60%，是影视消费的主力军。某种程度上，我国公民的文化消费是通过文化消费群体的代际转换实现的，而当新一代群体成为文化消费主力军之时，“消费的必需性、必然性、时尚性、流行性、社会性以及品味的个人性、生活质量等已经提上了议事日程。消费的取向、趣味、审美 / 审丑，已经很大程度上影响着消费的市场格局”。[①] 这就意味着，文化消费群体的代际更替，促使影视制作大咖们不得不揣摩“90 后”群体的消费心理、消费习惯。《建军大业》的导演刘伟强更是坦言：“电影要考虑市场。老实讲，我拍电影，一定希望有很多人去看。”或许这才是《建军大业》启用“小鲜肉”做演员的根本原因所在。因此，文化消费群体的代际转换，必须是当下文化内容生产予以关注的问题。

（四）消费偶像的潮流方兴未艾

“小鲜肉”作为偶像，培养了规模庞大的粉丝群体，单个偶像粉丝群体用千万计丝毫不夸张。如李易峰的粉丝达 3773.3 万，赵丽颖的粉丝为 5295.9 万，

① 金元浦．消费引领：补齐我国文化产业发展的短板．同济大学学报（社会科学版）．2013（第 5 期）．

其所产生的明星效应及其偶像消费可以说不容小觑。公众对偶像的消费其实质是对偶像所代表的风尚和潮流的趋从，它源于以生产为中心的社会文化形态最终为以消费为中心的社会形态所代替。如赵丽颖代言 ivvi K5、吴亦凡代言小米 5X，均是资本利用偶像消费的策略对消费者进行强力轰炸。而这种策略之所以能成功，就在于粉丝对偶像具有一种内心无法抑制的激情与情感上的强烈认同，从而使得粉丝成为商品开发和市场推广中不可或缺的考虑因素。因此，在这个意义上，“小鲜肉”成了资本的同谋。

所以，在消费社会整体的文化逻辑之下，“小鲜肉”现象受到来自时代、资本、消费、粉丝等多种力量的共同驱动。这也就意味着对“小鲜肉”的解读不能持一概批判的态度。从一种较为褒义的层面来说，“小鲜肉”的出现是时事造出的“英雄”，是社会经济文化发展到一定水平后才出现的。尽管这一“英雄”面对老戏骨的怒怼时，能以“我是明星我怕谁”的姿态，继续要大牌、拿高薪，继续拼颜值轻演技。然而，从一种发展的角度来说，消费社会之下的文化产业本身需要不断补充新鲜力量，各个时代的“小鲜肉”均是这一新生力量的重要体现。当然，不可否认，资本驱动的“小鲜肉”现象有泡沫和浮华，当经历时间的历练和市场的选择，狂沙吹尽处才是真金。

三、“小鲜肉”媒介形象的消费演进

“小鲜肉”作为一种文化现象本身就是一个发展变化的概念，随着时代的不同，它所涵盖的内容、指称的对象亦有所变化，而这种变化与消费社会带来的社会结构转型不无关系。如果检视从 20 世纪 80 年代到今天公共媒体中男性形象的变化，则不难发现其背后维系的产业性、消费性不仅逐渐增强，而且在社会关系诸要素中逐步突前，成为显性的文化要素。

根据媒体的调查，从 20 世纪 80 年代至今的几十年中，中国的公共媒体占据主导的男性形象大致经历了从“硬汉”到“丑星”再到“花样美男”的历程。[1]20世纪80年代“小鲜肉”形象以“硬汉”为主，坚强、健壮、睿智、稳重为男性的主要气质，如高仓健、史泰龙等。而到了90年代“丑星”逐步占领了纸媒和荧屏，他们幽默、诙谐、言语调侃之间极尽讽刺，以葛优、梁天、陈佩斯等为代表。而21世纪以后，以F4、谢霆锋、苏有朋、陆毅、陈坤、周杰伦、李晨等为代表的“花样美男”成为公共媒介中的主角，他们表现出的气质特征是青春、阳光、俊朗、优雅。形象的流变仅仅是一种表层的症候，其实质是社会结构的转型和由此而带来的审美风尚的变化。

形象的变化只是媒介传播中“小鲜肉”外在的感性形式，社会生产、生活方式的变革则是主导其发生变化的关键性要素。在20世纪80年代，“短缺经济”是经济学界使用频率最高的词语之一，工业化的机器大生产在社会生产中的主导地位便决定了男性要承担更大的社会责任，因此坚毅、刚强、健壮便成了对男性气质的可能性要求，男性也多以一种具有强烈支配力的形象存在。而到了20世纪90年代，随着市场化、产业化、商品化进程的推进，市场经济以大转折的方式强力冲击着固有的社会结构和审美理想，文化表现出世俗化的倾向。崇高与梦想的旁落，令文化陷入了一种焦虑，在平庸和没有激情的时代氛围里，嘲弄、“拿别人开玩笑”“看别人比我们更惨更糟糕”的小市民的审美趣味开始流行。因此，“一直隐身幕侧的滑稽、调侃、谐谑、反讽、戏仿、畸趣成为审美文化的主形态或主范畴。……这是一个没有史诗的世纪末，侃爷、丑角和明星占据着文化大舞台的中央，夸张、做作、神侃、滑聊、故作轻松、充满噱头或浅薄轻佻、卖弄风情的各路‘明星’充斥电视、电影、广告等传播媒介。”[2]但对丑星为代表的男性形象的喜好很快被消费主义席卷而来的浪潮所淹没，生产过剩、过度消费、刺激消费成为当下较为流行的文化主题，社会也由此进入一个前现代、现代、后现代多元并存的形态之中。

在消费社会中，资本化和产业化的魔力在向外围空间扩张、渗透的同时，

---

① 陈晓明、余姝. 男性之美20年变迁：硬汉、丑星到花样美男. 来源：文化研究网.

② 金元浦、陶东风. 阐释中国的焦虑. 北京：中国国际广播出版社，1999：17.

实施着将一切领域资本化、产业化和商品化的努力，并试图对一切社会范畴进行重新定义。媒介传播亦无法脱离消费社会的文化逻辑，而这也成为媒介之所以会选择形象俊朗、气质优雅的“小鲜肉”作为传播内容的主要原因。也就是说，在男性可塑的形象中选择俊朗的“花样美男”形象，是为了将男性纳入媒介消费的系统中进而完成对男性商品化、产业化的重构。

对这一问题的解答，则必须审视谁是媒介消费的消费主体，即在消费社会中媒介内容的生产与传播均是以特定的消费市场为最终导向。随着工业化的基本结束以及信息时代的来临，智能化的生产、脑力劳动者创造经济产值能力的明显增强，都无形中对孔武有力的男性空间形成了挤压，男性所肩负的一些工作或社会责任也为女性所取代。女性不再依附于男性，且女性作为消费诉求的主体而存在于消费社会中。在消费的文化逻辑统构一切领域的趋势中，对男性形象的挖掘与开发自然成为迎合女性消费的选择之一。在消费社会中女性独立意识崛起，女性不但直接影响着消费的生产与选择，且消费作为社会生产、生活的主要驱动力已初露端倪并展现出其强大的威力。

女性的消费喜好在很大程度上决定了媒介传播中“小鲜肉”向“花样美男”的转型，对“小鲜肉”形象转型的解释，可以借用女性主义的路径，即女性意识的崛起，代表着女性对抗或颠覆男权主义宰制的胜利，是女性潜意识将自身性征在男性形象选择上的个性化表达。麦克因斯曾宣称：“在电影院、电视和广告创意中，‘男性视线’的霸权被推翻了，我们不仅看到了‘女性视线’的崛起，而且还有对男人另类反映的不断出现，其中许多都明确表现为对男性气质陈旧形象的颠覆。”[①]“小鲜肉”的形象从“硬汉”到“花样美男”的转变,是女性在消费社会地位提升之后，抵抗男性目光的“规训”，寻找女性自我意识，进而在观看中获取主动的尝试。“花样美男”的出现无疑是迎合了女性主义所追求的这一夙愿。

① ［英］约翰·麦克因斯. 男性的终结. 黄菡、周丽华 译. 南京：江苏人民出版社，2002：68.

但如果将这一问题置入消费社会的语境，单纯从以文化消费需求为导向的问题域进行审视时，则不难发现消费“花样美男”的主要群体是女性，即对“小鲜肉”的塑造以及针对“小鲜肉”而进行的市场开发，主要是以满足女性的媒介消费需求为最终诉求，实现市场利益的最大化。斯诺·帕杰罗指出：“这些美男不但对那些正处于青春期迷恋偶像的小女生有一击即中的作用，调查显示，对于结婚 5~10 年乃至更久的家庭主妇们具有更大的吸引力。对于这些每天被枯燥的生活、琐碎的家务耗尽青春的师奶们，美男们带给她们的是一种需要更强烈的梦幻，唤起了她们容易激发的母性以及对逝去青春的缅怀。”[①] 而对《中国好声音》这一选秀节目的收视调查在某种程度上也可以证明帕杰罗的论断。尽管调查数据显示，《中国好声音》第二季比第一季和以往的娱乐节目俘虏了更多的男性观众，男性观众在第二季所占比重高达 48.27%，但女性观众仍以 51.73% 的比重占优，在数量上以绝对的优势压倒了男性。或者说，前后两季《中国好声音》中两名男选手梁博、李琦能在总决赛中胜出，不仅仅是唱功突出，更在于他们在某种程度上迎合和满足了女性观众在视觉和心理对男性形象消费的需求，在这个层面上，可以认为“花样美男”主要是媒介为了女性的消费而进行的形象生产。

当媒介传播中的“小鲜肉”告别过去那种彪悍或“丑陋”的形象，以俊朗、青春、阳光、气质柔和的“花样美男”大行其道时，“小鲜肉”便与消费紧密结合在一起。媒介传播中的“小鲜肉”不仅是一种美丽的消费品，而且还代表着前沿、时尚与潮流。因此，“小鲜肉”的形象属性在彰显消费文化逻辑的同时，男性形象本身便具备了商品化的特质。

四、“小鲜肉”作为商品的身体实践

媒介传播中“小鲜肉”现象的本质在于消费文化的崛起，因此当消费的理

① 斯诺·帕杰罗. 谁是消费者. 甲壳虫，2007（第 5 期）.

念与“小鲜肉”紧密结合在一起时，“小鲜肉”就已经不再仅仅指男性俊朗的形象或外表，或者一种审美的理念、风尚，更是与市场商业运营有关的产业经济部类，具有了明显的商品化特征。在鲍德里亚看来，在消费社会中身体是最美丽的消费品，是具有生产和流通价值的商品符号。在媒介生产、消费的结构中，“小鲜肉”男性形象的商品化特质具体体现在作为资本的身体实践和作为偶像的身体实践两个层面中。

作为资本的身体实践，是指在消费社会中身体成为资本时刻所窥觑的领地，资本对身体进行着不遗余力的改造，使身体在呈现出美学化的态势中获取收益。尤其是随着“日常生活的审美化”和“审美的日常生活化”的进一步扩张，人们对身体审美价值的追求以及由此而带来的投资超过以往任何一个时代，而男性的身体也不例外。在这种趋势下，身体所具有的生理功能或肩负的责任已经弱化，而身体所承载的快感、欲望、差异与游戏等消费主义导向格外凸显。

也就是说，在消费主义的宰制之下，媒介传播中的身体具有了作为商品的符号意义，男性身体美以及为了身体美的改造或装饰，已被纳入资本运行的范畴之中，它服从于时尚消费的文化逻辑。鲍德里亚指出：“身体，变成了最美的关切之物，独自垄断了一切所谓正常的（对其他真实的人的）情感性，但并不因而就获得了自身的价值，因为，在这一情感转向的程序中，无论其他何种物品都能依据同样的拜物崇拜逻辑来扮演这一角色。身体只是心理所拥有的、操纵的、消费的那些物品中最美丽的一个。”① 身体成了消费的逻辑所掌控的对象之一，其所依据的是消费崇尚的娱乐、享乐主义准则，而非拥有身体的自我的主体意识。在消费社会中，身体已为媒介传播中与生产和指导性消费有关的社会编码及标准所约束。正是在对身体的编码中，媒介引起了人们对身体美丽的关注，因而使得与男性形象塑造相关的“男色经济”作为产业经济的重要部类浮出了水面。

---

① ［法］让·鲍德里亚．消费社会．刘成富、全志刚 译．南京：南京大学出版社，2001：142–143.

时下，与“男色经济”相关的产业门类十分广泛，它涉及影视、出版、广告、演艺、服装、装饰、健身、美容、模特、医疗等众多领域，已成为国民经济不可忽视的组成部分。如果稍微留意一下，则不难发现俊朗的男性形象频繁出现在公共媒介引导下的实际生活中。如英国杂志《男人帮》不仅是全球发行量最大的男性杂志之一，而且通过杂志发行实现时尚消费理念，传播方面也体现出较高的效率。以电视、网络为媒介的都市青春剧《我在北京等你》《我是余欢水》《总裁的定制女友》《在远方》，以电影为媒介的作品《从你的全世界路过》《少年的你》《人间·喜剧》《再见时光》《流浪地球》，还有在各种洗发水、香水、服装推介广告以及商场专柜设置的男导购等，无不体现着“小鲜肉经济”的渗透和延伸。概而言之，“小鲜肉”在产业资本的实践中，作为媒介传播的视觉修辞增强了图像本身的视觉吸引力，最终实现了附加或隐藏在媒介中男性形象的经济效益。从这个意义上可以认为，在消费社会中媒介对男性形象或身体的应用是产业资本实现其经济效益的手段而非目的。

同时，产业运营中“小鲜肉”作为一种时尚还带来了男性对自我身体的关注，如整容、化妆、健身等。“人们管理自己的身体，把它当作一种遗产来照料、当作社会地位能指之一来操纵。”[①] 媒介传播中完美的形体、青春的面容代表着时尚的风向，是身份、品味的象征。当然，在风向和品味之下，其实质是男性对这些领域的关注在很大程度上是基于资本所掌控的时尚观念的引领，时尚作为一种意识形态规定了人们可以遵守的标准和规范。公共媒介以直观的方式为这种标准展示出了典范，而公众亦可以依据公共媒介中形象所展示的标准来要求自身，典范形象即成为公众推崇的“偶像”，由此而引发的“偶像消费”便成为作为资本的身体实践的必然结果。

在媒介制造的“偶像消费”中，偶像的身体成了一种可以生产产值的符号，公众对偶像的消费其实质是对偶像所代表的风尚和潮流的趋从，它源于以生产

---

① ［法］让·鲍德里亚. 消费社会. 刘成富、全志刚 译. 南京：南京大学出版社，2001：143.

为中心的社会文化形态最终为以消费为中心的社会形态所代替，且紧紧围绕消费的文化逻辑，媒介中的“小鲜肉”聚合着象征性的符号、传播介质、公共领域、眼球经济等多方面的因素。莫特曾发出过这样的感慨：“这个商品化的男性偶像是多方面知识共同创造的，是产业纵横交错的联合产物。”[①] 在消费社会中，偶像在时尚消费中发挥的引领作用日益突出，而“小鲜肉”形象则是频频出现于公共媒体中的偶像之一。他们作为媒体人物不仅是吸引人们注意力的最佳手段和最有力的品牌，还是产生“明星效应”或“粉丝效应”的直接参与者。此外，还可以说明的是对偶像形象的传播得益于现代媒介传播技术，先进传媒技术的发展为偶像的成功打造及其形象的展示提供了不可多得的条件和便利。正是凭靠媒介的强力轰炸，“小鲜肉”的形象成为各类媒介争相刊载的内容之一。因此，在娱乐产业迅速膨胀的今天，媒介中充斥的“小鲜肉”形象不仅是资本对身体实践的表现之一，而且进一步带动了粉丝对偶像消费的发展。

“小鲜肉”形象作为一种“偶像”离不开媒体的商业包装，如新款的服饰、个性的发型、精美的装饰、使用的物品等都属于媒体商业包装的范畴。商业包装的目的在于媒体要创造时尚，以通过时尚的创造来引领消费的导向。时尚为粉丝提供了既定的模式或内容来模仿，甚至是一种崇拜。在粉丝对偶像的消费中，它不仅满足了作为消费者的粉丝对个性的追求，而且有因差异性而带来的心理快慰。粉丝对偶像的消费能力也是毋庸置疑的，它基于一种内心无法抑制的激情与情感上的强烈认同，从而使得粉丝成为商品开发和市场推广中不可或缺的考虑因素。也恰如菲斯克指出的：“粉丝文化还与文化产业的商业利益密切相关。对于文化产业来说，粉丝成为一个额外的市场，他们不仅经常大量购买‘衍生’产品，而且提供了许多宝贵而又免费的有关市场趋势和偏好的反馈。”[②] 因此，在市场的反馈中，当时尚成为一种普遍的规范或形象变得日益刻板不再

---

① ［英］弗兰克·莫特．消费文化——20世纪后期英国男性气质和社会空间．余宁平译．南京：南京大学出版社，2001：10.

② 约翰·菲斯克．粉丝的文化经济．陆道夫 译．见陶东风编《粉丝文化读本》．北京：北京大学出版社，2009：17.

具有先锋性作用的时候，新的时尚就会再次被商业化了的媒体创造出来，从而进入另一个新的“偶像消费”循环，以在公众的消费中实现资本利益的最大化。

最终，在资本的运行下，媒介传播中“小鲜肉”的商品化特质得以充分展现，而大众文化的商业化和偶像化的特质也在这一过程中彰显。媒介传播中男性的身体成了人们“购买”和“使用”的消费品，也日益成为媒介消费中被观看和展示的景观。

第十三章

媒体融合中的业态转型升级与互动共享

——以新闻客户端为例

媒体融合发展是传媒领域一场重大而深刻的变革。在这一变革中适应互联网时代的发展需求，将成为传统媒体转型的重要选择。新媒体客户端的涌现，是从渠道建设上进行“眼球”和注意力争夺的开始。新媒体客户作为媒体融合的重要体现，构筑起的是技术、体验和定位之间“协调的三角关系”，遵循的是互联网时代迭代思维、极致思维和用户思维。融合作为媒体发展的必然趋势，打破了媒体的行业界限，也促进了各新闻客户端之间的差异化发展，但在本质上彰显出共享作为媒体融合时代的文化价值诉求。

在互联网尤其是移动互联网大行其道的时代背景下，与其紧密相关的互联网思维成为网络运营应遵循的、必不可少的逻辑，而媒体融合成为媒体适应互联网时代发展趋势的必然性产物。从发生与发展的层面来讲，媒体融合与移动互联网、大数据、云计算、智慧城市等科技及实践的不断发展有关，可以说，新传播技术的出现，推动了新实践形式的产生，也正是在新的实践中形成和抽象出了新媒体融合的发展逻辑。新媒体客户端，作为适应移动互联网运营而出现的文化新产品、新事物，在互联网思维的推动下，已开始悄然改变传统的媒介生态，推进媒体融合的进程，不仅包括传统的纸媒，也包括非移动互联网。易言之，媒体领域的一场深刻变革正悄然开始。

一、转型：新形势下传统媒体的文化选择

随着移动互联网的日益普及，人们获取信息的形式和路径发生了改变。当人们选择摆脱 PC 的定点束缚，逐渐走向移动终端时，信息获取的便携性、移动性便成为新形势下信息传播的显著特征。在这一潮流与趋势中，新媒体客户端的异军突起，在改变整个互联网传播生态的同时，推动了传统互联网媒体的转型。

从互联网的发展历程来说，新媒体客户端的出现是传统互联网媒体在发展路径上做出的调整。从本质上来讲，奠基于互联网思维之上的是整个社会形态的变革，即网络社会的到来促使了媒介传播形式和内容的革新。在这一社会形态中，互联网构成了走向网络社会的基础，网络媒介信息流成为社会发展的动力。“因为信息和通信是人类活动和组织中最根本的方面，其性能的物质条件上

的革命性改变会影响人类活动的整个领域。”[①] 尤其是以华为、苹果、三星手机为代表的移动终端，集语音通信、多媒体和掌上电脑功能于一体，将移动通信推进到了一个智能时代，而伴随苹果出现 iPad 和基于 Android 技术平台出现的多种类型的移动终端，为新媒体客户端的推广及其信息传播提供了载体。因此，传统互联网媒体向新媒体客户端信息传播方式的转型，是新渠道为媒体的信息传播提出的必然性要求。作为一个“空置”的平台，谁抢占了平台就意味着谁抢占了信息的首发权，谁就能在新的形势下，完成多种形态的传播布局。因此，转型的竞争，表面上是媒体间形式与路径的竞争，实则是要全面革新一种发展的思维模式。同时，新的传播载体也需要内容的支持，或者说，移动终端的生存能力取决于信息内容的创造，取决于与移动终端用户日常工作与娱乐相关的具体联系。由此可以认为，新媒体客户端作为信息内容提供者的出现，适应的是渠道建设的需要。

从争夺“眼球”关注的角度来说，新媒体客户端是传统媒体和新媒体培养和争取受众，应对传媒格局变化的必然性路径。随着网络技术的不断提升以及移动终端用户的不断普及，移动互联网生成舆论、影响舆论的能力日益增强。以微信、微博、新闻客户端等为代表的新兴媒体作为新信息源，在突发事件和公共议题的信息传播与舆论走向引导中的作用日趋明显。根据最新统计，我国网民数量不断攀升，手机网民规模占整个网民数量的份额从 2013 年的 81.0%，提升至 2020 年的 99.3%，总数量达到 8.97 亿。这就意味着，庞大的移动用户群成为新媒体客户端在舆论引导和信息传播中必须关注的对象。从一种较为广泛的层面来说，新媒体客户端作为信息的推送终端，不仅仅发布新闻，而且囊括娱乐、购物、广告等大量商业性的信息。尽管目前新媒体客户端在盈利模式和产业链的形成上尚在探索中，但移动互联网加剧人们的注意力向移动屏介转移已成为不可逆转的趋势。利用移动终端开展的商业营销活动将日趋激烈，新媒体客户端所具有的商业价值也会日益凸显。所以，传统互联网媒体向移动新媒

① ［美］曼纽尔·卡斯特．网络社会．周凯 译．北京：社会科学文献出版社，2009：10.

体客户端拓展是发展“眼球经济”重要的营销渠道和策略。

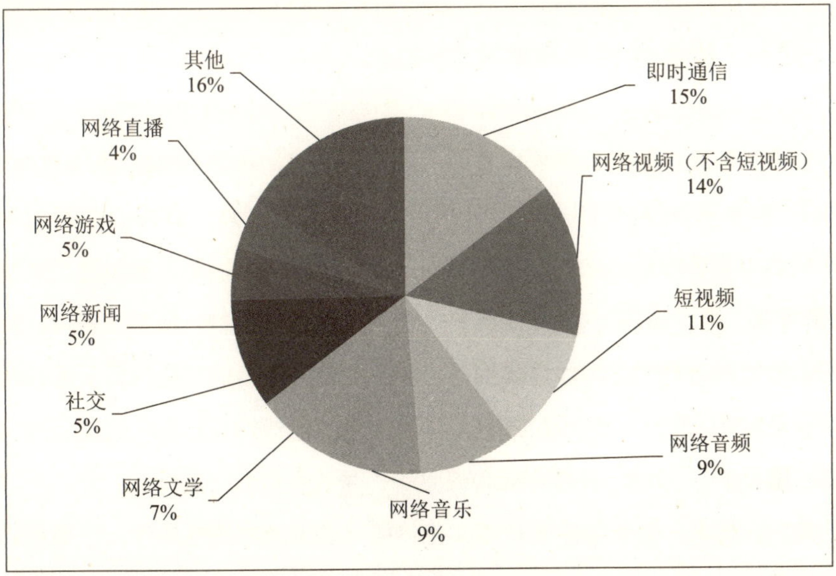

图 13.1　各类应用使用时长占比

数据来源：第 45 次《中国互联网络发展状况统计报告》

可以说，在多元力量的共同推动下，传统互联网媒体纷纷将移动新媒体客户端作为发展的战略之一。根据易观智库最新发布的《2019 Q1 中国新闻客户端下载量监测报告》显示，截至 2019 年 3 月，腾讯新闻、今日头条、搜狐新闻、网易新闻和新浪新闻客户端月活动用户数量分别以 26114.1 万人、19933.9 万人、7157.7 万人、5669.7 万人和 4134.7 万人，占据着主要的市场使用份额。从移动媒体的传播路径来说，即时通信、网络视频、短视频构成了移动互联网的三大信息传播主体。而在整个传播生态上，则由于移动互联网的平台承载，使得媒介的信息传播由过去单一性的纸媒，演变为融合了报刊、门户网站、手机报、二维码、微博、微信、客户端等多种传播形态和传播路径的全媒体矩阵。

二、建构：新媒体客户端的文化特征

移动互联网在当下已呈现出井喷式的增长趋势，随着工信部2013年4G牌照以及2019年5G牌照的发放，移动通讯终端处理图像、音乐、视频流等多媒体的能力显著增强，这就在技术层面，为新媒体客户端的扩散与推广解决了“宽带不宽”的“诟病”。新媒体客户端作为一种新兴事物，从总体来说，还处在探索的发展过程中，因此“建构”构成了它最为显著的文化特征。不同的客户端在差异化发展中，建构起各自不同的文化。建构的核心在于构筑一种“协调的三角关系”，技术、体验和定位是这个三角关系中的支点。

其一，技术，是新媒体客户端文化传播与发展的物质性条件，它遵循的是迭代思维。

所谓迭代思维是通过技术的升级来最终实现产品的创新，注重在市场的争夺中以先行占领的方式抢夺注意力，以“快”为原则。然后通过技术的升级，以代际的形式不断完善产品。搜狐新闻客户端作为市场占有额最多的客户端，也是第一个宣称用户破亿的新闻客户端，于2011年正式上线，之后在不断的升级中，其所具有的功能日臻完善。搜狐新闻客户端，从最初的新闻发布，到逐渐可以在所有智能手机安装，从推广个性化订阅，到增强个性化阅读功能，搜狐新闻客户端利用技术的更新实现版本代际的更迭。迭代思维，从新媒体客户端的发展路径来说，一方面的确在功能上完善并推动了客户端的发展，另一方面确实也借助功能的完善，为用户不断创造更多的期待，增强客户端与用户之间的“黏合性”。从现实发展来说，这一原则已为许多与移动互联网相关的产品生产所采用，最经典的莫过于苹果手机。自2007年苹果推出1代智能手机以来，到目前为止已推出了2、3、4、4S、5、5S、6等不同代际的手机，每一代手机都是上一代手机的完善，而每推出一代手机，都创造出了巨大的消费热情，它构成了互联网思维之迭代思维的最佳阐释。

表 13.1　搜狐新媒体客户端的代际迭换

时　间	版　本	创新之处
2011 年 10 月	2.0	几乎覆盖所有智能手机，新增离线阅读、内容分享以及个性化订阅等功能
2012 年 5 月	3.0	订阅平台和即时新闻组合在一起，成为业内首款“资讯＋阅读”的手机新闻客户端
2014 年 1 月	4.0	增强个性化阅读功能，新上线的“听新闻”功能与“微信搜索”功能
2014 年 11 月	5.0	新闻客户端上向下滑动屏幕，屏幕内容自动更新，并根据个人的浏览历史，智能性推荐相关新闻和话题

其二，体验，是新媒体客户端的实现形式，它遵循的是极致思维。

使用是客户端开发的最终目的，在某种意义上讲，通过极致性的思维，创造出足以“惊艳”的体验，是客户端市场生命力和竞争力的关键所在。在新媒体客户端的发展中，极致思维要求客户端的完善必须以用户的完美体验为最高原则，易言之，在客户端的推广与完善中，要将产品某一方面的特性做到极致，在为用户做到极致性服务的同时，达到实现自我营销的目的。在这种互联网的思维方式之下，完美性的体验本身构成了对自我进行营销的最佳方式，它改变了传统媒体以“轰炸”式“填鸭”的传播方式，而是尊重用户的阅读习惯、消费习惯，将人性化和最渴求性的服务推向极致。可以说，极致思维是媒体客户端在彼此之间竞争并最终能脱颖而出的法宝，为适应现代都市“快”节奏的生活方式，腾讯新闻客户端将“快”发挥到极致，“秒杀”信息，力求在 30 秒内将刚刚发生的重大事件送达指尖，使信息传播进入了“秒”时代。

其三，定位，是新媒体客户端推广的战略性前提与基础，用户思维是这一支点的基石。

用户思维是互联网思维的核心，它要求新媒体客户端在推广的过程中，必须了解和认知用户，注重作为内容信息供应者的客户端与用户间的互动，在互动中了解、把握与利用用户的喜好，从而最大可能地挖掘产品的潜力，提升客户端的服务品质。在数字经济时代，产品的定位管理彰显了内容供应商在新形势下的管理理念和管理行为，“它总括了客户体验与你的组织进行的各种互动：从最初如何吸引他们注意，到如何让他们轻而易举地成为你的客户；提供物有所值的服务；最重要的是问题出现时该如何处理”。[①] 新媒体客户端的定位，是客户端以一种什么样的姿态展示在用户面前的关键。由于现代生活中时间与信息的“碎片化”，人们不可能浏览所有的信息，这使得信息的“私人订制”成为一种可能性，这也就意味着，人们对客户端的选择具有了“排他性”。所以，一个清晰的定位决定着新媒体客户端能否迅速抢占用户、打开市场。搜狐新闻、腾讯新闻、网易新闻、新浪新闻、今日头条等新媒体客户端在目前国内的移动媒体的传播中，占据着重要的市场份额，就在于它们能够依据不同的市场定位，为用户提供不同的信息服务。以“今日头条”为例，它充分利用大数据对用户信息浏览内容的记录，分析用户的阅读喜好或行为，打造具有个人化信息阅读色彩的推荐引擎，从而为个人推荐具有个人偏好的“头条”服务。

表 13.2　新媒体客户端理念、定位及优势一览表

	理　念	产品定位	产品优势
搜狐新闻	“搜狐新闻先知道”	资讯全媒体的开放平台	移动新闻客户端市场份额第一；全媒体资讯平台；开放的订阅模式；海量媒体独家内容
腾讯新闻	“事实派”	快速、客观、公正地提供新闻资讯的中文免费应用程序	移动强调新闻秒传，30 秒实时推送重大新闻
网易新闻	“有态度”	“有态度”的新闻资讯客户端	“跟帖”功能是突出特色，“无跟帖，不新闻”；注重原创栏目
新浪新闻	“为我们希望的生活”	第一时间获取全球资讯新闻，随时随地专业资讯服务	借力新浪微博，其他优势不明显
今日头条	“你关心的才是头条”	基于数据化挖掘的个性化信息推荐引擎	通过用户行为分析、推荐引擎技术实现个性化、精准化

资料参考《搜狐新闻客户端竞品分析报告》。

从整体来说，技术、体验和定位在新媒体客户端的发展与探索中，应形成

① ［英］基思·威利茨. 数字经济大趋势. 徐俊杰、裴文斌 译. 北京：人民邮电出版社，2013：163.

一种相互协调与统一的文化关系。三者分别遵循的迭代思维、极致思维和用户思维，也并非彼此之间绝缘，而是相互联系和交织在一起的。也就是说，新媒体客户端探索发展的过程，其路径是多元而丰富的，这不仅说明了新媒体信息传播的内容具有极大的包容性，也体现了互联网思维的魅力所在。

三、融合：新媒体客户端的发展趋势

新媒体客户端在当代已呈现出蓬勃发展的趋势，且展现出横扫一切的力量，重新组织和重构各要素的形式和内容。就发展态势而言，互联网思维推动下的新媒体客户端，越界与融合的发展将成为未来的主导。在内容上，行业之间的边界日趋模糊。在传统媒体中相对独立的行业，如纸媒、电台、电视、PC网站等内容行业，随着移动新媒体客户端产生，成了其可以承载的内容。新媒体客户端将客户端原创、自媒体引进和门户已有品牌等栏目纷纷移植过来，其所承载的内容，从“影视”“地图”“体育”“基金”“彩票”到“购物”“家居”“房产”“城市”等，无一缺漏。

但需要说明的是，新媒体客户端不是简单地为传统内容增加了一种展示的渠道，而是要重新构造适应移动互联传播的生产和传播方式。在新的时代条件下，内容信息依靠单一的传播方式进行传播，已无优势可言，走行业融合性的传播是各类资源实现利用最大化的有效方式。

新媒体客户端是纸媒、互联网媒体为适应移动终端设备而创新、创造出的新型传播载体。以Android和Windows为技术平台的移动终端，使得信息的发布与传播走向多元，语音、文字、图像等均可称为传播的形式。作为一个相对“空置”的平台，谁抢占了平台就意味着谁抢占了信息的首发权，谁就能在新的形势下完成多种形态的传播布局。因此，各大媒体抢占新媒体客户端成为竞争的核心内容之一。与传统的传播渠道不同，移动互联网时代的新媒体客户端的专业化传播体现在自身具有的较为清晰的战略定位上。新媒体客户端的定位，是客户端以一种什么样的姿态展示在用户面前的关键。移动互联网时代的媒体竞争遵循用户思维原则，即尽可能地了解、把握与利用用户的喜好，通过为用户提供良好的体验和服务，以最终达到占有用户和下载量的目的，彰显出媒体内容供应商在新形势下的管理理念和管理行为。

为了实现客户端之间的差异化竞争，各媒体客户端依据定位的不同，信息传播的内容也略有差别。在竞争中，搜狐新闻、腾讯新闻、网易新闻、新浪新闻、今日头条等分别形成了“搜狐新闻先知道”“事实派”“有态度”“为我们希望的生活”“你关心的才是头条”等传播理念，并根据不同的定位进行内容的推送与传播。新闻客户端的推广与使用，推动了互联网媒体的移动化传播，并在此潮流的驱动下，为适应新的形势与要求，传统纸媒《北京日报》《新京报》《北京晚报》《北京晨报》等，也纷纷推出适用于移动终端设备的客户端，进一步加深了传统媒体与新媒体间的融合发展。

四、共享：媒体融合的文化价值追求

新媒体客户端是新媒体文化的展示窗口、数据记录窗口和信息分发窗口，新媒体客户端技术不断革新的背后，彰显的是媒体融合这一不可逆转的趋势。在这一整体趋势下，新媒体与传统媒体之间实现信息共享，将是未来媒体发展的文化价值追求。某种意义上，以互联网这一公共平台为依托，信息通过各类客户端之间几乎无障碍性地收集、存储、发布、链接与利用，构成了媒体融合时代最大的真实。在媒体融合的传播生态中，信息始终处于一种公开的状态，美国新闻学教授杰夫·贾维斯创造了一个词 publicness 来概括信息的这种公开性。如果说，公开与共享是媒体融合时代追求的价值取向和特定观念，那么我们又该如何理解和审视信息共享及其包含的复杂关系？它究竟以一种怎样的形态展示于社会中，并参与、影响、营构着我们的日常生活？概言之，媒体融合时代围绕信息共享、互动与对话构筑起了一种新的社会关系，悄无声息地改变着传统的社会交往、社会舆情、生产协作及传播伦理的途径或方式。

（一）在互动与对话中构建新的社交关系网

网络技术平台的出现，使得人们之间的互动与对话有了可以搭载的平台，由此也改变了人们的交往方式及相应的社会关系。脸谱网（Facebook）、推特网（Twitter）、优酷网、世纪佳缘等社交网站服务客户端平台改变了以往青年人的成长经验和交际方式，使得向世界展示个人、联络他人有了一种即时的形式，拓展了关系空间的各种可能性。商务人际关系网（LinkedIn）、智联招聘等人才信息客户端平台，不仅可以即时看到简历及需求信息的分类，而且可以借此建立彼此间的对话关系，在相互的交流与了解中达成各自欲求的目的。亚马逊、京东、淘宝、1号店等电子商务客户端，在进一步增强消费者与交易平台、生产商、批发商、零售商间的互动与协调关系的同时，逐步发展壮大了移动网络交易平台在实体和虚拟经济链条中的作用和地位，逐渐拓展出条码购物、商品语音搜索等电子商务运营模式，将生产、流通与消费纳入了网络经济的发展体系之中。

（二）在互动与对话中生成社会舆情

网络信息的传播具有数量大、来源广、影响面大的特点，且在消费文化理念日益深入的时代语境中，信息的更迭呈现出浪潮化的趋势。在对信息的筛选和整合过程中，客户端通过大数据筛选，通过人机互动，一些文化现象、社会话题得以凸显并成为反映当下的社会舆情。它们之所以能够凸显，本身就意味着它所喻含的形势受到了人们或隐或显的关注，最终在网络的聚合效应下，在人们的互动和对话中得到发酵和裂变。2010年“围脖（微博）”成为一种时尚，并造就了“围观改变中国”的命题，在这一命题的讨论中中国公民的网络表达权、监督权被推置到新的高度。2011年，“红十字会”“拼爹”“郭美美”“药家鑫”“小悦悦”等网络热词的出现让“淡定”的人们再也无法“Hold住”，由此社会公平与正义的呼声在网络话语的喧嚣间此起彼伏。2012年，“高富帅（白富美）”“表叔”“表哥”频出，当人们还在等待“元芳你怎么看”“你幸福吗”

这一问题的答案之时，务工人员一句“我姓曾”给了“屌丝逆袭”一记响亮的耳光，同时也引发了人们对贫富差距、阶层固化、权力寻租、青年心态等问题的思索。2013年年初，“房姐”“房叔”“房祖宗”们上演着神奇又让人泣叹的故事，但是“大黄鸭”的横空出世，给生活在焦虑状态中的“小伙伴”以“喜大普奔”般的心灵慰藉。

可以说，网络热词不仅仅是一种文化现象，更构成了人们借助网络平台的信息共享开展对话与交流的话题对象，它以一种戏谑和嘲弄的态度反映着各种社会问题，是针对现实的文化隐喻。如2013年颇为流行的“土豪”，折射出人们对当下阶层固化、贫富分化的嘲弄、无力和无奈。有评论者指出：“‘土豪’这个革命时代的语言，在21世纪的今天，以反讽式的全新含义崛起，隐喻着中国社会分层已进入一种赤裸裸的状态，犹如回归到当年的那种状态。于是，‘土豪’就成为一道有着黑色幽默意味的社会裂痕。人们对于现状的不满，通过戏谑与自嘲的姿态，进行了解构与新的建构。”[①] 但需要指明的是，在人机对话与交流中生成的舆情及其对社会问题域的勾勒，并不是对主流思想的削弱与消解，并不能证明信息平台本身就是“洪水猛兽”，相反，它是对网络舆情的“采风”，是收集自网络空间的真实“歌谣”。

（三）在互动与对话中开展协作

现代化大生产使得个人完成某项工作的可能性日益变小，在互动与对话中进行交流与协作成为时代发展的必然。马克·波斯特在《信息方式》一书中将网络时代的协作共同体称为“集体作者”。在信息共享时代“集体作者”概念的出现，将产业链条中的初端与终端、上游与下游紧密结合在一起。产业终端进入产业链的初始阶段，它不仅能够改善生产者与消费者的关系，而且能够根据消费者的需求进行生产。例如测试版的游戏，“这个东西还没有完成，所以请帮助我们共同完成它”是测试版游戏常用的话语。在游戏客户端网络公共平台上，

① 张天潘．“土豪”的社会与文化隐喻．新华每日电讯，2013-10-15.

消费者被邀请参与游戏的测试与制作，给予消费者以充分的尊重，而在交流与互动中也允许消费者充分发挥个人的才能和创意对游戏的完善和发展提出建议。这种协作式的生产模式，可以说模糊了生产者和消费者的界限，托夫勒曾经预言的“生产型消费者”（Prosumer）在网络信息共享时代正成为现实。

（四）在互动与对话中生成新的传播伦理

互联网媒体的当代发展受到市场化转型的推动，商业利益在新的媒介伦理生成中发挥着重要作用，这也在一定程度上造成了网络平台社会责任的缺失。因此，如何在保证经济效益的同时兼顾社会效益，在能够体现商业性的同时保障信息的真实、公正与客观是网络传播伦理亟待思考和解决的重大问题。尤其是在网络的“语言暴力”“媒介审判”等影响正常网络传播伦理生成与建立的背景下，加强互联网客户端平台主体责任建设，不仅需要全社会成员理性的参与和讨论，还需要媒体人和信息发布者的自觉意识，更需要利益攸关方，即注重经济效益团体与注重社会效益团体的交流与互动，在对话与沟通中探索出一种可以制衡的机制。

或许，面对网络信息共享时代交往及价值观念的变革，我们的思维还一时未能跟得上变革的步伐。但不管我们愿意与否，互动与对话所产生的变革已然开始。在变革中，甚至不乏讥笑、嘲讽、怀疑乃至贬斥，即使如此，时代依然在肯定与否定、坚定与怀疑、乐观与消极的悖论中前行。如何面对这种悖论，还是借用“信息共享时代”一语的提出者贾维斯之言来回应：“不是徒劳空嚷，咒骂时代的潮流，而是应该运用智慧发现机遇，决定我们想要建立一个什么样的未来。”

第十四章

人工智能新业态的伦理挑战与治理向度

——以“一键脱衣”等为例

人工智能作为一项极其具有颠覆性的技术，在与其他业态的融合中改变了传统的生产关系。“一键脱衣”“一键换脸”等人工智能应用，不仅侵犯隐私权、肖像权和版权，更是挑战人类的文明底线、安全底线和信任底线，彰显出“技术中立”原则在人工智能应用中的存在。“技术中立”原则坚持“工具—独立”的视角，在人工智能应用中体现为“功能中立”“责任中立”和“价值中立”，由此使人工智能陷入众矢之的。人工智能的实际社会使用受政治经济、社会文化制度总体性安排的影响，而构建以生产关联责任、运行关联责任和效应关联责任等为核心支撑的“技术有责”伦理观，是治理人工智能乱象，促进人工智能发展的保障。树立“技术有责”的伦理观，应开启文明对话，这有助于在文化认同上增进人工智能伦理的共同价值和在交流互鉴中增强人工智能伦理的共同治理。

当代文化发展与互联网信息技术更迭之间存在密切的联系，尤其是新一代互联网信息技术如大数据、物联网、云计算、人工智能的出现，及其与文化的逐步融合，革新了传统文化的内容呈现和形式表现，衍生出许多新的文化形式和产业形态。在诸多文化业态的发展中，随着人工智能（AI）在文化领域中的深度渗透，文化正在从根本上改变固有的内容生产、分发、传播、展示和变现过程，由此带动文化业态发展的头雁效应已经在社会经济领域初现端倪。然而，任何产业的发展都不是一帆风顺的，在人工智能与文化的融合过程中，出现了名噪业界的“一键脱衣”“一键换脸”等事件。“一键脱衣”一经曝光引发全球封杀，“一键换脸”软件上线备受争议。本质上，这些事件不仅仅涉及纯粹的技术发明和应用，更关系相关文化伦理的调整与构建。从更为深层的角度说，人工智能是生产力革命的表现形式，随着人工智能涉入文化生产生活的各个环节，作为生产关系重要体现的文化伦理势必会受到挑战。在诸种生产关系要素中，人工智能把人与技术的伦理问题予以突显，成为影响和制约人工智能与文化融合发展的显性要素。“一键脱衣”“一键换脸”等事件在人与人、人与自然的伦理之外，引发的人与人工智能技术的伦理问题，构成了当下互联网时代世界应予慎重思考和对待的深刻命题。

一、人工智能面临的三大伦理挑战

人工智能是21世纪公认的三大尖端科技之一（空间技术、能源技术、人工智能），在未来的发展中其影响力将逐步渗透到社会经济的各个领域。由此，人工智能赋能社会经济发展，打造各类智能、智慧、智通的应用场景，推动相关产业转型升级便成为一种必然趋势。“一键脱衣”与“一键换脸”等人工智能应用，构建起人工智能与文化跨界融合的场景，意味着人工智能技术在某一领域取得了创新突破，而且其所涵括的伦理问题也使其成为备受关注的文化事件。

整体而言，“一键脱衣”与“一键换脸”分别从侵犯隐私权和侵犯肖像权、版权的维度，揭示出人工智能存在的伦理问题。2019 年 7 月，DeepNude“一键脱衣”应用程序现身网络，这款软件因可以依托智能算法对女性照片实现部位识别、衣物删除、空白填补等一系列操作，最终把正常的照片计算转换为“裸照”。尽管生成的照片并非真实，但是一旦推广和应用，会把人的隐私曝光，人类最终会成为人工智能的潜在受害者。人工智能和机器学习领域国际最权威学者吴恩达认为：“我很高兴看到 DeepNude 被封杀。作为一个人和一个父亲，我认为这是人工智能最令人作呕的应用之一。对人工智能领域而言：你具有超能力，所构建的东西也很重要。但我希望人工智能致力于更有价值的项目上，以推动世界的进步。”[①] 与“一键脱衣”恶意把全世界女性或每个人的隐私置于尴尬的境地不同，“一键换脸”则是以一种娱乐的形式，通过人工智能技术实现动态视频的换脸技术。2018 年 1 月美国 FakeApp 软件上线，2019 年 8 月中国“ZAO- 逢脸造戏 App”上线，两款软件均以人工智能人体图像合成技术为支撑，对视频片段中的人物面孔进行无缝置换。这两款软件的推出，在侵犯既有视频版权、人物肖像权的同时，也容易造成虚假视频的泛滥。

无论是“一键脱衣”对人类隐私权的侵犯，还是“一键换脸”对人物肖像权、视频版权的侵犯，其背后彰显的是人工智能对传统产业伦理观念的挑战与冲击，人工智能在推动社会运行和文化变革的同时，也在加剧人类社会的焦虑与不安。美国学者理查德 · A. 斯皮内洛指出：“技术的步伐常常比伦理学的步伐要急促得多，而正是这一点对我们大家构成某些严重威胁。技术的力量所造就

① 一键“脱衣”应用遭下架. 来源：https://baijiahao.baidu.com/s?id=1637935525534212392&wfr=spider&for=pc.

的社会扭曲已有目共睹。”[①] 可以说，人工智能尽管把人类社会经济文化推进到一个新时代，但也绝不能忽视随之产生的各种伦理风险，以及为技术进步而付出的社会代价。在此，我们必须时刻警惕马克思站在人类文明进程的高度审视技术进步时所发出的忧虑：“技术的胜利，似乎是以道德的败坏为代价换来的。随着人类越控制自然，个人却似乎越成为别人的奴隶或自身的卑劣形式的奴隶。甚至科学的纯洁光辉仿佛也只能在愚昧无知的黑暗背景上闪耀。”[②] 由此，我们不免要继续追问，快速发展的人工智能技术在更深层次上究竟在哪些方面对文化伦理观念发起了挑战。

从宏观层面而言，以“一键脱衣”“一键换脸”为代表的人工智能案例，触碰了人类生产生活伦理的三大底线。

（一）在终极价值层面挑战文明底线

文明是人类社会不懈追求的目标，也是人类社会不断进步和开化的标志。因此，文明的进程始终是在摒弃自身的丑陋、粗鄙，从而建构规范的伦理秩序。技术是推进人类文明进程的重要手段，但技术在创造巨大物质财富的同时，也以灾难性方式带来了各种社会政治问题。就人工智能而言，世界人工智能产业到 2025 年预计达 6 万亿美元，众多国家和智能企业以“AI+ 新型基建”卡位竞争日趋激烈，但“一键脱衣”依托人工智能算法创建生成的“裸照”却能轻易地将人类自己暴露于不文明的境遇：“一键”制造生成色情制品、“一键”推广和传播色情和淫秽内容、“一键”将个人隐私暴露于众目睽睽之下。可以说，人工智能是一把“双刃剑”，其负面效应正冲击着人类文明的底线。面对日新月异的技术迭代带来的负面效应，德国哲学家史怀哲发出这样的感慨：“让人感觉自相矛盾的是，我们在知识和权力上取得的进步并未让真正的文明进步变容易，

① ［美］理查德·A. 斯皮内洛. 世纪道德——信息技术的伦理方面·中文版序言. 刘钢译. 北京：中央编译出版社，1999：2.

② 马克思恩格斯选集（第 1 卷）. 北京：人民出版社，1995：775.

反而让其变难了。”[①] 因此，坚守人工智能时代的文明底线是保障人类能够享受技术所带来物质与精神成果的先决条件。

应予承认，色情与淫秽是任何时代社会生活中都存在的现象，是现代文明的毒瘤，对之加以批判和抵制是维护和构建文明和谐社会必不可少的内容。英国作家阿兰·德波顿认为：“就目前的情况来看，色情内容要求我们舍弃道德伦理、审美趣味以及知识理性，目的是要我们沉迷于完全没有理智的色欲。”[②] 而人工智能技术在“一键脱衣”应用程序中以最粗暴的方式“舍弃道德伦理”，冲击着文明的重要根基。所以全球封杀“一键脱衣”并非要抵制人工智能技术，而是遏制人工智能可能给人类社会带来的危险，完善社会自我调节机制，避免坠入文明和人性尽失的失乐园。

（二）在社会秩序层面挑战安全底线

安全是人类社会的基本秩序，也是一切伦理的基本要求和出发点。安全原则可以概括为一个道德禁令，即“首先，不要伤害”。“从人类学和比较伦理学的文献来看，我们没有听说过有这样的社会：它的道德准则不包含不伤害他人的禁令。关于‘伤害’或‘社会伤害’的具体概念可能不尽相同，校正和赔偿的模式也可能不同，但都含有这些禁令。”[③] 无论是互联网的虚拟空间，还是物联网的物理空间，在关键法律法规、行业准则乃至可控技术尚不明确的前提下，人工智能技术及其应用所产生的安全风险不容忽视。所以，尽可能地避免给他人带来不必要的伤害应是人工智能应用的首要伦理原则，也是人工智能应遵循的底线。

但是在“一键脱衣”“一键换脸”等案例中，对安全底线的挑衅以及对他人

① ［德］阿尔伯特·史怀哲．文明与伦理．孙林 译．贵阳：贵州人民出版社，2018：3–4.

② ［英］阿兰·德波顿．如何思考男人和女人．李海霞 译．济南：山东文艺出版社，2014：114.

③ ［美］理查德·斯皮内洛．铁笼，还是乌托邦：网络空间的道德与法律．李伦等 译．北京：北京大学出版社，2007：22.

的中伤，使人工智能成为众矢之的。这种安全风险一方面表现为人身安全风险，如“一键脱衣”的深度伪造“很容易被用于色情报复”，以至人们不免担心“AI换脸将成为色情报复的新武器”。欧洲刑警组织在《2019年网络有组织犯罪威胁评估报告》中指出以人工智能为基础的“深度伪造”（deepfake）犯罪将成为趋势，指出“虽然这项技术仍然相对较新，但它正在迅速改进，变得更容易获得和使用”。[①]2018年，印度女记者Rana Ayyub因报道印度暴乱的黑幕被不法分子利用人工智能“色情复仇”，韩国女团被人工智能合成的裸照勒索，都已彰显出人工智能技术对人身安全的威胁。另一方面，安全风险表现为信息安全风险。“ZAO-逢脸造戏App”之所以引起巨大争议，不仅在于其侵犯视频的版权，更在于其对用户上传置换的人脸照片与图片具有“完全免费、不可撤销、永久、可转授权和可再许可的权利”，这就意味着ZAO及其关联公司拥有用户人脸照片与图片的使用权，为用户个人信息安全带来了隐患。因此，维护人工智能应用的安全底线，树立正确的人工智能信息安全伦理观，才能最终确保人工智能行进在正确的轨道上。

（三）在公共关系层面挑战信任底线

伦理与信任是社会公共关系的纽带，每一种文化或产业都必须以信任为核心来构建自己的伦理框架。以人工智能为基础的人机互动将是社会发展的主要趋势之一，在向智能时代转变的宏观语境中，人与人工智能技术之间的信任，将取代人与人之间的信任，这种转变会逐渐在各种公共关系中突显出来，如大数据“依赖症”。而“一键脱衣”“一键换脸”的直接恶果是增强了人们对人工智能技术的不信任感。“一键脱衣”“一键换脸”凭借深度伪造技术，不仅能实现照片人脸置换，而且能实现对人语言和动作的模仿，制作并不存在的音视频，引发信任危机。尤其是随着人工智能在自动驾驶、医疗、安防、物流等领域的

① *Internet Organised Crime Threat Assessment(IOCTA)*. 2019:34. 来源：https://www.europol.europa.eu/activities-services/main-reports/internet-organised-crime-threat-assessment-iocta-2019.

渗入与融合，人们对人工智能的信任感将空前突显，而信任危机的存在也制约着人工智能技术的应用与推广。这种信任危机不仅仅是源自对技术本身的不信任，而是指人们的信息、喜好、选择等可能被某个或某几个拥有海量大数据的集团所掌控，进而引发人们对人工智能的本能性恐慌，即“我被人工智能所掌控”。因此，坚守信任底线，构建人机互信的公共关系，是促进人工智能同经济社会发展的深度融合的根本保障。

文明、安全和信任，是构建文化乃至相关产业的伦理基石。人工智能作为与现代互联网文化产业关系密切的技术支撑，在未来产业的融合和行业发展过程中，亦不能脱离和挑战文明底线、安全底线和信任底线。只有坚持正确的伦理观，人工智能才能在与文化的深度融合中，全面展开创新应用，构建起合乎人类社会健康有序发展的服务体系和产业生态链。

二、人工智能陷入“技术中立”原则的困境

以“一键脱衣”“一键换脸”为代表的人工智能应用，之所以能成为一个事件而引起轩然大波，在于其对传统伦理观念中文明底线、安全底线和信任底线的挑战，体现出人工智能在发展与实践中的伦理缺失。而究其本质，这些案例明显彰显出所谓“技术中立”原则在人工智能发展与实践过程中或隐或显的存在。

从技术发展史的进程来说，“技术中立”原则并非是新近才出现的判定标准。“在整个技术创新的历史中，技术巨匠们常常否认自己的道德责任。”[①] 如何认识技术在人类社会经济发展中的作用，始终关乎对技术应用的价值选择。20世纪中期以来，世界对技术究竟是“天使”还是“魔鬼”的探讨达到了一个新高度。对技术持有截然相反的认识态度，体现出人们对技术效应的不同理解，

---

① ［荷］西斯·J.哈姆林克．赛博空间伦理学．李世新 译．北京：首都师范大学出版社，2010：5.

而在认定技术的责任划分方面，“技术中立”都作为重要的原则为技术辩护。总体来说，“技术中立”原则鼓励技术创新，在内涵上坚持“功能中立、责任中立和价值中立”，[①] 在新技术的应用中，新技术的创造者和使用者也往往借用“技术中立”原则推卸自己的道德伦理责任。1984 年，“环球电影制片公司诉索尼公司案”可谓技术中立原则在司法责任认定中的充分彰显，该案判决认为“为了在家庭中‘改变观看时间’使用录像机录制电视节目构成对版权作品的‘合理使用’；索尼公司出售具有‘实质性非侵权用途’的录像机并不构成‘帮助侵权’”。[②] 此案确立的“技术中立”原则也为此后涉及技术侵权的案件频繁引证。在有关“一键脱衣”“一键换脸”等人工智能的实践与讨论中，“技术中立”原则成为人工智能相关应用的研创者为自己辩护的主要“利器”，其主要体现在功能、责任和价值等三个方面。

（一）技术研创环节强调功能中立

功能中立是从技术研创或生产层面坚持技术本身的功能性创新，强调功能本身的特性及其创新性，而忽略其可能存在的负面效应。在“一键脱衣”案例中，开发者声称“我的软件所能做到的，PS 早就可以做到。任何人都可以通过图片处理软件画出别人的裸照，我只是加快了这个速度”。[③] 把人工智能处理照片的功能与其他软件处理照片的功能相对等，只承认人工智能在相关功能处理速度方面的效能。对功能中立的强调，会造成片面侧重功能与技术的结合，彰显技术在社会经济生活中的决定性地位，最终功能的中立会导致科技知识的异化。“拥有超级智能后，人工智能会变成神一般的存在”“人工智能成为世界的统治者”等相关言论，常见于各网络媒体，尽管这些标题不免具有一定吸引眼

---

① 郑玉双．破解技术中立难题——法律与科技之关系的法理学再思．华东政法大学学报，2018（第 1 期）．

② 王迁．“索尼案”二十年祭——回顾、反思与启示．科技与法律．2004（第 4 期）．

③ 一键定制脱衣照软件疯传网络：每个人都会成为受害者．来源：https://new.qq.com/omn/20190814/20190814A06LFV00.html.

球、引流量的噱头，但也体现出整个社会或业界对人工智能功能绝对推崇的倾向，彰显了社会的“技术性”特征和“技术性”需求。而一旦社会的一切“需求”得到技术的“充分关照”，那么语言、消费、生活、认识等各领域均会成为被技术“设计”的对象，为人常知的“大数据杀熟”已展现出现代互联网智能信息技术对人们日常生活的“掌控”。

（二）程序运行环节强调责任中立

责任中立是从技术程序运行层面坚持技术功能与实践后果的分离，即技术的创制者并没有主观作恶的意图，因此，不必承担技术作用于社会所产生的负面效果。上述提及的“环球电影制片公司诉索尼公司案”中录像机的自主录制，以及“泛亚诉百度音乐盒侵权案”中百度音乐盒歌词搜索服务，“快播涉黄案”中缓存技术等事件，被诉方均以“技术中立”为原则为自己辩护。“一键脱衣”案例中开发者一再声称“自己只是一个技术爱好者，并不是偷窥狂”，创造这套算法的主观意图只是“为那些真实存在过的理念深深着迷”，[①] 即使生成的裸照也会“打上‘FAKE’字样的水印，表示这是假的图片”。[②] 而“一键换脸”的“ZAO- 逢脸造戏 App”则更是在协议第 7 条第 7 款中明确写明：“若您侵害他人名誉权、肖像权、知识产权等合法权利的……ZAO 可以诉诸行政执法机构或司法机关，追究相应法律责任。若因您违反本协议或 ZAO 平台的其他规则导致任何第三方损害的，您应当独立承担法律责任并承担损害赔偿责任；ZAO 及其关联公司遭受损失的，您也应当一并赔偿。”[③] 易言之，如果用户使用“ZAO- 逢脸造戏 App”被人起诉侵犯他人肖像权，与“ZAO- 逢脸造戏 App”本身的技术无

① 程序员研发可以一键生成任何女生裸照的软件，并称自己只是技术爱好者，不是偷窥狂．来源：https://m.sohu.com/a/324494682_185282.

② 一键“脱衣”！1 秒让图片变裸照，这个 APP 有点可怕！．来源：https://dy.163.com/article/EJ9BG5HV0511ADD3.html.

③ 李明子．AI 换脸：人工智能的一场裸奔．来源：http://www.fx361.com/page/2019/0920/5568889.shtml.

关，侵权并非“ZAO-逢脸造戏App”的主观意图，更无须负相关法律责任，造成侵权或负法律责任的是软件本身的用户。可以说，以上诸种案例将程序应用的技术设计、数据收集、内容处理、产品生成等流程与实践后果直接分离，坚持所谓的“责任中立”，实质上是一种行为“甩锅”，忽略了技术本身作为一种具有工具性和目的性的编码系统在社会经济发展中的中介作用。

（三）社会效益环节强调价值中立

价值中立是从技术的经济社会效益层面表现出不以营利为目的，或表面上呈现出不能盈利的表象。有论者认为：“技术的价值涉及一个变动的和无法穷尽的评价领域，合理的价值判断需要适当的价值理论和方法论。”[①]这也意味着衡量人工智能价值的标准多种多样，判断标准不同所得的结果也不尽相同。在所有价值标准选择中，经济上是否谋利是最为常用的标准之一，而这一价值标准在“一键脱衣”“一键换脸”案例中也最能体现其所谓的“中立性”。“一键脱衣”的开发者声称：“我们不希望靠这个赚钱。”[②]直接言明“一键脱衣”不以营利为目的，不以追求经济价值为诉求，回应“自己只是一个技术爱好者”“为那些真实存在过的理念深深着迷”。而一键换脸的“ZAO-逢脸造戏App”开发者尽管有以此增加营收的目的，希望“以ZAO等六款社交产品，拉动用户增长，给营收注入强心针”，[③]但却在其微博“ZAO官方助手”不断“卖惨相”。2019年8月30日官微推送：“这个月花700万租的服务器，今晚已经消耗1/3。明天如果继续火爆，我们只能做严格一些的限制。”[④]8月31日官微推送：“服务器现在

---

① 郑玉双. 破解技术中立难题——法律与科技之关系的法理学再思. 华东政法大学学报，2018（第1期）.

② 一键“脱衣”！1秒让图片变裸照，这个APP有点可怕！. 来源：https://dy.163.com/article/EJ9BG5HV0511ADD3.html.

③ AI换脸ZAO这一波赚了多少钱？官方：烧了700万. 来源：网址：https://www.sohu.com/a/338149793_119892.

④ “ZAO官方助手”微博. 来源：https://weibo.com/zaoplay?is_all=1.

还是满负荷，心累……”[①]“卖惨相”虽然有与用户互动的色彩，但在文字内容上却传达出运营不易、入不敷出的信息，消弭了其在经济效益上的价值追求。其实，无论是“不赚钱”还是“卖惨相”，都是在经济价值效果上有意为自己标明“价值中立”的手段，以抵制人们对其做出道德伦理的评判，进而将技术本身与社会生活实践割裂开来。

整体而言，“功能中立”“责任中立”和“价值中立”在技术的研创、运行和效益三个层面为“技术中立”原则提供了伦理架构和合法性辩护。其实无论是哪种维度，相关案例中人工智能的研创者无不是在把人工智能技术从社会生活实践中脱离出来，将其视为一个纯粹的、脱离社会经济实体的变量，“工具—独立”成为“技术中立”原则始终坚持的出发点和立足点。

那么，在“工具—独立”的整体导向下，有意或无意忽视信息技术作为社会秩序重要组成部分的存在，就会成为一种现实。但是，世界是相互关联的，技术不可能脱离社会生产生活实践，尤其是万物互联的时代，人工智能也将以前所未有的速度融入并影响我们的生活。马尔库塞认为：“技术的‘中立性’的传统概念不再能够得以维持。技术本身不能独立于对它的使用；这种技术社会是一个统治系统，这个系统在技术的概念和结构中已经起着作用。”[②]因此，应在社会经济的整体语境中思考人工智能与经济社会发展的复杂关系，而不是回避人工智能植根于决定其社会应用的制度安排之中的现实，更不应轻视技术在整个社会经济生产方式和文化生活方式中所发挥的作用和应负的道德伦理责任。恰如哈姆林克所指出：“是否会利用信息通信技术的潜力来支持人类发展，这更取决于对技术的制度组织，而不是其技术特性本身。”[③]某种程度上，人工智能技术实际的社会使用受政治经济社会文化制度总体性安排的影响，因此“一键脱衣”“一键换脸”等案例暴露出对“技术中立”原则的坚

---

① “ZAO官方助手”微博．来源：https://weibo.com/zaoplay?is_all=1.

② ［美］赫伯特·马尔库塞．单向度的人．刘继 译．上海：上海译文出版社，2008：6.

③ ［荷］西斯·J.哈姆林克．赛博空间伦理学．李世新 译．北京：首都师范大学出版社，2010：25.

持，实是当今社会日益把科学技术作为纯粹追求目的、提升效率手段的集中体现。

三、以“技术有责”为核心的人工智能伦理

人工智能是一种社会性存在，受社会整体政治经济文化制度总体性安排的制约，因此，摒弃“技术中立”原则的认识导向，树立“技术有责”的总体理念，既是人工智能技术及其相关产业的伦理诉求，以尽可能杜绝“一键脱衣”“一键换脸”等不良现象引发的人们对人工智能的抵制与质疑，也是推进人工智能与其他产业深入融合赋能“万物互联”的重要保障。

所谓构建以“技术有责”为核心原则的人工智能伦理，是把技术建立在社会经济文化发展活动的基础之上，强调伦理道德是互联网空间的终极管理者，并依据具体的历史文化传统、风俗习惯、行业规范、法律法规以及美德，对具体情境中的技术产生的后果进行有责认定。“技术有责”原则强调技术与社会生产生活、改善民生之间的互动关系和紧密联系，伦理责任的选择与认定也是一个反复和动态的过程，依据时间、空间以及技术实现条件的变化而变化。整体而言，“技术有责”是与“技术中立”相对的概念，其具体内容包含生产关联、运行关联和效应关联等三个层面的指向。

（一）生产关联责任

生产关联责任是从技术研创角度，强调研创者的生产动机对技术本身所负的责任，这也是构建伦理规范的一个重要组成部分。技术研创是社会再生产的起点，决定着技术产品的传播、应用等。技术是人类创造的直接结果，反映人类科技进步和社会经济发展水平。生产关联责任侧重生产研创的合目的性与合法性，从伦理角度规范技术生产主体的行为及其应肩负的责任，集中体现为生产研创者主体的道德伦理修养。爱因斯坦认为：“在我们这个时代，科学家和

工程师担负着特别沉重的道义责任，因为发展大规模破坏性的战争手段有赖于他们的工作和活动。”[①] 因此，技术的生产研创主体有“沉重的道义责任”在合乎一般社会道德伦理规范的框架内进行技术研发。在“一键脱衣”的案例中，DeepNude 开发者公开回应表示：“我不做，别人也会做。”[②] 这一回应明显体现出开发者以一种自我安慰、自我放逐和自我麻痹的方式对待人工智能技术，忽视自我的关联责任，由此，也就不难理解为何“一键脱衣”会受人诟病。所以，“技术有责”强调技术创造者与技术本身之间的关联责任。“由技术支持的非正式社会控制能够为网络行为提供公平有效的规范，但是，其前提是代码的编制者和使用者对他们的行为负责。”[③] 技术研发者对研发行为负责，有助于从源头上规避技术给人类带来的负面影响。所以，在“技术有责”原则框架之下，构建围绕个人、团队，以公共利益、专业信誉、安全健康等为准则的伦理规范，以使人工智能开发者在面临标准冲突时，为开发者运用道德判断做出符合伦理准则与专业实践行为选择提供依据。

（二）运行关联责任

运行关联责任是从技术产品本身的角度，突出技术产品在启动、收集、筛选、操作、处理、生成和推荐相关信息时应肩负的责任。产品运行层面的“技术有责”原则，强调产品运行的公正、公平和公开性，不能侵犯他人隐私，不能损害他人利益。对于人工智能而言，运行关联责任的主体是智能算法，其核心是构建算法伦理。算法是实现人工智能的核心方法，而“‘算法伦理’通过将伦理道德嵌入算法当中，以此建立负责任的算法，从而使算法实现社会价

---

① ［美］爱因斯坦．爱因斯坦文集（第 3 卷）．许良英、李宝恒、赵中立、范岱年 编译．北京：商务印书馆，2017：333.

② AI 一键脱衣后续：原软件被狂骂下线，但网上出现了更多开源版本．来源：https://www.sohu.com/a/325447307_100213241.

③ ［美］理查德·斯皮内洛．铁笼，还是乌托邦：网络空间的道德与法律，李伦等 译．北京：北京大学出版社，2007：44.

值，帮助人类进行正确的决策”。[①] 某种程度上，在算法中预设了怎样的价值观和利益诉求，人工智能就会做出怎样的选择判断。在实际的操作中，这种价值观和诉求体现为设计者本人所具有的不可避免的前见和偏见，于是设计者在没有恶意的前提下就会导致数据结果出现一定的偏好或歧视。“Facebook 偏见门事件”“滴滴打车大数据杀熟”等，就是根据记录和收集到的数据而对用户实行的选择歧视行为。可以说，以算法为核心支撑的人工智能并不是绝对可靠，而这也严重动摇人们对算法和数据的绝对信任，因此“技术有责”原则强调运行关联责任，就是防范算法黑箱的潜在风险，促进算法的透明化设计。

（三）效应关联责任

所谓效应关联责任，是指技术必须为技术产生的后果负责，不能把技术作为纯粹工具与其带来的后果割裂开来。因此，在这个层面上，效应的内涵和外延已超过前文述及的“价值中立”中“价值”的涵盖范围，而是泛指一切可能造成的结果。在已经发生的许多案件中，涉案对象都企图通过“技术中立”原则而逃避给社会带来的不良影响，认为需要规范和修正的只是利用技术手段或要实现的目的。“一键脱衣”事件中开发者无视其给社会带来的巨大风险和隐患，却以遗憾的口吻说，“世界还没做好迎接它的准备”。[②]“百度魏则西事件”中，百度认为搜索结果的排序是由计算机系统综合质量度、信誉评价等因素计算得出的，非百度刻意为之。但人工智能的发展根植于具体的社会情境，为时代政治经济文化制度的总体性安排所决定。因此，人工智能的效应关联责任也必须在具体的社会情境中根据其造成的具体效应进行责任认定，即“技术有责”不仅要关照技术的功能运行，也应兼顾其所产生的社会影响。

“技术有责”原则应是人工智能未来遵循的规范，而生产关联、运行关联和效应关联为“技术有责”构建起一个可参照的操作性方案，这一原则的树立与

---

① 郭林生、李小燕. “算法伦理”的价值基础及其建构进路. 自然辩证法通讯，2020（第 4 期）。

② 王嘉兴. 裸照一键定制 人神共愤. 中国青年报，2019-08-14.

实施有助于确保把技术滥用的危害降低在最低限度。但是需要指明的是，任何道德伦理的选择都没有一个理想或绝佳的方案，任何道路伦理的选择都是可以被质疑的。人工智能是复杂的，这种复杂不仅在于人与技术的辩证关系是永恒的话题，更在于当今时代人工智能的爆发得益于人工智能自身的深度学习使其具有了自我构建逻辑的能力。2017 年 Facebook“AI 语音失控”事件已给我们以警醒：构建“技术有责”的人工智能伦理观已迫在眉睫。

四、在文明对话中构建世界人工智能的伦理向度

人工智能已成为一个世界性的话题，作为引领新一轮科技革命和产业变革的战略性领域，人工智能所产生的问题、潜在的危险也是世界性的。因此，“至关重要的是在网络空间中传承卓越的人类的善和道德价值，它们是实现人类繁荣的基础”。[①] 但是，“一键脱衣”引起全球集体封杀，IBM 展示新创 AI 病毒（DeepLocker）引发全球不安，彰显出世界之间的关联在互联网信息科技的推动下比以往更为紧密，也更为脆弱，人类命运在人工智能赋能“万物互联”的时代将更加攸关。人工智能“技术有责”的伦理观，虽是以技术为依托，但实则在检验全人类与人工智能的辩证关系，拷问世界应建立一种什么样的文明观。因此，开启文明对话，构建世界人工智能的伦理向度，寻找能够最好地符合各方利益和原则的伦理分歧解决方案，是最大可能发挥人工智能作用的重要途径。

（一）开启文明对话，在文化认同上增进人工智能伦理的共同价值

技术的进步与革新，常常伴随价值观的变化，而价值观本身对新兴技术的主观态度也常常能影响技术发展、应用和迭代的进程，所以在这个意义上，人

---

① ［美］理查德·斯皮内洛. 铁笼，还是乌托邦：网络空间的道德与法律. 李伦等 译. 北京：北京大学出版社，2007：44.

工智能的推进与在价值观层面上对人工智能的认同密不可分。2019 年谷歌 AI 外部伦理专家委员会仅成立一周就被迫解散，就是源于谷歌员工担忧委员会个别成员的政见会影响伦理原则的制定。卡斯特认为：因为“文化运动（在以捍卫或计划详细的生活方式和意义的运动这一点意义上）是围绕通讯制度而构建的——本质上是因特网和媒体——因为他们是主要方式，利用这些运动可以影响那些坚持他们价值观的人，并以此在整体上影响社会良知。”[①] 这也就意味着，在人工智能应用成为不可回避的时代趋势语境下，围绕人工智能开展跨越学科、阶层、行业、组织乃至更为广泛的文明对话，有助于人工智能伦理原则的制定。

为了应对人工智能带来的发展机遇和伦理挑战，世界各国纷纷出台相关的规划或法案。2017 年中国发布《新一代人工智能发展规划》，提出建立和完善法律法规、伦理规范和政策体系。2018 年，欧盟委员会发布《欧盟人工智能》，提出建立适当的伦理和法律框架，应对人工智能和机器人带来的技术、伦理、法律等方面的挑战。2019 年，美国启动“美国人工智能倡议”，提出制定一套可靠有效的人工智能体系技术标准。2019 年，日本出台《人工智能战略 2019》，提出制定并应用人工智能伦理规范。各个国家对人工智能伦理规范的制定，有助于人工智能技术及其相关产业的发展，但也不可否认，各个国家的伦理规范会因各自国家文化传统和行业水平的不同而有所差异，而这种差异必将会导致未来对某些人工智能风险的防范或认识存在价值观上的分歧。这种分歧在中美针对“信息技术（IT）产业政策”的认识上已见端倪，美国认为中国发展信息技术（IT）产业的政策，“将给美国的 ICT 企业带来显著的负面影响”。[②] 由此可以预见，未来关于人工智能政策、产业和伦理原则制定等层面，由价值观、意识形态所造成的各种分歧可见一斑。

所以，在更广泛的范围内，开展有关人工智能伦理的文明对话，切实降低

① ［美］曼纽尔·卡斯特．网络星河：对互联网、商业和社会的反思．郑波、武炜 译．北京：社会科学文献出版社，2007：153.

② 张程．中国要害部门或弃用国外 IT 产品 美企促政府施压．来源：http://www.cankaoxiaoxi.com/world/20150207/657550.shtml.

因学科、行业、组织、国家在价值观、意识形态、认知方式等层面存在的差异，是最大限度地实现人工智能伦理认同的重要基础。而在一个更加开放而不封闭、一个尊崇平等而不是霸权的语境中，开展文明之间的对话不仅不会导致唯一可以选择接受的伦理标准，反而能够增强伦理原则制定与选择的透明度和认知度，夯实共同价值，以共同应对人工智能带来的挑战。

（二）开启文明对话，在交流互鉴中增强人工智能伦理的共同治理

共同治理是全球互联网治理的重要变革方向，尤其在世界范围内互联网互联、互通的时代背景下，加强互联网应用领域的共同治理，是保障互联网文化及其相关产业有序发展的重要条件。人工智能的发展全球瞩目，但绝大多数国家及其相关企业针对 AI 治理的探索均处在初始阶段。互联网时代的人工智能作为一项极其具有颠覆性的技术，其领域内的任何一项创新一旦取得突破，其应用就会迅速传播到全世界。如“一键脱衣”的开发者迫于压力下架该软件，但仅一周后网络上就出现了更多开源版本，某种程度上“封杀”导致该算法在世界各地的进一步传播。此外，很多人工智能的探索分布在世界各地，各地凭借各自的技术优势打造了不同的实验场景和典型案例，这意味着，人工智能探索性实践中可能产生的伦理风险被不同的实验室、企业、专家、政府所掌握。所以，共同治理并不是要求所有国家采取单一的手段规范行业发展，而是在集思广益、交流互鉴中充分把握人工智能所带来风险的各种可能性。

但是，各个国家或企业在缺乏必要和高效互动的前提下，依据独立发现而构建的伦理准则就是不全面的，因此，各个国家和地区也越来越难以独自应对世界级的风险和挑战。互联网带来的挑战是全球性的，2019 年联合国发布全球数字经济未来发展纲领性报告《数字相互依存的时代——联合国数字合作高级别小组报告》指出，当前世界在互联网共同治理层面存在六个方面的障碍：（1）尽管数字技术和数字合作问题对社会的影响越来越大，但在许多国家、地区和全球政治议程上，它们的地位仍然相对较低；（2）诸如技术机构和标准制

定组织之类的数字合作安排通常不包括小的发展中国家、土著社区、妇女、年轻人和老年人以及残疾人;(3)涵盖数字政策问题的大量机制之间存在高度重叠;(4)数字技术越来越多地溢出由独立机构制定的政策领域;(5)实际政策干预缺乏可靠的数据、衡量标准和证据为依据;(6)政府、民间社会和私营部门之间缺乏信任——有时缺乏谦卑和对不同观点的理解——会使建立有效的合作机制所需的多方利益相关者协作方法更加困难。[①] 这些障碍针对的是世界各个国家，而跨越这些障碍则需要开展更为广泛的文明对话，制定包含共同的价值观、原则、理解和目标的伦理原则。所以，完善世界人工智能乃至更为广泛的数字合作框架，构造适用的新共同治理体系，以尽可能地平衡更多利益攸关方的利益，是实现人工智能以及一切互联网内容和相关产业可持续发展的关键。从世纪之交的“千年虫”，到2017年席卷全球至少150个国家的病毒勒索案，无不突显出共同治理的重要性。这在一定程度上也解释了各类人工智能乱象在世界各地呈现出分散式、浪潮式多发的缘由。所以，开展各领域的文明对话，有助于在世界范围内形成更高效的伦理治理模式。

事实上，文明的对话始终处于进行中，人工智能伦理的共同价值和共同治理是推进人工智能的终极目标，同时它也构成了文明对话的一个重要内容，因此，人工智能的乱象治理和伦理建构也必将是一个渐进和动态的过程。面对人工智能乱象的焦虑和伦理建构的努力，技术与时间、空间的联系显得愈加紧密，技术“工具—独立”的视角已不再适宜，因此当人工智能融入社会经济文化的生产生活之时，技术的责任和道德并不能消逝，而应成为规范人工智能发展不可或缺的要素。

---

① *The Age of Digital Interdependence*: *Report of the UN Secretary-General's High-level Panel on Digital Cooperation*. 22-23.

第十五章

互联网文化新业态的秩序失范与行业治理

——以 50 个全国首案为分析对象

互联网文化新业态领域出现的产业乱象，扰乱了正常的产业发展秩序。检索出的50个全国首案，可集中概括为行业数据造假、侵犯知识产权、私服外挂侵权、敲诈勒索犯罪、不正当交易、不正当竞争、盗窃、涉黄赌毒、违反文化伦理等9大类30小类。这些案例以知识产权侵犯为重点，短视频、直播是行业重灾区，线上和线下交织是重要趋势，多集中在东部互联网产业的发达地区。在产业乱象的治理中，存在“发现难”“取证难”“追查难”“执法难”等突出问题，这就需要在不断加强互联网领域立法、修法和释法，落实互联网平台的主体责任，加强执法部门与互联网平台的协作，加强对互联网新治理技术的应用等多个方面，进行产业乱象治理的探索，提升互联网文化新业态的治理水平。

互联网文化新业态是现代市场体系和现代产业结构中的重要组成部分，在具体的产业实践中，互联网文化新业态紧紧依托互联网，通过与文化、科技的融合，发挥着改造传统产业和推动产业升级的重要作用。但是，伴随着互联网文化新业态的迅猛发展，各种产业乱象频出，严重扰乱了正常的产业发展秩序。因此，从管理的角度加强对互联网新业态秩序的监管、治理与规范，推动互联网文化新业态步入健康、有序的轨道，是实现互联网文化产业高质量发展的必要条件。由此，明确产业乱象的具体表现就成为实现互联网文化新业态秩序治理的重要前提。

基于此，本文检索和筛选出2015年1月—2019年11月发生在互联网文化新业态领域的50个案例，这些案例不仅是均被公安机关破获、法院审理或相关执法部门查处的真实案件，而且同属全国首案/第一案。选择互联网文化新业态领域的50个全国首案/第一案作为本文的分析对象，既是要用首案/第一案的特殊性说明互联网新业态发展过程中出现的新问题、新挑战，具有一定的代表意义；又要用这些鲜活的案例明确新业态产业乱象的具体类型、呈现内容及破坏产业秩序的形式，以避免在涉及产业乱象时陷入概论式“语焉不详”“泛泛而指”的境遇。不可否认，基于笔者的理论视野、检索方法等原因，所筛选和使用的案例可能会存在某些遗漏或偏颇，但即使如此，对50个案例的分析仍能反映某些或者局部存在的现象和问题，能为互联网文化新业态乱象的秩序治理提供一些可参考性的构想和建议。

一、互联网新业态产业乱象的类别及表现

互联网文化新业态是围绕现代互联网科技而涌现出的新行业，及其以互联网为核心而构成的一整套文化生产系统，其内容涉及生产、传播、营销和消费等各个环节。因此，破坏互联网产业经济发展秩序和危害互联网文化产业健康发展的各种乱象，分散在互联网经济运营的各环节和阶段。从破坏产业发展秩序的表现形式来看，产业乱象可以集中概括为以下 9 种类别。

（一）行业数据造假

互联网与各领域的融合发展，推动了大数据时代的到来。互联网文化新业态的运营交易，不仅在各个环节产生了海量的数据，也使得数据成为产业发展的重要资产和评判标准。在大数据时代，“数据的价值从它最基本的用途转变为未来的潜在用途。这一转变意义重大，它影响了企业评估其拥有的数据及访问者的方式，促使甚至是迫使公司改变他们的商业模式，同时也改变了组织看待和使用数据的方式”。[①] 而为了达成人们对商业活动者的高价评估，吸引消费者的眼球，以暗刷流量、刷单为主要内容的数据造假便成为破坏行业秩序的一种方式。

数据造假检索出 5 个案例，从案例来看，尽管同属暗刷流量和刷单这一称谓，但却有不同的内容形式。（1）游戏或视频刷流量误导消费者。首例“（游戏）暗刷流量案”和“爱奇艺视频节目刷流量案”都是通过不法手段提升视频的点击量，以吸引消费者关注游戏或视频节目。（2）刷单逃避税费。“跨境保税仓刷单案”在跨境电子商务网购的过程中，通过刷单，将进口商品数额“化整为零”，以达到逃税漏税的目的。（3）刷单“提升”电子商家好评率，进行不正

---

① ［英］维克托．迈尔 – 舍恩伯格、肯尼斯 · 库克耶．大数据时代：生活、工作与思维的大变革．盛杨燕、周涛 译．杭州：浙江人民出版社．2013：130.

当竞争。“组织刷单入刑”第一案和“电商起诉刷单平台不正当竞争”均涉及以淘宝为当事人的电子商务平台，“零距网商联盟”网和“傻推网”以虚假购买的刷单方式，提升某些商家的成交率，对其他商家构成不正当竞争。以暗刷流量和刷单的方式所产生的虚假数据，不仅污染平台数据，不利于有效挖掘大数据的商业价值，有损电子商务平台本身的信誉和竞争力，而且数据行为本身违背商业发展的诚信原则，严重扰乱市场秩序，危害国家税收和正常的行业发展。也正因为此，“组织刷单入刑”第一案中相关责任人应负的刑事责任才格外引人注目。

（二）侵犯知识产权

互联网文化产业与知识产权制度联系紧密，健全的知识产权制度不仅是现代文化市场体系的重要保障，也是推动互联网文化产业健康快速发展的重要基础。涉及侵犯知识产权的案例共12个，从侵犯知识产权的具体内容来看大致分为版权、著作权和专利等。从类别来看，这些案例又大致分为以下3个类别：（1）视频直播侵权，包括“腾讯诉游戏玩家直播《英雄联盟》案”“广告使用短视频侵害著作权案”“《奇迹神话》游戏画面抄袭案”“‘伙拍小视频’侵权案”“‘补刀小视频’视频侵权案”、电竞赛事网络直播纠纷案等，在视频传播中侵犯他人著作权。（2）文字/图像侵权，包括“‘微信红包’和‘微信表情’著作权纠纷案”“人工智能生成内容著作权案”、微信号盗版电影侵权案、“微信小程序内容侵权案”“‘橙子VR’App传播盗版影视作品案”等，利用互联网传播手段或在载体中侵犯他人的文字/美术作品著作权。（3）技术软件侵权，包括“棋牌游戏侵权案”等，涉及技术专利和技术源代码侵权。这些案件分布在短视频、游戏、电竞、微信、输入法、人工智能等多个新业态领域，侵权的主体及其手段或方式也日益多元。从整体上来说，各类侵犯知识产权的“山寨”商品泛滥，无疑会使运营在正常轨道上的互联网文化新业态利益受损，进而影响健康产业秩序的建构。

（三）私服、外挂侵权

私服和外挂是多出现在网络动漫游戏领域的侵权行为，所谓私服，是指未经动漫游戏的版权拥有者授权，通过非法手段获得服务器端安装程序之后设立的网络服务器，而外挂是通过修改游戏数据而为游戏玩家谋取利益的作弊程序或软件。从本质上讲，游戏私服和外挂是侵犯游戏著作权的一种违法行为，属于知识产权监管的范畴。但是需要指出的是以私服、外挂为手段的侵权形式正在向网络游戏之外的其他领域扩展。

从检索出的6个案例来看，以私服、外挂为手段的侵权分布在以下3个领域：（1）网络游戏类，包括"《王者荣耀》游戏外挂的入刑案""《绝地求生》外挂制作、传播案""利用架设《魔兽世界》私服非法营利侵犯著作权案"等，这类案件主要是通过制作并销售外挂、架设私服谋取不正当利益。（2）视频直播类，包括"网络直播人气外挂案"，这一案例主要围绕斗鱼，通过销售"京广高速自动更新斗鱼TV人气软件"为斗鱼TV用户提升人气牟利。（3）生活应用类，包括"滴滴抢单作弊器案"、制作并销售"抢红包外挂软件"案，通过外挂软件修改服务器数据或正常操作流程。这类案件的共同特点是针对时下最流行的互联网产品，《王者荣耀》《绝地求生》《魔兽世界》等游戏，以及斗鱼、滴滴等应用平台，在当下都极具市场影响力。私服、外挂正是通过非法手段侵入、非法控制这些互联网平台的计算机信息系统程序，破坏游戏或应用的操作规则牟取暴利。这种非法侵入是对游戏、应用乃至产业发展公平原则的践踏，因此"开挂的人生"尽管"无人能敌"，但却是产业发展的"毒瘤"。

（四）敲诈勒索犯罪

敲诈、勒索是以非法占有为目的，使用恐吓、威胁或要挟的方式非法占用或占有他人财物的行为。敲诈、勒索的对象广泛、形式多样，在互联网新业态领域，检索出的敲诈勒索犯罪案例有4个，主要体现为以下3种类型：（1）以植入勒索病毒的方式敲诈勒索，包括"微信支付赎金勒索病毒案"，通过研发木马病毒并采用“供应链感染”的方式向被感染用户勒索赎金。(2)以极限词敲诈勒索店商，包括“利用极限词敲诈勒索入刑案”，利用《广告法》对极限词界定的漏洞勒索淘宝电商。(3)以互联网维权机制敲诈勒索，包括“O2O新型刷单诈骗案”“利用互联网维权机制敲诈勒索案”。两个案例都是运用互联网本身的维权机制，对美团网、大众点评和淘宝的商家进行诈骗。以上敲诈勒索的内容与种类，充分显示出敲诈勒索已蔓延至互联网领域，且敲诈勒索的手段充分使用了互联网技术，同时，法律层面的漏洞也为不法分子提供了可乘之机。

(五)不正当交易

不正当交易是指在商业交易活动中违反公认的商业道德、市场规则、商业诚信以及商业法律法规等规定的行为。与敲诈勒索相似，不正当交易也存在于多个领域，呈现形式也因具体案例的不同而存在差异。就检索出的3个相关案例而言，不正当交易集中体现为以下3种类型:(1)数字币提取窗口关闭而引发的交易纠纷，体现为“比特币分叉引发投资者诉交易平台案”，这一案例引发对数字币价值的思考。(2)购买数字币设备不履行交易合同，体现为“比特币‘挖矿机’纠纷案”，这一案例引发人们对买卖比特币“挖矿机”是否涉嫌违法的讨论。(3)未成年交易的监管与保护，体现为“未成年人起诉腾讯游戏公司案”，这一案例的起诉者认为腾讯公司未能尽到对未成年游戏用户有偿交易的监管。从总体来看，不正当交易虽然易于认定，但值得注意的是不正当交易正在向互联网领域渗透，而且随着越来越多的未成年人进入互联网领域，如何引导未成年人正确使用互联网，加强在网络支付领域对未成年人的监护成为互联网管理的重要话题。

(六)不正当竞争

不正当竞争是通过不正当途径获得市场优势，损害其他经营者的合法权益，扰乱和侵害社会经济秩序的行为。尽管不正当竞争是市场经济发展中常出现的一种现象，但它破坏了市场主体公平竞争的原则，损害了有关经营者的合法利益。

涉及不正当竞争的案例有7个，代表了5种不同的类型。（1）控制市场行为，干预入驻电商选择。包括“四川美团强制商家二选一案”，该案的价值在于它是新《电商法》实施后由执法部门查处的第一案。（2）新技术手段实施侵权引发的不正当竞争，包括“淘宝公司诉美景涉‘生意参谋’零售电商数据平台不正当竞争案”，该案中淘宝认为美景公司获取淘宝“生意参谋”数据产品中的数据内容，获取利益，涉及不正当竞争，此案也是首例大数据产品不正当竞争案。（3）非法使用他者信息，涉嫌“搭便车”，包括“脉脉非法获取微博用户信息案”“北京瑞平国际拍卖行有限公司诉搜房公司‘搜房拍’仿冒企业名称与虚假宣传不正当竞争案”等，两个案例均涉及使用他者信息。（4）线下业务扩展到线上引发的不正当竞争纠纷，包括“‘短融网’诉‘融360’商业诋毁案”“百度智能搜索广泛匹配推广模式案”，两案均有线下业务，但纠纷均在线上的商业排序。（5）通过“挖角”损害其他经营者利益，包括“斗鱼诉全民TV平台播放‘炉石传说’游戏解说作品案”，此案中全民TV平台通过挖视频主播的方式获得相关作品的直播权，成为全国首例网络主播跳槽案。

竞争是市场经济的基本特征，但为了牟取利益而采取的不正当竞争，则有违市场主体的基本行为规范。从以上7个案例来看，不正当竞争作为一种复杂的社会经济行为，涉及的领域和范围不断扩大且形式、手段、方法与目的多样，彰显出维护市场公平交易与公平竞争的艰巨性。

（七）盗窃

盗窃是以非法占有为目的窃取他人财物的行为。互联网新业态在发展过程中，也出现了通过盗窃影响产业健康发展的现象。检索出的5个案件大致体现为以下4种类型:（1）盗窃信息，包括“‘爬虫’技术侵入计算机信息系统抓取数据案”“‘快啊’打码平台侵犯公民个人信息案”等，通过互联网科技非法获取他人信息。（2）盗窃信用，包括“盗用他人支付宝账号芝麻信用牟利案”，把信用诈骗推上风口浪尖。（3）盗用管理权限，包括“盗窃‘英雄联盟’游戏网吧‘特权服务’案”。（4）盗窃物品，“比特币盗窃案”把虚拟货币的价值凸显出来。从这些案例不难看出，互联网语境中的盗窃，已与一般理解的盗窃显著不同，互联网语境中的盗窃更多的是依靠技术手段，盗窃和非法占有的是事物的无形价值，盗窃的内容和形式在新语境中有了新的演变。

(八)网络涉黄赌毒

网络涉黄赌毒是违反互联网产业秩序的常见形式，作为一种产业乱象，不仅危害产业发展本身，而且严重毒化社会风俗，造成的社会影响极为恶劣。检索出与网络涉黄赌毒相关的案例共5例，按类别大致分为涉黄、涉赌、涉毒3种。(1)利用直播平台涉黄，包括"'桃花岛宝盒'聚合直播平台等传播淫秽物品牟利案""LOLO直播平台传播淫秽物品牟利案""'Peepla'网络直播平台传播淫秽色情信息案"等，传播色情淫秽等不良信息。(2)利用网络平台涉毒，包括"'名流汇'视频聊天平台涉毒案"，此案也是破获的全国首例"非法利用网络信息涉毒案"。(3)利用网络平台涉赌，包括"微信红包网络赌博案"，该案假借抢红包之名进行网络赌博，形式隐蔽。整体而言，网络涉黄赌毒犯罪成本低，传播速度快，影响范围广，增加了取证难度。

(九)违反文化伦理

互联网新业态的发展应遵循一定的规则和伦理秩序，但违反一般文化伦理的事件也时有发生。从检索出的3个案例来看，这类案件包括3种类别。(1)侵犯名誉，包括"'诉讼服务群'微信踢群案"，该案中被微信群主踢出者认为名誉权受到侵犯。(2)非法使用网络信息，包括"PUA情感操控案"，通过网络向平台用户传播搭讪、骗财、自杀等经验和技能。(3)刻意隐瞒个人信息，包括"水滴筹平台大病众筹纠纷案"，该案筹款人隐瞒个人名下财产进行网络筹款并挪用款项。以上3类案件，从不同层面违反社会公认的基本道德准则，是应抵制的不良行为。

从整体来说，以上9大类30小类50个案件，展现出互联网新业态领域产业乱象的具体内容和形式，它不仅涉及互联网平台这一基础设施，也涉及生产主体、传播渠道、消费主体等有形实体，更涉及信用、名誉、权限等无形资产。某种程度上，把 50 个案例分为 9 大类 30 小类，各类别之间存在一定的重复或交叉，这是由案件本身的复杂性所决定的，这也体现出互联网新业态的产业乱象或案例本身违反的并不是某一个纯粹的法律规则、道德准则，而是同时触犯多条法律和道德的“底线”，这就为从多角度审视产业乱象本身提供了可能。

二、互联网新业态产业乱象的特征及趋势

互联网新业态的产业乱象，体现出互联网新业态在快速发展过程中渗透着逐利与浮躁的心态。尽管各类违法乱纪的现象层出不穷，但仅从检索出的 50 个案例来看，互联网新业态产业乱象的特征及趋势，可以概括为以下五个方面。

（一）产业乱象的指向层面，知识产权侵犯是重点

互联网新业态是凝聚着一定知识创造的精神消费产品和内容服务体系，以知识产权为核心，而新业态的这种创造更易于被复制和抄袭。因此，与新业态相关的文化产业历来是知识产权保护的重点领域。国家知识产权局印发《知识产权重点支持产业目录（2018 年本）》明确把包含新业态在内的文化产业的知识产权作为重点支持的行业。被重点保护、被重点支持本身就说明这一行业是重点被侵犯的行业。从严格意义上来说，私服、外挂侵权也属于侵犯知识产权的范畴，因此 50 个案例涉及知识产权侵犯的案例共有 19 个，占总数的 38%，比重为各类产业乱象之最。

知识产权侵权以侵犯著作权、版权居多，其中涉及微信平台的有 6 个，分别为“腾讯诉‘吹牛’社交软件侵犯‘微信红包’‘微信表情’著作权案”“诉微信公众号‘一条’以及微博账号‘一条’侵犯短视频著作权案”“菲林律师事务所诉百家号文章转载侵权案”“刀豆公司诉百赞公司微信小程序在线播放内容侵权案”“‘雷 × 影院’微信公众号利用云服务器盗播电影案”“‘6k 抢红包王’

外挂软件制作销售牟利案”等，数量占侵犯知识产权总量的近 1/3。微信平台之所以在知识产权侵犯中被置于风口浪尖，其原因之一是基数大，微信及 WeChat 的合并月活跃账户数达 11.51 亿。[①] 原因之二是微信提供并创造了一种开放分享的平台，它的“去中心化”在放大共享经济价值的同时，也给知识产权的侵犯带来了风险。

（二）产业乱象的行业分布层面，短视频、直播是重灾区

互联网新业态涉及行业众多，但是违反产业发展秩序的行业集中在短视频和直播领域。在 50 个案例中，与短视频和直播相关的有 15 个，约占案例总量的 1/3。如“腾讯诉游戏玩家直播《英雄联盟》案”“刀豆公司诉百赞公司微信小程序在线播放内容侵权案”“诉斗鱼客户端以旁观者模式直播电竞赛事案”“‘伙拍小视频’侵权案”“‘桃花岛宝盒’聚合直播平台等传播淫秽物品牟利案”等。短视频、直播行业集中爆发出的产业乱象，与该行业本身成为新业态新的爆发点与增长点密切相关。

短视频、直播的短小与直观，满足了在快节奏和碎片化的生活状态下人们的精神文化需求和文化消费需求。根据中国互联网信息中心所发布的 44 次互联网报告显示，截至 2019 年 6 月底，中国短视频用户规模为 6.48 亿，占网民整体的 75.8%，可谓用户规模十分庞大。2019 年 4 月，美国学者玛丽·米克尔发布的《互联网报告》敏锐地抓住这一新发展动向，指出中国的短视频行业正在迅速崛起，从 2017 年 4 月至 2019 年 4 月，中国短视频 App 日均使用时长从不到 1 亿小时，增长到了 6 亿小时，可以说以短视频、直播为核心的视听产品正成为中国文化和科技融合发展的风口。但短视频、直播在开启一个视觉文化盛宴的同时，也带来内容低俗、侵权、涉黄等不良现象，游走在法律红线、道德底线的边沿。

---

① 腾讯 2019 年第 3 季度业绩财报. 来源：https://new.qq.com/rain/a/TEC2019111300887000.

（三）产业乱象的内容层面，线上和线下交织是趋势

互联网新业态的产业乱象，随着新业态模式的更新而发生了相应的变化，线上与线下的交织在为互联网新业态创造巨大红利的同时，也滋生出各类乱象。检索出的50个案例，除个别案例如"'巨石海南麻将'游戏代码侵权案"是线上侵权外，其他大多数案例大都具备线上和线下结合的性质。如"广州某供应链公司涉及跨境保税仓刷单案"线上刷单线下漏税，"'滴滴司机助手'外挂软件抢单作弊案"线上抢单线下运营，"利用极限词敲诈勒索入刑案"线下造假线上勒索，"比特币'挖矿机'纠纷案"线上运行线下交易，"水滴筹平台大病众筹纠纷案"线上筹款线下隐瞒等。

因此，产业乱象所展现的线上与线下结合的特征，易产生更强的破坏力。因此这种乱象既充分借助线上信息量大、传播广、速度快等特点，又能迅速影响线下的运营。如"斗鱼诉全民TV平台播放'炉石传说'游戏解说作品案"属于线上播放线下挖角，一旦主播更换直播平台，主播的数万粉丝就会转移平台，进而影响平台带货的成交量。所以，尽管线上与线下结合是新业态发展的趋势，但是产业乱象对线上与线下结合产生的影响同样不可忽视。

（四）产业乱象的形式层面，破坏产业秩序具有新的手段

互联网技术犹如一枚硬币的两面，在催生新业态的同时，也为各种违反产业秩序的乱象提供了得以存在的技术手段。某种意义上，本文检索和使用的50个全国首案，都在不同程度上涉及新的技术。比较典型的是与VR技术和人工智能相关的案例，与VR技术相关的案例包括"'橙子VR'App传播盗版影视作品案"，这个案例将VR技术与影视作品展播结合非法牟取利益。与人工智能相关的案例包括"'快啊'打码平台侵犯公民个人信息案""菲林律师事务所诉百家号文章转载侵权案"。前者利用AI技术识别图片验证码绕过用户登录，利用网站漏洞扫描软件并非法获取网站后台用户注册数据，并对数据进行整理销售牟利。后者涉及的百家号计算机文章智能生成软件，在转载生成文章的过

程中，删除了涉案文章的署名、引言等相关重要信息，侵害了文章作者享有的相关权利。

从这两类案例不难看出，新技术成了违反产业秩序乃至网络犯罪的工具。在认识技术的价值时，常常出现"技术中立原则"的论调，如"菲林律师事务所诉百家号文章转载侵权案"中，百度百家号明显把技术中立作为主要抗辩的理由，认为涉案文章"采用法律统计数据分析软件（即威科先行法律信息库，简称威科先行库）获得的报告……报告中的图表也不是由其绘制所得，而是由威科先行库自动生成的，因此，被告认为，涉案文章不是由原告通过自己的智力劳动创造获得，不属于著作权法的保护范围"。[①]这类观点的本质采取的是从具体组织环境中把"工具—独立"的视角剥离出来，刻意忽视信息科技的"社会使用是现存社会秩序的一个组成因素"，[②]从而片面地把技术视为独立的工具，视为纯粹的、脱离社会实体的变量，而没有重视技术在整个社会生活和社会制度中所能肩负的责任。

（五）产业乱象的发生区域层面，东部地区较为集中

东部地区是我国互联网产业较为发达的区域，在产业繁荣发展的同时，也意味着一些违反产业秩序的乱象也会伴随出现。从数据来看，东部地区聚集了绝大多数的案例，其中北京 17 例，江苏 7 例，广东 7 例，浙江 7 例，上海 5 例，湖北 2 例，陕西、四川、河南、湖南、山东各 1 例。案例分布数量的基本趋势变化，与《第 44 次中国互联网发展状况统计报告》公布的区域所占互联网 IPv4 份额趋势变化基本一致。[③]IPv4 是与域名、网站联系紧密的互联网地址资源，

---

① （2018）京 0491 民初 239 号北京菲林律师事务所诉北京百度网讯科技有限公司著作权侵权纠纷一案民事判决书．来源：北京互联网法院，https://www.bjinternetcourt.gov.cn/cac/zw/1556272978673.html.

② ［荷］西斯 · J. 哈姆林克．赛博空间伦理学．李世新 译．北京：首都师范大学出版社，2010：24.

③ 第 44 次中国互联网发展状况统计报告．来源：中国互联网信息中心，http://www.cnnic.cn/hlwfzyj/hlwxzbg/hlwtjbg/201908/t20190830_70800.htm.

是互联网领域重要的基础设施。IPv4 的所占份额能反映区域互联网的活跃程度。案例省市分布数量与省市 IPv4 基础设施的所占份额，二者间的高度一致，证明产业繁荣的背后也潜伏着产业乱象爆发的基因。

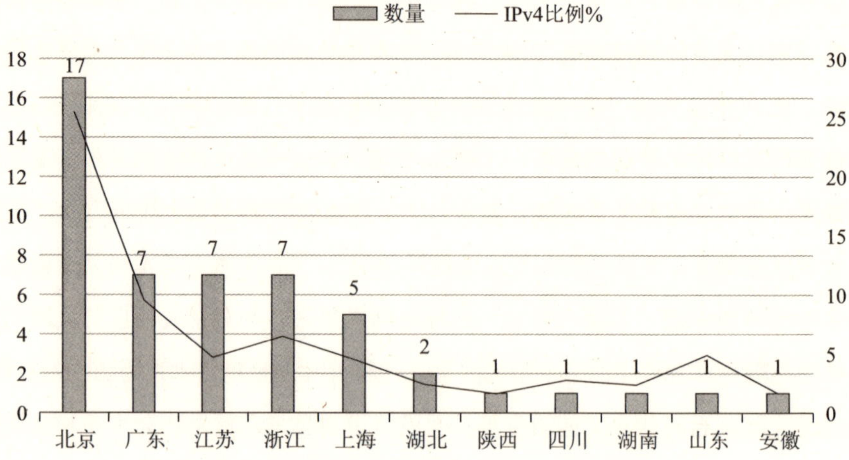

图 15.1　案例省市分布及基础设施占有量对比图

三、互联网新业态秩序治理存在“四难”障碍

互联网新业态发展过程中出现的产业乱象，不仅破坏了优良文化企业建立的良好行业形象，而且正在吞噬产业的发展活力。因此，推动互联网新业态的健康、快速、高质量发展，必须强化对产业乱象的治理，而影响对互联网新业态治理的障碍与问题集中体现在以下“四种难度”。

（一）违法手段专业，增加发现难度

互联网新业态本身是文化与科技融合的产业，因此，围绕互联网新业态出现的产业乱象也具有越来越多的“科技含量”，违法手段的技术化、专业化乃至智能化，为案件的发现增加了难度。如“‘爬虫’技术侵入计算机信息系统抓取数据案”，不仅是非法利用互联网技术对涉案视频、列表、评论等进行抓取，

而且“在数据抓取的过程中使用伪造 device_id 绕过服务器的身份校验，使用伪造 UA 及 IP 绕过服务器的访问频率限制”。[①] 但是，需要指出的是，通过专业技术手段从事不法行为的实施主体，不仅是从事专业技术工作的企业，如“‘爬虫’技术侵入计算机信息系统抓取数据案”的涉案单位“上海某网络科技有限公司”，而且随着网络技术门槛的降低，一些个人也越来越多地掌握专业化违法手段，如“《王者荣耀》游戏外挂入刑案”“微信支付赎金勒索病毒案”的涉案人员都是高中文化“自学成才”。因此，随着不同知识层次的人越来越多地掌握互联网技术并应用到互联网犯罪中，无疑提升了发现互联网犯罪的难度。

（二）违法形式隐蔽，增加取证难度

随着物联网、大数据、云计算、AI 等新一代网络技术的普及应用，很多产业乱象已从前台转移至后台，使得不法行为具有空前的隐蔽性，不易识别，为取证增加了难度。这种隐蔽性在“‘桃花岛宝盒’聚合直播平台等传播淫秽物品牟利案”中得到较为集中的体现。第一，涉案人员身份隐蔽。“‘桃花岛宝盒’聚合直播平台等传播淫秽物品牟利案”中，核心涉案人员均使用非本人身份证信息进行伪装，不见面，不实名沟通，完全通过微信或者 QQ 等社交软件间接联系。第二，涉案的表演内容隐蔽。淫秽色情表演是即时的，其情节呈现出非连续性的特点，“为录制满足诉讼条件的视频证据，专案民警共取证视频 2100 多个，取证时长达 15000 多分钟”。[②] 第三，获得利益与收取方式隐蔽。所得利益由第三方平台进行多次交易支付后再通过专业洗钱公司的线下提手到银行提取现金，进而完成“黑钱”洗白的过程。互联网新业态产业乱象所体现出的隐蔽性特征，充分借助了互联网所提供的便利条件，成为产业乱象治理亟待克服的困难。

---

① 海淀法院审结全国首例利用“爬虫”技术侵入计算机信息系统抓取数据案. 来源：海淀区法院，http://bjhdfy.chinacourt.gov.cn/article/detail/2018/12/id/4017138.shtml.

② 王云娜. 强化追责 阻断网络黄毒：湖南郴州警方捣毁一涉黄直播聚合平台. 人民日报，2018-08-20.

（三）影响范围涉多省份，增加追查难度

互联网新业态以互联网为基础，互联网打破区域空间限制给业态空间传播带来便利性条件的同时，也使得诸多案件在区域层面影响广泛，增加了追查的难度。在"'快啊'打码平台侵犯公民个人信息案"中，涉及打码平台制作、个人信息盗取、个人信息整理及销售的涉案人员分布在福建、广东、江西、黑龙江、辽宁、山东等13个省区；"微信红包网络赌博案"的涉案人员分布在北京、上海、广东、河南、江苏、福建等10余个省市。案件涉及多个省区所造成的直接影响是涉及的犯案人员众多，这两个案例的涉案人数分别为193人和300余人。与这两则案例的涉案人数相比，"'6k抢红包王'外挂软件制作销售牟利案"中，使用这一外挂的用户竟多达60万。

由此可见，互联网新业态的产业乱象具有极强的跨区域性，范围之广，涉及人员之多，已超越了以往违反法律法规的多种现象。某种程度上可以说，目前互联网新业态尚处在初步发展阶段，随着互联网新业态在各领域的深入发展，与各行业的深入融合，其产业乱象对社会经济发展深层次所能产生的严重破坏和恶劣影响将会逐步彰显。

（四）法律法规不健全，增加执法难度

有法可依是治理产业乱象最为基础的法律前提条件，但是与快速发展的互联网新业态相比，法律法规建设的滞后性及其不健全，增加了执法的难度，某种程度上影响和制约着产业治理。这一点在"未成年人起诉游戏公司案""极限词敲诈电商"两类案件中体现得尤为明显。

"未成年人起诉腾讯游戏公司案"涉及"管辖权"的认定，根据我国现行的法律规定，"对法人或者其他组织提起的民事诉讼，由被告住所地人民法院管辖。"[①] 这也就意味着，对腾讯这一法人的起诉，只能在其管辖地深圳南山区法

① 中国法制出版社编. 民事诉讼法新解读（第4版）. 北京：中国法制出版社，2017：18.

院立案，其他法院无管辖权。但是随着互联网打破区域空间限制后，区域管辖权的认定某种程度上影响了产业不良现象的及时处理。同时，该案涉及的网络游戏交易管理也不具有较强的操作性。《网络游戏管理暂行办法》仅较为笼统地规定“不得为未成年人提供虚拟货币交易服务”，难以对未成年人支付高额货币款形成有效监护，一旦引起纠纷，就会形成“无法可依”或“有法难依”的困境。

“利用极限词敲诈勒索入刑案”一案，敲诈者利用现行《广告法》所规定的广告不得“使用‘国家级’‘最高级’‘最佳’等用语”，[①] 违反此规定的“由市场监督管理部门责令停止发布广告，对广告主处二十万元以上一百万元以下的罚款，情节严重的，并可以吊销营业执照”。[②] 法律规定本是为保护消费者权益，严防商家过度宣传、虚假宣传而设定的，但现实却成为某些人恶意敲诈勒索的工具。因此，一旦产生针对极限词的诉讼或举报，执法部门首要之务在于鉴别案件真伪而不是排解纠纷，这无形为产业治理增加了难度。

发现难、取证难、追查难、执法难，是互联网新业态产业乱象治理过程中集中突显的四类障碍。但是需要指出的是，各个环节的困境并不是单独存在的，而是有可能相互交织，彼此勾连，这也就意味着互联网新业态产业乱象的治理是一个繁复、繁重的过程。

四、推动互联网新业态秩序治理方向与路径

推动互联网新业态产业乱象的治理，构建合理有序的文化产业发展新秩序，已成为提升文化产业现代化治理水平和治理能力的重要课题。根据以上梳理的

---

① 中国法制出版社编．中华人民共和国广告法（案例注释版）．北京：中国法制出版社，2016：5.

② 中国法制出版社编．中华人民共和国广告法（案例注释版）．北京：中国法制出版社，2016：65.

相关特点、问题，本文拟从以下方面对互联网新业态的秩序治理，提出几个层面的思考。

（一）加强互联网领域的立法、修法和释法，推动产业治理有法可依

完善的法律法规是互联网新业态产业乱象治理的根本保障，不断完善互联网立法，及时修订不完善的法规条例，在应对各种互联网新业态乱象过程当中，提供行之有效的规范性支撑和法律支持。2019 年 11 月由中共中央办公厅、国务院办公厅印发的《关于强化知识产权保护的意见》明确指出："研究制定知识产权基础性法律的必要性和可行性，加快专利法、商标法、著作权法等修改完善。完善地理标志保护相关立法。"该意见的出台与实施，意味着从国家顶层设计的高度加强知识产权的保护，这对备受知识产权侵犯的互联网新业态而言，无疑是政策利好。

此外，针对产业中出现的具体案例应及时出台相关法规，如上海 2019 年 3 月出台的《市场轻微违法违规经营行为免罚清单》就将极限词使用列入免罚清单，不仅为执法提供了法律依据，更重要的是以包容审慎的态度优化了上海的营商环境。同时，有必要对案例中突显的法律法规不明确的规定进行及时释法，如对"诉斗鱼客户端以旁观者模式直播电竞赛事案""《奇迹神话》游戏画面抄袭案""'补刀小视频'视频侵权案"等均涉及"类电影作品"的司法解释。因此，根据案件的多种形式及时释法，形成以案释法，以法定案的良性循环，有助于从有法可依的角度对产业乱象进行规范与治理。

（二）落实互联网平台的主体责任，保障互联网信息传播内容的健康有序

互联网新业态，以互联网为重要的平台。2019 年 10 月 31 日通过的《中共中央关于坚持和完善中国特色社会主义制度推进国家治理体系和治理能力现代化若干重大问题的决定》对落实互联网平台的主体责任做出了明确规定，决定指出："建立健全网络综合治理体系，加强和创新互联网内容建设，落实互联网

企业信息管理主体责任，全面提高网络治理能力，营造清朗的网络空间。”在这个层面上，落实互联网平台的主体责任既是提升网络治理能力的重要举措，又是规范互联网平台内容供给的重要措施。实现这一主体责任的落实，互联网平台本身应创新和完善相关运作机制，坚决摒弃“技术中立原则”的错误认识，强化互联网平台的道德意识、责任意识。互联网平台不仅是互联网内容服务的提供者，更是内容传播者、内容服务监管者和技术控制者。2019年3月，抖音、快手等短视频平台上线“青少年防沉迷系统”，通过技术手段防范青少年的打赏、充值、提现等行为，限定短视频的使用时间。一系列举措为短视频平台落实主体责任，为青少年的健康成长营造良好的网络生态做出了积极探索。

（三）加强执法部门与互联网平台的协作，提高乱象治理的效率

互联网平台本身是平台数据的拥有者、掌握者，数据作为使用互联网平台进行浏览、交易的痕迹，既是重要的商业资产，也是监控通过互联网平台实施违法行为的重要资源。互联派平台通过内部数据的监控与筛查，更有易于提高发现依托平台的违法行为，提高查处乱象的效率。因此，加强执法部门与互联网平台的协作，既能保证互联网平台合法权益不受侵犯，促进业态健康有序发展，又有助于执法部门提升工作效率，强化对产业乱象的治理。如“‘滴滴司机助手’外挂软件抢单作弊案”“淘宝公司诉美景涉‘生意参谋’零售电商数据平台不正当竞争案”“爱奇艺视频节目刷流量案”的查处，均源于互联网平台对后台数据的监控及平台向有关部门的举报。在这个意义上，建立科学完善的执法部门与互联网平台的协作机制，是行政执法顺应“互联网+”发展趋势，形成执法部门与互联网行业资源共享、信息互通、协作通畅的工作格局，进而推动产业健康发展的重要途径。

（四）加强对互联网新治理技术的应用，提升案件研判取证水平

前已述及，互联网新业态领域出现的产业乱象均是具有一定“科技含量”的违法行为，很多案例在违反产业秩序的过程中专业化能力和技术水平都有不

同程度的提升，因此，传统的刑侦手段难以适应新条件下互联网违法与犯罪。所谓“魔高一尺道高一丈”，提升执法部门本身对互联网新治理技术的应用就显得尤为必要。如“‘橙子 VR’ App 传播盗版影视作品案”中利用 VR 技术传播盗版影视作品不具有域名的唯一性，为执法机关的侵权认证提高了难度。因此在案件的查处过程中，使用“抓包软件 + 电脑逐帧播放”的技术方式进行认证。同时，随着互联网法院的建立，互联网法院在审理案件中采用区块链取证、电子取证、弹屏短信通知等方式，也在不断更新着传统的执法形式。因此，一方面新技术的发展增加了网络侵权的可能性和侵权途径的多元性，但另一方面采用先进的技术手段进行取证认证，又提升了执法部门的执法水平和产业乱象的治理水平。

从整体来说，无论是涌现出的产业乱象，还是不断更新的治理观念、治理手段，都处在不断发展变化的过程中。所以，一方面要积极推动互联网新业态的发展，发挥互联网新业态在文化产品生产、消费中所蕴藏的巨大创造力；另一方面也应根据业态的发展变化，及时调整产业乱象治理的体制机制、方式路径，在不断解决新问题的过程中，全面提升互联网新业态的治理水平。

第十六章

互联网文化新业态发展中的道德失范与伦理构建

互联网文化新业态伦理伴随着互联网文化业态的发展而出现，在产业发展中发挥着规范产业行为的作用。互联网文化新业态发展中出现的道德失范现象，如产业垄断、圈地运动、侵犯知识产权、干预消费者选择、危及隐私安全等，制约着产业的快速健康发展。从产业伦理建构的角度来看，道德失范现象的出现与技术伦理、文化伦理、产业伦理包含的内在矛盾与冲突密切相关。在各种复杂社会关系中，情境主义的伦理认识观是构建互联网文化产业伦理并对产业实践进行伦理评判的一条可以选择的路径。

产业伦理是产业经济在发展过程中对社会公认道德、价值观念的遵循，是传统伦理在经济领域的深化，它关注大多数人所认为正确或错误的产业实践。产业伦理与产业政策、产业主体、技术 / 传播载体、产品内容、消费主体、市场环境等多个方面相关，涉及垄断、诚信、欺诈、侵权、隐私、歧视、贿赂等行为，是涵盖多种产业经营活动要素的概念范畴。互联网文化产业伦理伴随着互联网文化新业态的萌芽、发展、壮大而逐步形成，在规范互联网文化新业态健康有序发展、调整互联网产业的生产方式与营销路径选择的过程中发挥着重要作用。

近年来，我国互联网文化新业态获得较快发展，这一方面在于互联网技术的创新为文化产业的快速增长提供了强有力的技术支撑，促进了文化产品在内容、形式等层面的更新，打造出更具时代性的文化产品；另一方面，以互联网技术为基础的文化新业态不断发展壮大，新的文化企业不断涌现，新的产业运作模式不断探索创新，互联网文化新业态越来越多地与社会生产生活方式相融合。作为具有强烈社会实践性的产业活动，互联网文化新业态的基本职责与行为规范均是由现实世界的社会关系所规定。互联网文化产品智力功能和交流能力愈强，互联网文化产业及其相关实践就愈不可避免地会在各种层次上遭遇伦理道德问题。

一、互联网文化新业态发展中出现的道德失范现象

产业伦理作为一个学术领域，发端于 20 世纪 70 年代的美国。随着科技的进步，人们逐渐认识到科技及其相关的产业化需要在伦理道德层面规范其经营

行为。“经营是一种社会行为，如同所有的社会行为一样，只有当一定的道德前提条件得到满足后才可能真正运作起来。”[①] 目前，我国互联网文化产业经历了一个从无到有，从小到大，由弱到强的发展过程。作为新兴的产业门类，互联网文化新业态尚未形成经营活动所能实际遵守的道德准则，同时，又由于我国整体性市场经济法制的不健全和监督管理机制的相对滞后，使得在文化新业态发展与经营过程中各种有违道德准则的事故、丑闻频发。从类别而言，这些道德失范的现象大致体现为以下几种类型。

（一）资本意志主导行业并购，形成产业垄断

资本在产业的市场运作中能够对社会生产力起到积极的推动作用，如提高劳动生产率、扩大流通范围、推动世界市场资源整合等，但不可忽视的是，资本的本性在于追逐利润的最大化，因此在获得利润的过程中资本一旦对市场形成垄断，就破坏了经济得以良性发展的市场秩序。“经济不仅仅是由经济规则来控制的，而是由人来定的，在人们的意愿和选择中，经济上的期望、社会规范、文化的调节和道德上善良表象的总和一直在起作用。因此，这种总和在经济行为和经济理论中，也必须得到考虑并反映到经济行为的道德特性上来。”[②] 也就是说，资本垄断虽然是一种经济行为，但为尽可能实现资本获得最大利润的期许，市场主体可能会因想得到垄断地位而采取非正当形式的市场竞争乃至恶性竞争行为，如利用技术优势搞技术屏蔽、散布虚假信息、夸大产品性能、诋毁竞争对手声誉等，这会损害或瓦解良性的经济秩序和道德秩序。

当前，以 BAT 为代表的互联网文化科技行业成为引领我国文化产业发展的“重型航母”，也是市场上产业并购的主导者。2015 年 BAT 合计并购企业约 200 家，总金额约 1171 亿人民币，[③] 并分别在搜索引擎、电子商务和电子支付、即时通

① ［美］理查德·T. 德·乔治. 经济伦理学. 李布 译. 北京：北京大学出版社，2002：3.

② ［德］彼得·科斯洛夫斯基. 伦理经济学原理. 孙瑜 译. 北京：中国社会科学出版社，1997：259–260.

③ 郑梅云. 2015 并购案席卷互联网界 BAT 坐拥半壁江山. 通信信息报，2015-12-30.

讯等三个领域成为市场掌控资源的资本“巨无霸”和垄断寡头。以百度为例，2015年百度在中国搜索市场的收入中约占83%的份额，可以说百度在与谷歌中国、搜狗、360搜索的市场竞争中占据着绝对支配性的地位。随着搜索引擎服务市场从一级关键词搜索向二级关键词搜索转变，[①] 对二级搜索引擎的并购收编成为百度巩固其搜索垄断地位的关键。百度成功并购去哪儿网、携程网，成功收编国内两家实力较强的二级旅游搜索服务平台，实现对旅游搜索市场的封锁和分割，展现出百度作为国内搜索引擎寡头对下游关键词搜索服务的绝对掌控能力。百度搜索平台对搜索资源的整合，虽然能够促进资源的优化配置以及提高产业的盈利能力，但某种程度上也构成对中小企业生长空间的挤压，对中小企业的创新具备毁灭性的打击能力。2015—2016年，搜狗搜索平台正式起诉百度输入法侵权，体现出垄断寡头面对中小企业时的傲慢以及对中小企业合法权益的无视。

因此，从产业伦理的角度来说，尽管行业并购并不存在明显的道德伦理风险，但行业一旦在资本的驱使下形成垄断，市场竞争主体之间的自由与平等就失去平衡。垄断寡头不仅会要求分割市场，而且会不可避免地利用其占有的市场支配性地位对竞争对手进行恶性挤压或恶意侵权，从而破坏创业环境，打击创造意愿，造成相关产业创新发展受阻。

（二）假借发展新兴产业之名，暗行“圈地运动”

互联网文化产业是以创意和新技术为特征的新兴战略产业，如数字文化、创意设计、信息服务、人工智能等。由于这些行业在物质资源消耗、成长潜力、综合效益等层面比传统产业展现出较大发展优势，对培育新的经济增长点和推动产业转型发展作用明显，成为各级地方政府重点扶持的“朝阳产业”。因此，

① 一级关键词搜索：指通过百度、谷歌等搜索引擎的关键词搜索，搜索资源涵盖全行业。二级关键词搜索是与一级关键词搜索相对的概念，指通过具体领域或行业的专业性搜索平台进行的搜索，搜索资源集中在某一具体领域，如携程网搜索、知网搜索等。目前二级关键词搜索市场集中在旅游、医疗、出版、团购、零售、金融、学术等几大领域。

在土地使用及相关程序的审批等方面，实施了相对宽松的政策。2015 年，北京市出台的《推进文化创意和设计服务与相关产业融合发展行动计划（2015—2020 年）》的通知中指出，对不符合划拨用地目录的文化创意企业用地可采取协议出让方式办理用地手续。所以，在国家对地产调控力度不断加大和用地审批日趋收紧的背景下，以发展新兴产业的名义申报用地，成为诸多企业或行业“套取”土地的一条路径。

目前，以发展文化创意产业为名，暗行“圈地运动”套取土地的现象在各地频繁上演。各类创意产业集聚区、园区是“圈地运动”最为集中的体现，尤其是随着国家对文化创意产业的大力扶持，园区建设开启了“大跃进”时代。许多产业园区或创意基地既没有形成上下游企业、相关服务业的高密度聚集以及资源的集约利用，同时又缺乏具有规模效益和资源整合能力的文化项目，许多园区纷纷在文化产业的名义下将园区变相为以物业和休闲商业为核心的商业地产。如北京宇达创意中心、东亿国际传媒产业园在园区内开发地产项目。[①] 近年，“大众创业、万众创新”推动众创空间的快速发展，但在众创空间发展的过程中也出现了以打造互联网众创空间为名的“跑马圈地”现象。[②] 一些众创空间内不仅“有店无客”“改弦更张”，以靠赚取租金差的“二房东”经营模式较为突出，而且个别地区甚至将打造互联网众创空间变相为商业地产的去库存。可以说，互联网文化产业领域出现的“圈地运动”似乎已成为地产商开掘的又一个“金矿”。

“圈地运动”的出现，从监管制度层面来说源于园区评估体系和监管体系不完善，从而造成园区“虚火”过旺。但从产业伦理发展的角度来说，契约精神在互联网文化产业发展中的缺失某种程度上造成了“圈地运动”的乱象。获取土地使用权以发展文化创意产业是产业运营者与政府、社会达成的一种契约，而遵守契约是产业运营者履行承诺的道德体现。梅因指出：“一个‘契约’

① 产业经济研究中心课题组．警惕“空心化”：文化产业发展乱象待规范——以北京宇达创意中心、东亿国际传媒产业园等为例探析文化产业健康发展．中国产经新闻，2012-11-01.

② 王磊彬．河南众创空间进入“跑马圈地”时代．河南商报，2016-07-16.

是一个‘合约’（或‘协议’）加上一个‘债’……‘债’是某种自愿行为的后果，是通过法律把人或一群人结合在一起的‘束缚’或是‘约束’。”[①]这种行为不仅是出于道义上的必要而背负的“债务”，也是为履行法律而必须偿还的“道德债务”。也就是说，对于互联网文化产业领域的市场运营者而言，以发展创意产业或众创空间的名义“跑马圈地”、大搞地产开发，违背了签订契约时的承诺。偿还“道德债务”不仅是道义层面的吁求，也是法律层面的必然要求。而如果无视“道德债务”的束缚与约束，则经济主体之间就会逐渐失去互惠互利的合作基础，必将导致社会诚信失灵，契约精神丧失，最终扰乱市场经济秩序。

（三）山寨、抄袭、盗版横行，侵犯知识产权

互联网文化新业态高度重视创意在产业发展中的作用，真正有价值的创意能将科技、文化直接转化为具有高附加值的产业形态，能够创造极大的社会财富。互联网文化创意产品作为人们创造性思维活动和智力劳动的成果是有形的，但内在于其中的创意智慧却是无形的，因此，创意智慧的价值必须通过知识产权交易这一具体的形式予以体现。合法的交易意味着对他者创意性付出的尊重与爱护，这是一种道德的要求。

知识产权是互联网文化产业的重要支撑，然而互联网文化产业及其相关产品又是极易被复制和抄袭的。目前，创意产品山寨、抄袭、盗版横行，日益频发且逐渐升级的网络侵犯知识产权问题成为我国互联网文化产业面临的严峻挑战。2015 年，各地知识产权法院审理互联网版权案件共 287 件，北京、上海、广东等互联网文化产业较为发达的地区成为侵权案的重灾区。[②]其中，快播软件的网络版权侵权案、电视剧《芈月传》遭百度云盘盗播案、网文 IP《鬼吹灯》著作权案、“今日头条”新闻客户端 App 软件版权纠纷案等，是近年出现的较

---

① ［英］亨利·萨姆奈·梅因．古代法．高敏、瞿慧虹 译．南昌：江西教育出版社，2014：155.

② 中国信息通信研究院发布．2015 年中国网络版权保护年度报告，2016-04-26.

为典型的互联网版权侵权案。可以说，随着网络云存储、转码技术、网络聚合等互联网新技术的不断发展与更新，互联网文化产业在其广泛使用和依托的智能移动终端、传输系统、接受系统等层面将面临更多侵权问题。

尽管在知识产权的保护以及版权伦理的认识上，学界并未达成统一的认识，①安德森甚至提出复制数字化产品的成本几乎是零，认为“在数字化的市场上，免费总是消费者能得到的一种选择”。②进而呼吁放弃知识产权，免费才是商业活动的未来。诚然，数字化时代产品的复制与传播成本同工业时代相比已大大降低，但是从产业伦理的角度来说，山寨、抄袭、盗版均是对他人创造性思维及其相关知识产权的剽窃与强占，是违背道德准则的行为错位。霍金斯认为，在创意经济中“有一个道德假设，那就是不管创造了什么东西，每个人对他们所创造的发明物都有权利拥有它。这是一种自然权利”。③而忽视创造者应有的自然权利，人们共同约定的“道德假设”就遭到破坏，人与人对彼此智力性创造成果的尊重就会丧失。因此，山寨、抄袭、盗版等侵犯知识产权的行为，不利于培育、激发创造者的积极性，以及维护创造的可持续性发展。

（四）依托相对市场优势，干预消费者选择

市场经济注重市场主体之间的自由与平等，双方之间的交易以自愿为基础，而这也构成了市场交易顺利完成最为基础的伦理条件。因此，市场主体平等和交易的自愿优先于命令、强迫和控制措施，才能使市场主体之间的互惠互利得到保证。马克思在阐述市场经济产生时指出，市场主体之间的平等、互惠能促进交易的发展。“……在不发达的物物交换情况下，参加交换的个人就已经默认彼此是平等的个人，是他们用来交换财务的所有者；他们还在彼此提供自己的

---

① 李强．知识产权制度合理性考辨——以制度的伦理性和效用性为视角．兰州学刊，2006（第 9 期）．

② ［美］克里斯·安德森．免费：商业的未来．蒋旭峰等 译．北京：中信出版社，2009：79–80.

③ ［英］约翰·霍金斯．创意经济：如何点石成金．上海：上海三联书店，2006：38.

财物，相互进行交易的时候，就已经做到了这一点。”[①] 可以说，市场主体间地位的平等是市场主体能够自主表达和确保经济利益的必要条件。

但是，在产业发展的实践中仍有一些市场主体利用自己的相对优势性地位，采取一些不规范乃至违背伦理原则的市场行为，干预消费者自主选择，追求个体利益。如2010年奇虎360与腾讯QQ的商业大战，腾讯以不安全为由胁迫用户对软件进行“二选一”，侵犯用户的自由选择权。近年随着移动智能终端的普及以及流量时代的来临，流量消费与经营将成为数字浪潮中新的热点。至2016年6月，我国移动互联网户月均接入流量达707.3M，消费量约为同期的一倍，可谓发展迅速。但网络运营商“流量清零”的“霸王条款”，将运营商单方拟定的格式条款强加给消费者的形式明显地违背最基本的公平交易权。

自由选择权和公平交易权的丧失，会直接使市场陷入一种无序的状态。产业伦理学必须建立在自由与公平的基础之上，如果消费选择或交易处在一种不自由的状态下，就不能保证在消费或交易中做出的行为属于它本身。从产业伦理的角度说，取消或剥夺其他市场主体的自由，也就是取消了自己行为的一切道德性。易言之，一个符合伦理道德的交易行为首先应该是交易双方在自由和公平的状态下自愿自觉选择的结果，只有这样市场主体的需求和利益才能够得到充分实现。尤其是随着互联网文化市场领域的逐步扩大以及运行模式的不断创新，基于互联网平台的P2P、P2C、O2O、B2C、B2B、C2C等交易模式相继涌现，这些模式对交易的公正与自由提出了更高的要求，而保障自由公正的交易，则成为进一步激发互联网文化产业活力和培育文化市场的必然要求。

（五）大数据的收集与共享，危及隐私安全

云存储、云计算等互联网高新技术的出现，使大数据逐渐成为互联网时代的重要信息资产。目前，大数据已经开始影响到政府、经济、人文、科技、商业等各个领域，“电脑存储和分析数据的方法取代电脑硬件成了价值的源泉。数

---

① 马克思恩格斯全集（第19卷）. 北京：人民出版社，1963：423.

据成了有价值的公司资产、重要的经济投入和新型商业模式的基石”。[①] 对大数据的掌握以及对相关数据的分析，成为主宰互联网时代商业模式开发与运营的关键。大数据已是重要的商业资本，可以创造新的经济利益。

从发展的趋势看，把一些行为数据化、信息化将成为通向未来时代的必然。这就意味着对个体消费者行为信息的跟踪、收集、存储、分析、利用将成为一种可能。尤其在市场占据支配地位的情况下，源自邮件、网络订单、客户资料等数据及与个人有关的信息均会成为被交易的商品，而个人将无法掌控自身产生的数据，这在某种程度上会威胁到个人的隐私权。隐私是必须得到尊重的天赋权利，“隐私的道德基础的一个关键问题便是控制有关自己信息的权利”。[②] 然而，当个人信息成为可交易的商品时，就使区分保密和公有信息的界限戏剧性地向数据信息失控这一侧移动。这种失控具体体现为数据泄露和数据共享。数据泄露是由于受到软件设计缺陷、黑客攻击等因素而引发的一项危及网络运营商和网络用户信息安全的事件，如 2016 年京东 128G 用户数据泄露、轻博客网站 Tumblr 邮箱账号数据泄露等。数据分享是数字经济发展的基础，能够使更多机构和组织充分利用已有资源，发挥数据的最大效用。但在未被告知个人和获取许可的情况下将数据进行分享和利用，则无疑有向社会公开个人隐私的可能。尤其在大数据预测技术日臻成熟的背景下个人的行为存在被预知的可能，对他者信息的掌控，无形中提高了个人行为被商业操纵的危险性。

需要指出的是，无论是大数据的泄露，还是大数据的共享，其所产生的不利影响并不是大数据本身的错，而是在产业实践中违背道德伦理盗用、滥用大数据窥探隐私、操纵消费者造成的。因此，在这个意义上互联网文化产业的伦理不是源自对至真至善至美的追求，而是在产业运作中对他人隐私和利益所持有的尊重与克制。

---

① ［英］维克托·迈尔－舍恩伯格、肯尼思·库克耶. 大数据时代：生活、工作与思维的大变革. 盛杨燕、周涛 译. 杭州：浙江人民出版社，2014：20.

② ［美］理查德·A. 斯皮内洛. 世纪道德：信息技术的伦理方面. 刘钢 译. 北京：中央编译出版社，1999：169.

二、建构互联网文化新业态伦理的困境与束缚

互联网文化新业态在发展中出现的诸种道德失范现象，制约着互联网文化产业健康有序发展。道德失范现象的出现固然由产业本身发展过快、发展不成熟所致，但从产业伦理建构的角度来看，技术伦理、文化伦理、产业伦理三个伦理体系包含的内在矛盾与冲突共同构成了互联网文化产业伦理建构的困境。

（一）中立与责任：技术领域的伦理冲突

互联网文化新业态以现代互联网信息技术为支撑，在科技与文化的融合下催生出许多以互联网为载体的文化新业态，因此，科技伦理在互联网文化产业伦理的建构中具有不可忽略的地位。

长期以来，科技在伦理的构建中发挥一种怎样的作用一直备受争议。“技术中立原则”是在鼓励和推进技术创新中常常标明的一种原则，而且在技术创新的历史与运用中，新技术的创造者和使用者也往往借用此原则否认自己的道德伦理责任。这种原则起源于 1984 年的“环球电影制片公司诉索尼公司案”，认为技术是脱离实体的、独立的。也就是说，如果技术同时具有合法和非合法的用途，那么技术本身可以免负道德和法律的责任。2016 年，由淘宝假货事件而引发的为电子商务运营者的辩护大都基于此种原则。为这一观点的辩护是“采取从具体组织环境抽象出来的‘工具—独立’的视角”，忽视了信息科技的“社会使用是现存社会秩序的一个组成因素”，[①] 从而片面地把技术看作“无所不能的工具”，将技术视为纯粹的、脱离实体的变量，而不重视技术在整个社会生活和社会制度中所发挥的作用和应负的道德责任。

---

① ［荷］西斯 · J. 哈姆林克．赛博空间伦理学．李世新 译．北京：首都师范大学出版社，2010：24.

“工具—独立”视角将技术从其所在的社会应用中剥离出来，明显回避了技术根植于决定其社会应用的制度安排的事实。技术本身并没有善恶之分，对技术善恶标准的评判在于技术被应用于何种组织或活动中。或者说，在互联网文化产业领域，互联网技术本身并没有创造出技术在其中发挥产业职能的制度安排和组织环境。然而，技术一旦付诸产业活动，技术中立原则秉持的“工具—独立”的视角便不再成立。技术在文化产品的生产和流通中被使用，就会成为整个产业链条中的主要组成部分。互联网文化产业运营者为实现其经济利益就会利用和发掘技术的潜力而改变必要的产业结构或组织形式。如名噪一时的快播传播淫秽物品牟利案中的云存储技术仅是一项视频内容存储技术，但快播公司以一种纵容和放任的态度采取对传播淫秽内容不作任何限制的开源式运作，刻意引诱使用者下载淫秽内容以达到其提高软件用户使用量的意图，明显是放弃监管责任，有目的性地诱惑消费者选择，有违基本的伦理准则。

可以说，技术领域的伦理冲突集中体现在应如何认识技术对产业发展的伦理意义。技术能给社会经济的发展带来积极的推动作用，但也具有给社会带来严重风险的潜力。判定技术是否有违一般的道德伦理，关键在于审视技术被应用到何种组织或活动，是否能在相关产业组织或制度安排中发挥积极的作用，而不是以“工具—独立”的视角剥离技术的伦理责任。

（二）神圣与世俗：文化领域的伦理冲突

互联网文化新业态是互联网领域对文化的产业化，产业化的过程就是将文化大众化、世俗化的过程。在这一过程中，文化打破了为少数知识精英所独享的伦理观念，逐步融入社会生产生活，成为满足人们文化消费需求的产品。因此，在知识精英与普通民众、雅致文化与文化产品的交织之间凸显出神圣与世俗的伦理冲突。

在传统的伦理观念之中，文化是神圣的，是崇高的。文化艺术的审美价值是衡量其水准的唯一标准。康德在论述这一问题时指出：“一切利害都败坏着鉴赏判断并将取消其无偏袒性，尤其是在它不像理性的利害那样把合目的性放在愉快的情感之前、而是将合目的性建立在愉快情感之上时是如此；后面这种情况在对某种使人快乐或痛苦的东西作审美判断时肯定就会发生。……这种鉴赏当它为了愉悦而需要混有刺激和激动时，甚至将这作为赞赏的尺度时，它就永远还是野蛮的。”[①] 在这里从文化艺术中获得的审美愉悦不同于在感觉里使感官所得到的快感，由感官所得到的快感则往往与善恶、实用等利害发生关系，它以感官享受、利害作为目的，人们在快适的事物中将失去进行客观性批判的余地。因此，在传统的文化观念中，审美只与事物的形式和目的有关，是超出功利和利害的，是纯粹的。

传统文化观念对文化艺术审美价值的追求，俨然与以娱乐为导向的大众文化所追求的审美实践相冲突。后者注重感官的体验，感性愉悦、快感构成了大众对文化的消费主题。尤其在互联网文化产业中，文化与高科技相结合的视觉内容产品越来越多地追求观看层面的动感、新奇、刺激，人们越来越多地通过影像化的介质来认识世界。然而，“保守的文化悲观论”认为文化产业将文化的神圣与崇高彻底解构，将审美实践引入低劣的消费主义境地。产业体系中的文化产品日益世俗，乃至媚俗，追求的是一种“快适伦理”。在这一伦理观念下，“无信仰的繁盛与无原则的喧哗成为当代大众文化时代的普遍性样态，崇高品格的匮乏与英雄人格的稀缺成为消费时代文化被金钱和功利普遍‘钙化’的综合后遗症”。[②] 更为重要的是文化产品中的内容成为“审美噱头”，缺乏基本的审美精神，面对文化的缺失，有论者提出“警惕没有文化的‘文化产业’”。[③] 虽然这些论断对大众文化的发展有些悲观，但对于“虚火”过旺的当代互联网文化产业而言又是逆耳的忠言。

其实平心而论，无论是传统文化追求的崇高伦理，还是大众文化注重的“快适伦理”，都没有对彼此代表的文化形态持一种绝对否定的态度。两种伦理观念争持的焦点并不是要不要建立产业伦理，而是究竟要建立一种怎样的伦理，

---

① ［德］康德．判断力批判．邓晓芒 译．北京：人民出版社，2002：58.

② 傅守祥．大众文化的审美品格与文化伦理．文学评论，2009（第 3 期）.

③ 陶东风．警惕没有文化的“文化产业”．新京报，2011-10-22.

正如人们在审视网络游戏带来的“网瘾”这一负面影响时所提出的“对待网络游戏应保持一种有节制的娱乐”。可以说，在这个意义上崇高伦理和“快适伦理”冲突所造成的互联网文化新业态领域构建的困境，是快速发展的互联网文化产业与相对滞后的观念更新间的矛盾造成的。一方面，推崇崇高伦理的经营文化在市场的冲击中已失去绝对性的主导地位，而另一方面注重“快适伦理”的大众文化又尚未形成具有普适性的伦理规范，由此在互联网文化产业伦理的构建中形成了多元话语的杂糅。

（三）谋利与谋义：产业领域的伦理冲突

互联网文化新业态就其行为而言是一种产业经济实践，因此，“谋利”是互联网文化产业无可厚非的终极目标，而这一目标也构成了互联网文化产业创造、生产、销售、交易文化产品的动力。但不应忽视的是文化产业创造的是一种公共产品，其产品形式具有公共属性，因此，为公共服务“谋义”与为实现经济价值“谋利”的冲突构成了互联网文化产业伦理构建的又一困境。

“非道德性神话”一直存在于产业发展的实践中。此种观念认为，产业实践不应直接关注伦理道德，更不应以伦理道德作为产业发展的重要目标。尤其是在价格、利润、市场理论大行其道的情况下，产业实践逐渐将效益的盈亏原则视为发展的唯一目标，更为注重与产品销售相关的财务状况和利润收入，视生意为纯粹的生意，企业的经营行为与道德无关。在“非道德性神话”观念的指引下，“他们不愿将其道德化，他们讨厌伦理学家的无聊说教，当然他们也不会因为竞争激烈而用石头砸对手的玻璃窗，这一观念的本质含义是：伦理与企业经营根本就是两码事”。[①] 在产业竞争中，企业不会因其他企业遵从道德输掉竞争而心存愧疚，也不会因自身遵从道德而有优越感，所以才会出现市场主体为牟取高额利润以文化创意之名进行大肆圈地，才有了山寨、盗版、抄袭等各种侵权或不正当竞争行为。尽管 2004 年我国出台了《中国互联网行业自律公约》，

---

① ［美］理查德·T. 德·乔治. 经济伦理学. 李布 译. 北京：北京大学出版社，2002：9.

并以此来规范互联网行业的发展，但在互联网行业普遍漠视自律公约的情况下，各种违背产业伦理的不正当竞争仍然频出。

互联网文化新业态需要打破“非道德性神话”，不仅是产业本身健康发展的要求，更重要的是文化产业创造出的文化产品兼具产业和公共服务的性质，即互联网文化新业态应尽可能地为公众“谋义”。一方面，互联网文化新业态依托的网络服务平台具有公共性，公众对其点击量越高，其公共性就愈强。因此，文化新业态处于强势竞争地位的市场主体往往会通过把控或操纵公共互联网平台打压其他产业实体。如大众点评诉百度抓取用户评论一案中，百度通过技术手段和垄断型地位以“搭便车”的形式将大众点评网的用户点评信息移植到百度地图和百度知道中，以削减竞争对手生存的空间。另一方面，互联网文化新业态创造的文化产品具有公共服务性，可以发挥意识形态传播和宣传教化的功能。所以，文化产品能够为大众提供各种娱乐服务，但其社会效益同样不可忽视，而快播软件传播淫秽视频内容明显违背这一伦理。

互联网文化新业态在产业伦理构建过程中面临的“谋利”与“谋义”的困境，实质反映的是在产业发展过程中经济效益和社会效益何者为上的选择问题。某种程度上说，坚持经济效益和社会效益相统一，实现二者的良性互动，才能使互联网文化产业在谋取丰厚经济利益的同时，发挥网络文化传播的正能量。

三、互联网文化新业态伦理建构的情境主义路径

前已述及，互联网文化新业态伦理的构建涉及技术、文化、产业等实体领域，同时又涉及政府顶层制度设计、传统观念认识、社会经济发展阶段等层面，而且在道德标准的衡量和选择中又与评判者所处的主客观条件密切联系。可以说，互联网文化新业态伦理的构建绝非一蹴而就，而是关系到多方诉求的系统性工程，但这绝不意味着可以放弃互联网文化产业伦理的构建与对产业实践的评判。在此，鉴于互联网文化产业伦理建构与选择的复杂性，本文坚持一种情

境主义的认知方式，在产业实践发生的具体情境中对实践做出道德伦理的选择与评判。

伦理学的情境主义起源于20世纪90年代，这一概念假设对道德行为的判定取决于行为者所处的情境。也就是说，情境主义的伦理观判定一个行为是否合乎产业伦理不能脱离产业实践发生的现实条件，是在特定时间和地点的情境中，为理解产业实践而做出的伦理解释。

从起源看，互联网文化新业态伦理是规范互联网文化行业经营的相应产物，而之所以某些产业实践引起公愤，就在于它们的行为违反了社会公认的行为准则。任何互联网文化产业的实践都是由复杂的关系所决定的，由于它们身处在各种社会关系所编织的情境中，并被各种复杂的关系所渗透、塑造和影响，由此成了现在的样子。如BAT作为互联网寡头对多个行业的并购与垄断，不仅是因为BAT把握住了时代发展的“风口”，拥有前瞻性的视野，而且是在产业发展壮大中为进一步整合优化资源而做出的战略性选择。此外，国家为实现整体经济发展方式的转换也需要BAT这样的“重型航母”式企业对全行业的带动。由此，BAT的垄断在这种情境中就成为一种必然，单纯以道德伦理为武器对其进行“棒杀”似乎已不合时宜。所以，在这个意义上，所有与互联网文化新业态相关的实践都可以理解为关系，或者说，互联网文化产业的实践是在多种关系的制约下完成的。

在情境主义的视角下，互联网文化新业态实践进行伦理选择和评判，就是拆解和分析围绕在实践周围并促使其做出此种实践的各种社会关系。产业的道德伦理问题必须在具体的社会关系中予以解释。但是，“情境主义方法拒斥解决道德问题的演绎模型，而偏向道德论证的归纳模型。这并不意味着把道德理论或道德原则全盘‘倒掉’，但它确实赋予理论和原则在推理过程中占据不同的地位”。[①]也就是说，情境主义视角下的伦理观拒绝“被设定了”的先入之见，不是依据

① ［荷］西斯·J. 哈姆林克. 赛博空间伦理学. 李世新 译. 北京：首都师范大学出版社，2010：4.

某种“有典可籍”的先见对实践做一个主体性的评判，而是强调通过对具体案例的分析与阐释归纳互联网文化产业伦理的一般性原则。但是，这个一般性的原则并不具有普适性，并不是放之四海而皆准。对一般性原则的阐释与使用，不能将原则本身置于孤立的历史视域中，而应当是在伦理传统与新的实践的不断交流中达成一种新的存在。因此，对互联网文化产业伦理的构建及其对相关产业行为的伦理判定而言，需要在充分考虑产业实践所处的历史和文化传统伦理观念的基础上，批判性地参考发展体制、技术伦理、文化伦理、产业伦理、职业规范及美德等各种社会关系，通过案例比较、归纳分析的途径，为人们解决在产业经营活动中出现的道德问题而提供行之有效的方法，以能够帮助人们对其不合乎伦理规范的行为进行必要的改变。

现代实践条件下，互联网文化新业态伦理应高度关注有违一般道德伦理的产业案例实践。产业伦理一直都是服务于具体的个案，并能够让人以创造性的方式来解读个案。在对个案的解读以及由此归纳的一般性原则过程中，应尤为注重技术、文化和产业领域的伦理关系冲突对案例情境构成的影响。

首先，随着技术更新速度的进一步加快，技术带来的伦理问题逐渐突显。在以往对伦理情境的讨论中，技术往往是被传统所忽视的环节。但在以互联网为最基本生产力的时代，互联网信息技术开始对社会结构、关系结构、权力结构、组织结构和社会制度进行情境的重构，在其革新生产关系的同时，技术所产生的负面效应也日益突显，窥探隐私、数据泄露等莫不与之存在紧密的联系。其次，伴随着社会结构的日益多元化和文化产品、文化需求的日益多样化，文化领域的伦理冲突及其情境的构建会趋于复杂。在一个由前现代、现代和后现代话语构织起的话语情境中，文化神圣与世俗的分野及其二者地位的流变将成为这一领域的核心命题。最后，产业领域的“谋义”“谋利”间的伦理冲突并不会随着产业实践的丰富而消散，相反，这一冲突将伴随着产业的壮大而愈演愈烈。因为社会关系构织起的伦理只是产业发展中的软性束缚，不具有强制性，而资本的贪婪会在追求经济效益的过程中冲破伦理情境的束缚走向另一个极端。

可以说，情境主义基于产业的社会关系实践而对产业道德伦理的考察，能够对互联网文化产业伦理的构建与规范产生积极的促进作用。但情境主义视角下产业伦理的构建与选择，也会因时空条件的限制而发生不断的变化、反复，具有极强的动态性。虽然，不同条件下的产业实践存在不同的产业伦理，且衡量产业伦理规范也将是丰富且多元的，但在文化新业态创造财富、实现经济价值的同时，给人以尊重感、选择权是构建文化新业态产业伦理应坚持的目标和方向。这既体现出互联网文化产业始终处在对社会组织关系的不断配置与组合中，是当代最具活力的产业形态，也说明了互联网文化新业态伦理的构建是一个需要多方协调推进的系统性工作。

第十七章

构建文化新业态的互联网平台主体责任

建构互联网平台主体责任，是关乎国家治理体系和治理能力现代化的重大命题。互联网平台主体责任的提出，意味着互联网平台及其相关文化产业在角色功能、市场主体认识、内容管理方式、行业治理效果等方面均发生了重大变化。互联网平台的主体责任应包含意识形态责任、经济责任、社会责任、创新责任、法律责任和道德责任，在推进主体责任建构与治理中，呈现出包容审慎、整体化治理、聚焦音视频产业、关注个人信息过度收集以及重构互联网伦理等特征趋势。破解互联网平台主体责任建构与治理的障碍，需要厘清互联网平台娱乐与导向的安全边界、互联网平台生存与发展的成长边界、互联网平台责任与义务的法治边界、互联网平台中立与工具的道德边界等方面存在的问题。

“十三五”以来，随着我国互联网文化产业的快速发展，强化互联网平台的主体责任，成为提升互联网文化产业内容管理和行业治理的重要举措。2019年10月，公布实施《中共中央关于坚持和完善中国特色社会主义制度 推进国家治理体系和治理能力现代化若干重大问题的决定》指出：“落实互联网企业信息管理主体责任，全面提高网络治理能力。”互联网平台主体责任是我国针对互联网文化产业提出的新型产业治理思路，针对的是各类依托互联网平台快速发展的互联网企业、客户端、论坛等，确保互联网信息传播和产业的合理有序发展。从这个层面来说，加强互联网平台主体责任的建构与治理，既是关乎国家治理体系和治理能力现代化的重要内容，又是促进互联网文化产业高质量发展的重要路径。

一、变革与实践：互联网平台主体责任建构与治理的时代价值

互联网文化产业的治理，是一项涉及互联网文化产品生产、投资、传播、营销、消费等多个环节的复杂性系统性工程。加强互联网平台主体责任的建构与治理，不仅仅是将互联网企业从众多要素中突出与前置，更代表着对互联网文化产业认识的转变，以及互联网文化产业治理思维方式的重大变革。

（一）角色功能的责任转变：企业行为纳入网络强国的国家战略

企业在社会经济中扮演的角色，直接关系到它承担的责任和义务。“角色体现了地位的动态一面。个体被社会性地置于某一地位，并通过与其他地位的关系实现对它的占据。当它运营构成地位的权利与义务的时候，它就是在扮演角

色。”[①] 互联网文化产业在社会经济发展中扮演的角色功能，是在几十年的发展进程中逐渐体现出来的。互联网文化产业从无到有，由小变大，由弱到强，影响力与日俱增。2017 年文化部出台《关于推动数字文化产业创新发展的指导意见》，作为在国家层面首个针对数字文化产业发展的宏观性、指导性政策文件，成为推动互联网文化产业发展的政策风向标。在市场影响力方面，互联网企业所引领和开拓的共享经济、数字支付、跨界电商、网红经济、人工智能等新兴业态不断发展壮大，收入从 2013 年的 3000 亿至 2019 年突破万亿，年平均增速达 20%，显示出较大的发展潜力，涌现出今日头条、腾讯、阿里巴巴等一批互联网“独角兽”企业。这些企业扮演着“旗舰式”企业的角色，对拓展文化消费和助力文化“走出去”作用明显。所以，强调互联网企业的主体责任，不仅是因为企业本身是社会经济发展的组成部分，更是因为企业作为平台本身具有强大技术优势、文化优势、融资优势、传播优势等，能够在网络强国和中国经济全面转型升级发展过程中发挥企业本身的能动作用，是对其责任和义务的认定。

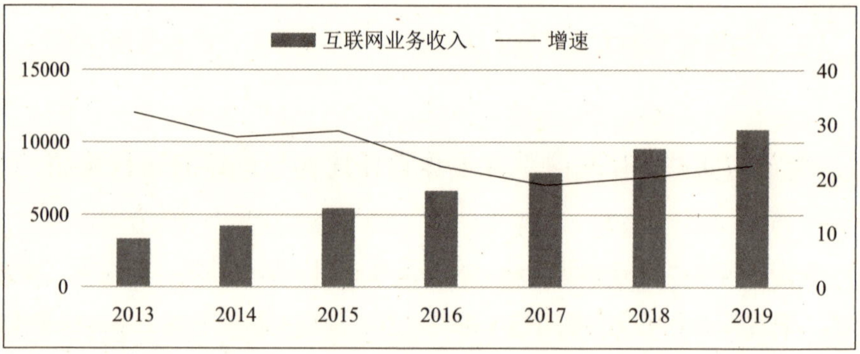

图 17.1　互联网业务收入增长情况

数据来源：工信部。2019 年为 1—11 月数据。

（二）市场主体的认识转变：互联网企业是互联网市场的主体

企业是市场的主体，是社会经济活动的最基本单位。强调互联网企业的主

① ［美］乔纳森·特纳. 社会学理论的结构（下）. 邱泽奇等 译. 北京：华夏出版社，2001：10.

体责任，就是充分尊重互联网企业在市场经济活动中最为重要的主体地位。长期以来，正确处理好政府与市场关系是推进我国国民经济体制改革的核心问题。改革开放以来，市场在资源配置中发挥“基础性作用”得到重视和强调，但随着社会发展主要矛盾由供给不足向供给失衡转变，政府干预对市场活力的束缚凸显，因此2013年的十八届三中全会将市场在资源配置中的“基础性作用”改为“决定性作用”。“虽然只有两字之差，但对市场作用是一个全新的定位。”[①]这一定位为政府与市场构建起一种“互融共生”的关系，[②]体现出对经济建设规律认识的突破。所以，强调互联网企业的主体责任，就是要通过“放管服”减少政府行政干预的方式，发挥互联网企业作为市场主体的活力。2019年国务院同意并批复的《全面推进北京市服务业扩大开放综合试点工作方案》，明确对包含互联网文化产业在内的“信息传输、软件和信息技术服务业”“文化、体育和娱乐业”等相关领域优化服务、扩大开放，以培育和发展互联网新兴业态，拓展文化消费空间。

（三）内容管理的方式转变：从源头保障互联网文化产业有序发展

互联网文化产业在保持快速发展的同时，也出现了各类突破道德底线、法律准则的违法乱纪现象，如行业数据造假、侵犯知识产权、私服外挂侵权、敲诈勒索犯罪、不正当交易、不正当竞争、盗窃、涉黄赌毒、违反文化伦理等。[③]强调互联网平台的主体责任，就是在平台自身内容产品生产、传播这一层面，通过对自身内容的审查、审核和清理，最大限度地铲除行业秩序失范依赖的土壤，抽掉不良行为滋生蔓延的“温床”。应予承认，互联网平台是网络信息和网络文化产品的集散地，因此，加强互联网平台的主体责任是从信息传播的源

---

① 习近平．习近平谈治国理政．北京：外文出版社，2014：117．

② 乔惠波．新中国70年经济体制演变的线索、逻辑及展望——基于政府与市场关系的视角．湖南科技大学学报（社会科学版），2019（第6期）．

③ 王林生、高宏存．媒体融合视域下互联网文化产业的秩序失范与行业治理——以50个全国首案为分析对象．行政管理改革，2019（第12期）．

头治理行业秩序失范，使互联网平台本身成为遏制各种产业乱象的“第一道关卡”。“源头治理”改变了以往被动应对此起彼伏的产业乱象的治理方式，推动互联网文化产业从“管内容”向“管主体”的方式转变，有助于完善产业治理规范化的长效管理机制，符合治理现代化的普遍趋势。

（四）行业治理的效果转变：高效化发现查处秩序失范现象

强化互联网平台的主体责任，能提高互联网企业规范运作和自我监督的意识。目前，大数据作为互联网企业进行内容生产、交易所产生的痕迹，已成为产业发展的重要资源。同时，互联网企业在产业发展过程中，为保障自身权益通过对自身大数据的异常排查的“自我治理”方式，能够发现他者利用互联网平台牟取利益的隐藏问题。名噪一时的“‘滴滴司机助手’外挂软件抢单作弊案”“淘宝公司诉美景涉‘生意参谋’零售电商数据平台不正当竞争案”“爱奇艺视频节目刷流量案”的发现与查处，均源于互联网平台对后台数据的监控及平台及时向有关部门的举报。因此，强化互联网平台的主体责任有助于提升互联网平台及其相关产业的自我监督意识，及时高效地排查、发现和处理相关秩序失范行为，保障自身权益。正是这种自我监督的治理模式提高了治理的效率，构成了产业治理能力提升的最佳体现。

二、构成与要素：互联网平台主体责任的结构

加强互联网文化产业平台主体责任建构，有助于提升互联网文化产业的治理水平。2019 年 8 月，国务院出台《关于促进平台经济规范健康发展的指导意见》，以及颁布实施其他相关加强平台主体责任建设的法规、条例，从国家顶层设计层面对适应新时代互联网新业态发展，创新互联网平台的监管理念和方式具有重要指导意义。从产业实践的角度解构互联网平台的主体责任，剖析主体责任的要素构成，需要多方面审视互联网平台主体与社会各领域所形成的关系。

正如卡斯特所指出:“我们的社会要想管理和引导好这个空前的科技创造，只有靠你和我和其他所有人为我们所做的负起责任，我们要感到我们身边所发生的都与我们的责任有关。”[①]因此，从政策制度和行业治理角度，审视和明晰互联网平台与社会各领域形成的关系，是解构互联网平台主体责任结构性构成的必要条件。

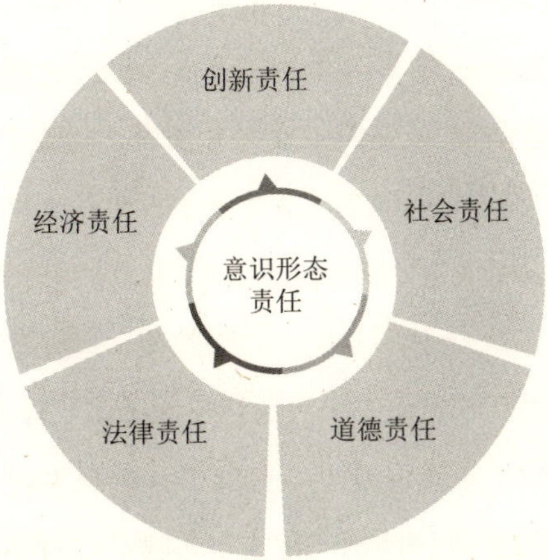

图 17.2 互联网平台主体责任饼形结构图

(一) 意识形态责任

互联网与意识形态传播的关系密切，作为意识形态传播的载体和工具，互联网是一把“双刃剑”，它既冲击着主流意识形态的安全，又为加强意识形态保护和传播提供了新技术条件。意识形态责任是互联网平台主体责任的灵魂，其核心是指互联网平台应在社会发展中发挥思想引领性的作用。目前，网络信息传播的开放性、交互性、实时性、影响力等全面增强，互联网已成为意识形态话语权争夺的主阵地，尤其是以脸书、推特为代表的西方大型传媒集团在议题设置、话语引导等方面具有强大的影响力。在此语境下，强调互联网平台主体

① [美] 纽曼·卡斯特. 网络星河:对互联网、商业和社会的反思. 郑波、武炜 译. 北京:社会科学文献出版社，2007:298.

的意识形态责任，是加强文化安全建设的重要体现。

美国历来注重对互联网意识形态的控制，小布什政府于2003年颁布《网络空间安全国家战略（*National Strategy to Secure Cyber space*）》，奥巴马政府于2011年出台《网络空间国际战略（*International Strategy for Cyber space*）》和2016年出台《波特曼－墨菲反宣传法案（*Portman-Murphy Counter-Propaganda Bill*）》，特朗普政府于2018年出台《国家网络战略（*National Cyber Strategy*）》，且参议院通过《网络外交法案（*Cyber Diplomacy Act*）》，均强调国家对互联网意识形态安全的维护与控制。《国家网络战略》指出，制定"国家行为责任标准维护网络空间稳定"，[①]"保护美国人民、国土及美国人的生活方式"，[②]要求美国互联网企业宣传美国"自由民主"的价值观，抵制"危害"美国国家利益的信息。2019年8月围绕香港"反送中"事件，美国脸书、推特默契地配合美国政府相继宣布定向删除、停用936个在中国内地创建的所谓"官方背景"账号。"定向删号"事件充分彰显出"推特、脸书等社交平台都是美国互联网自由战略的工具"，[③]在世界推广和维护美国所谓"民主""人权""自由"等普世价值、践行"两套标准"等方面始终一马当先。

由此，不难看出，互联网平台肩负的意识形态责任与国家整体战略具有密切关系。所以，在美国等强势国家借助互联网进行意识形态入侵的背景下，加强我国互联网平台在意识形态领域的主体责任，筑牢第一道拦截"思想病毒"侵入的"防火墙"就显得尤为必要。这既是抵制西方价值观渗透，维护我国国家安全、文化安全的必要手段，也是对戴有有色眼镜的西方媒体报道进行"纠偏"，争夺信息传播话语权，扩大我国自身影响力的重要路径。2017年我国《网络安全法》正式实施，标志着互联网信息安全已经上升为国家战略，也

① National Cyber Strategy. 2018:20. 来源：https://www.whitehouse.gov/wp-content/uploads/2018/09/National-Cyber-Strategy.pdf 20.

② National Cyber Strategy. 2018:6. 来源：https://www.whitehouse.gov/wp-content/uploads/2018/09/National-Cyber-Strategy.pdf 6.

③ 沈逸. "推特脸书删号"显网络博弈之难. 环球时报，2019-08-22.

意味着互联网的平台主体有责任、有义务维护国家意识形态安全。在此需要指出的是，落实互联网平台在意识形态领域的主体责任，不能仅是简单粗暴地对不良信息进行“删帖”“封杀”，或陷入“口号式”“自嗨式”“低幼式”宣传的误区，[①]而应深刻理解核心价值观的话语内涵，通过构建有趣味的话语内容和形式，构建起丰富的话语传播体系。

（二）经济责任

前已述及，互联网平台的主体形式是互联网企业，企业是推动经济发展的核心力量。因此，经济发展责任是互联网平台主体责任的重要组成部分，是企业作为经营性经济组织的本质属性，也是互联网平台最不应忽视的社会关系之一。当前，随着以“互联网 +”为核心的产业格局发展壮大，一批互联网新兴文化科技企业不断涌现。截至 2018 年 12 月，我国境内外互联网上市企业总数为 120 家，[②]从产业规模来看，网络零售、网络游戏、网络广告、视频直播等业务发展较快，对培育经济增长点、扩大消费的带动作用明显。“双 11”等营销活动对网络零售消费带动效应显著，“未来的电商市场正站在新的起点，新的市场增量不断涌现，将助力中国形成一个强大的国内消费市场”。[③]互联网广告市场领域，中国已成为仅次于美国的全球第二大市场。短视频行业，用户规模从 2015 年的不足 1 亿，迅速增长至 2019 年的 6.48 亿，成为即时通讯的第二大应用类型，是产业发展新的风口。

在众多互联网企业中，“独角兽”企业对地区乃至国家社会经济发展的带动作用明显。独角兽原本是风投界术语，用来指称软件企业，但随着应用范围的拓展，泛指一切体量大、成长速度快、市值超过 10 亿美元、文化科技含量高、国际化程度高以及采用现代企业运营方式运营的企业。某种程度上，独角

① 田丽、邓筱．浅析社会主义核心价值观的网络传播．新闻战线，2017（第 9 期）．

② 中国互联网信息中心．第 43 次中国互联网络发展状况统计报告．来源：http://www.cnnic.net.cn/hlwfzyj/hlwxzbg/hlwtjbg/201902/t20190228_70645.htm.

③ 辛文．新业态未纳入统计框架 网络零售总规模被低估．经济参考报，2019-06-12.

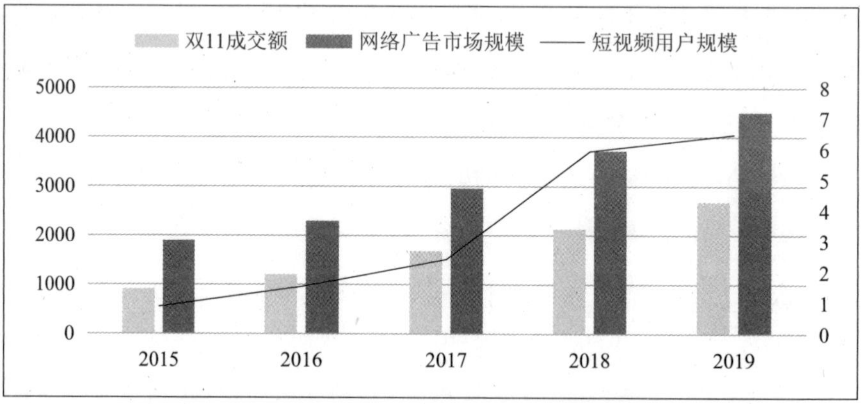

图 17.3　部分互联网行业发展状况（单位：亿）

数据来源："双 11 成交额"源自阿里巴巴公告；网络广告市场规模源自中国互联网信息中心《第 43 次中国互联网络发展状况统计报告》；短视频用户规模源自《第 44 次中国互联网络发展状况统计报告》，数据截至 2019 年 6 月。

兽企业已经成为衡量城市、地区和国家创新能力和经济发展活力的一把标尺，代表着未来新经济的发展方向。发挥独角兽企业对经济的引领作用，增强独角兽企业的产业承载力、带动力、影响力，是未来互联网文化产业发展和竞争的重点。尤其在中美贸易角力、推进新旧动能转换的时代语境下，切实发挥独角兽企业的经济责任具有重要意义。2018 年 4 月，国务院转发《关于开展创新企业境内发行股票或存托凭证试点若干意见》，被业界视为召唤"独角兽 IPO 政策"。与国家对待独角兽企业所表现出的审慎态度相比，2018 年 6 月浙江相继出台《西湖区独角兽企业培育引进工程实施意见（2018—2020 年）》《余杭区关于加快独角兽、准独角兽企业培育的若干政策意见》，并成立全国首个独角兽企业园；7 月深圳出台《深圳市培育独角兽企业行动方案》；2019 年 2 月，四川天府新区出台《关于支持新经济企业入驻独角兽岛的若干政策》，设立总规模 100 亿元"独角兽投资基金"；5 月，济南印发《济南市培育独角兽企业行动计划（2019—2021 年）》等，无疑彰显出各地在转变发展理念、培育经济发展新动能层面，将目光聚焦至独角兽企业所蕴藏的巨大经济潜能。独角兽已然成为互联网企业承担经济责任的中坚力量。

（三）社会责任

互联网平台尽管多以企业的形式存在，但作为经济社会发展的重要一分子，其所肩负的社会服务责任也不容忽视。某种程度上，企业的社会责任，就是在谋求企业发展与履行社会责任的关系平衡中得以逐渐发展和明晰。一般而言，企业社会责任最早可追溯至亚当·斯密的《国富论》，“看不见的手”是企业社会责任的理论起点。至20世纪20年代，工业企业造成的如贫富分化、环境污染等社会问题日益凸显，企业社会责任才作为一个学术问题被真正重视起来。在此后几十年的发展中相继出现美国经济发展委员会提出的“同心圆模型”、卡罗尔提出的“金字塔模型”（经济的、法律的、伦理的和慈善的责任）、约翰·埃尔金顿提出的“三重底线模型”（经济底线、环境底线和社会底线）等理论。这些理论均围绕企业发展与履行社会责任之间的关系展开，而企业社会责任与企业追求利益最大化的博弈与对抗，无疑是所有关系的核心。“企业对社会的整体福利的——不只是股东个人福利，还包括所有利益相关者的福利——关心。”[①] 社会责任无疑是企业发放社会福利的集中体现，尽管各种理论对企业社会责任的理解不相统一，但是，在此强调互联网平台主体应尽的社会服务责任，既是在理论上延续了近代以来对企业责任的一般性认知，也是对现实发展的具体呼应。

我国在阐释互联网文化产业的效益之时，常把社会效益放在首位，提倡社会效益和经济效益相统一的文化生产原则。因此，这里的社会效益是与经济效益相对的概念，泛指带有社会性、公益性、赞助性、文化性的收益或达到的效果。在积极推动互联网文化企业更好地肩负起社会服务责任、实现社会效益层面，2019年国家出台的《数字乡村发展战略纲要》《关于进一步做好广播电视和网络视听精准扶贫工作的通知》，或与互联网企业签署的《互联网精准扶贫战略合作协议》《电商精准扶贫战略合作协议》等，均鼓励或邀请互联网企业以

① ［美］尼克尔斯等．认识商业．陈智凯等 译．北京：世界图书出版公司，2016：108.

各自方式发挥其所肩负的社会服务职能。在此过程中涌现出“阿里农村淘宝项目”“抖音文旅扶贫计划”“京东生鲜”“腾讯为村”等社会公益项目，体现互联网平台承担社会责任多样化的实现路径。

（四）创新责任

创新是引领发展的第一动力，也是企业在市场竞争中谋求长远发展主动权和主导权的关键支撑。企业是创新的主体，企业创新行为不仅是现代经济的重要因素，也是推动社会进步的重要动力，更关系到企业本身的竞争力。熊彼特认为，“创造性破坏”通常源于生产者行为的变化，“企业家的职能是实施创新”。[①] 因此，增强企业本身的创新责任和意识，既是企业提升自身竞争力、优化产业结构乃至转变发展模式的必然性要求，也是加快现代商业文明建设和整个社会现代化水平的必然选择。这也就意味着，以文化科技融合为核心支撑的互联网文化产业，应把科技创新和文化创新作为企业主体责任的重要内容。

互联网文化产业在发展过程中，涌现出许多新科技和新文化内容。在科技创新层面，阿里巴巴的大数据技术、百度的“人工大脑”、今日头条的“算法及技术架构”、美团的“智能调度系统”、京东方的“数字化艺术品显示系统的应用场景、框架和元数据”国际标准[②]等，均彰显出企业在推动产业和科技进步中发挥着主体力量。2019 年 3 月，发布实施的《超高清视频产业发展行动计划（2019—2022 年）》，旨在通过“强化企业主体地位，促进创新要素向企业集聚”，抢占超高清视频技术及产业发展的制高点。在文化创新层面，一些沉浸式演艺、巡展或数字艺术项目，如《乐动敦煌》、“V 故宫”“凝固的时间”等，无不是文化企业或艺术家在文化的内容和形式上进行创新的产物。这些创新既实现了企业肩负的责任，又推动了文化产业的整体转型升级。

① ［美］熊彼特. 经济发展理论：创新是资本积累、个人致富之源. 孔伟艳等 编译，北京：北京出版社，2008：49.

② 韩业庭. 我国自主原创的数字艺术显示标准成为国际标准. 光明日报，2019-12-01.

（五）法律责任

法律是产业经济健康发展的重要保障，马克思在阐释法律与经济的关系时指出："无论政治的立法或市民的立法，都只是表明和记载经济关系的要求而已。"[①] 这就意味着产业经济是法律建立与完善的基础，而法律对经济的规制与约束，本身就是产业经济主体的希冀和要求，也是产业经济主体应承担的责任和义务。法律与经济二者之间构成了相互呼应、相互促进的交融关系。近年来，国家为保障互联网文化产业的健康发展，制定出台了各类法律法规，如《反不正当竞争法（2017）》增设"互联网专条"，对互联网领域的新型不正当竞争行为进行专门规定。除此之外，近年针对互联网垂直领域出台《网络安全法（2017）》《电子商务法（2019）》等法律，以及实施与直播、出版、公众号、论坛、社区、域名、音视频、区块链、个人信息保护等领域相关的多部法规。系列法律法规的密集出台与实施，从法律的角度明确了互联网平台主体的行为准则和责任义务。

表 17.1　与互联网文化产业相关法规一览表

名　称	施行时间	发布单位
《网络出版服务管理规定》	2016 年 3 月 10 日	国家新闻出版广电总局、工业和信息化部
《专网及定向传播视听节目服务管理规定》	2016 年 4 月 25 日	国家新闻出版广电总局
《互联网直播服务管理规定》	2016 年 12 月 1 日	国家互联网信息办公室
《网络表演经营活动管理办法》	2017 年 1 月 1 日	文化部
《网络产品和服务安全审查办法（试行）》	2017 年 6 月 1 日	国家互联网信息办公室
《互联网用户公众账号信息服务管理规定》	2017 年 10 月 8 日	国家互联网信息办公室
《互联网群组信息服务管理规定》	2017 年 10 月 8 日	国家互联网信息办公室
《互联网论坛社区服务管理规定》	2017 年 10 月 1 日	国家互联网信息办公室
《互联网域名管理办法》	2017 年 11 月 1 日	工业和信息化部

① 马克思恩格斯全集（第 4 卷）. 北京：人民出版社，1957：121.

续 表

名 称	施行时间	发布单位
《互联网新闻信息服务新技术新应用安全评估管理规定》	2017 年 12 月 1 日	国家互联网信息办公室
《点播影院、点播院线管理规定》	2018 年 3 月 30 日	国家新闻出版广电总局
《网络短视频平台管理规范》	2019 年 1 月	中国网络视听节目服务协会
《区块链信息服务管理规定》	2019 年 2 月 15 日	国家互联网信息办公室
《儿童个人信息网络保护规定》	2019 年 10 月 1 日	国家互联网信息办公室
《网络音视频信息服务管理规定》	2019 年 11 月 18 日	国家互联网信息办公室、文化和旅游部、国家广播电视总局
《App 违法违规收集使用个人信息行为认定方法》	2019 年 11 月 28 日	国家互联网信息办公室、工业和信息化部办公厅、公安部办公厅、市场监管总局办公厅
《网络信息内容生态治理规定》	2019 年 12 月 15 日	国家互联网信息办公室

法律法规的确立与完善，从立法的层面认定了互联网平台的主体责任，有助于互联网文化产业在合理、有序的区间运营和发展，同时，法律也赋予互联网平台维护产业秩序的责任。奥利弗指出："任何一种法律制度都要包括一套由某个集团的个人来执行的规则，在这个集团里每个人都接受一些约束他自己行动自由的限制，反过来，这些规则同样也约束其他的人。"[①] 法律所约束的是其所针对的行为共同体，法律不仅约束某一个产业经济主体，也能约束他者行为以维护自身利益。时下一些违反产业秩序的案例，如"淘宝诉美景涉'生意参谋'零售电商数据平台不正当竞争案""快手诉补刀小视频侵权案""搜狗诉百度侵犯专利案"等，都是产业主体以法律为准绳约束或规制他者的侵权行为，进而承担和实现了维护产业发展秩序的责任与义务。

① ［英］奥利弗．法律和经济．张嵛青 译．武汉：武汉大学出版社，1986：48.

（六）道德责任

以互联网平台为载体的产业经济与产业道德也存在密切的关系。产业道德是指企业在生产经营活动中自觉遵守的伦理准则和道德规范，也是产业主体在运营发展中不可逾越的底线。“经营是一种社会行为，如同所有的社会行为一样，只有当一定的道德前提条件得到满足后才可能真正运作起来。”[①]某种程度上，产业主体的经济行为本身必须是一种道德行为，产业主体在追求经济利益的同时，不能损害他者的权益，或者说，产业主体的行为选择必须考虑并合乎公认的道德准则。因此，从这个意义上说，互联网平台主体的道德责任，是互联网平台及其经济可持续发展的基础。

当前直播、短视频等各类互联网平台为争夺流量和用户“眼球”，其所发布或推送的内容往往以间接或“擦边球”的方式，包含某些违背社会道德的低俗、媚俗和不健康的内容，危害巨大。这就意味着，互联网平台及相关文化产业不能仅由经济规则来规制，其所有追求和行为“也必须得到考虑并反映到经济行为的道德特性上来”。[②]道德是所有经济行为必要考虑的因素，2019 年印发的《新时代公民道德建设实施纲要》中对互联网空间的道德建设予以关注，明确要求互联网平台将正确的价值导向和道德要求体现到经济、社会、政治、文化等各领域的新闻报道中，体现到娱乐、广告、体育等各类节目栏目中，自觉履行平台主体的道德责任。

从整体上说，互联网平台主体责任的构成，是一个关系到多领域的概念范畴，也是一个处在变化中的概念范畴，其内涵和外延将随着互联网文化产业的发展而不断深化。意识形态责任、经济责任、社会责任、创新责任、法律责任和道德责任，是互联网文化产业发展中必须予以考量的要素，构成了互联网平台在产业运营中最主要的主体责任。在这一结构构成中，意识形态责任无疑居

---

① ［美］理查德·T. 德·乔治. 经济伦理学. 李布 译. 北京：北京大学出版社，2002：3.

② ［德］彼得·科斯洛夫斯基. 伦理经济学原理. 孙瑜 译. 北京：中国社会科学出版社，1997：259-260.

于核心地位，体现了互联网平台具有的文化属性和传播属性，经济责任和社会责任是互联网平台从事文化产业生产的价值所在，创新责任构成了互联网平台从事产业生产和运营的动力，法律责任和道德责任成为互联网文化产业发展的重要规范。六大结构要素彼此之间并非绝缘孤立，而是相互促进、相辅相成，构成了一个互为补充的有机整体。

三、特征与趋势：当前互联网平台主体责任建构与治理的实践动态

互联网平台主体责任的建构，已成为当下推动互联网文化产业发展的关键性环节。一系列相关法律法规的出台与实施，促进了互联网平台主体责任的落实与治理。从总体上看，互联网平台主体责任的建构与治理呈现出以下几个方面的特征。

（一）总体原则层面，包容审慎为主要基调

互联网平台主体责任是互联网企业在产业运营和操作中肩负的责任。2019 年 8 月，发布实施的《关于促进平台经济规范健康发展的指导意见》明确提出“创新监管理念和方式，实行包容审慎监管”，这就意味着“包容审慎”是互联网平台主体责任建构与治理应遵循的主基调。之所以要以包容审慎为原则，其根源在于互联网文化新业态、新模式作为新生事物尚处在萌芽发展阶段，产业要素的配置并不完善，以包容审慎的原则审视新业态、新模式得以依托的互联网平台，就是为创业者提供成长空间和发展新动能的环境。同时，以包容审慎的原则审视互联网平台，也是相信市场、鼓励创新的体现。但是需要说明的是，所谓包容审慎并不是完全放开，而是要为互联网平台划定一个安全底线，并以此为基础重视加强事中事后监管和平台主体责任建设，以充分释放新业态、新模式蕴藏的活力。

（二）监管模式层面，探索整体化治理为主要方向

对互联网平台主体责任的监督与监管，往往受制于行政管理部门的条块分

割，以致无法系统地对互联网平台主体责任建设予以高效监管，行政部门职能越位、缺位、错位的现象时有发生。同时，由于互联网去中心、去中介的内容生产、传播体制，传统的线性管理体系已脱节和滞后于现实发展。因此，从多头式管理、线性管理向整体化治理转变势在必行。2019 年 12 月发布的《网络信息内容生态治理规定》，意味着对互联网文化产业的内容治理与主体责任的认定，已从过去“头疼医头、脚疼医脚”的碎片化管理模式向整体生态治理模式转变。整体生态治理旨在形成一个真正意义上的以互联网平台需求和服务为基础构成的治理体系。一是通过“明确底线”，拟定内容生产平台、内容管理平台应予防范和抵制的条款，简化行政部门与平台企业之间的关系；二是确定内容管理平台的主体责任，建立包括以算法推荐、人工干预、举报制度等为要素构成的网络信息内容生态治理机制，增强平台本身对技术的运用；三是建立政府、企业、社会、网民等主体共同参与的监督评价机制，构建多元共治的新治理体系。

（三）聚焦行业层面，音视频产业为主要领域

在互联网新业态中，以直播、网红为主要内容形式的短视频、音频是发展较快的行业。目前，我国短视频用户规模达 6.48 亿，占网民整体数量的 75.8%；在线音频用户规模突破 4 亿，约占网络整体数量的 50%，涌现出抖音、快手、西瓜、美拍、秒拍、喜马拉雅、蜻蜓 FM 和荔枝 FM 等一批互联网平台。音视频行业迅速崛起的同时，违反产业发展秩序的案件频出，如“腾讯诉游戏玩家直播《英雄联盟》案”“斗鱼客户端以旁观者模式直播电竞赛事案”“‘桃花岛宝盒’聚合直播平台等传播淫秽物品牟利案”等。因此，强化音视频领域治理是互联网平台主体责任构建的重要内容。近年出台实施的《专网及定向传播视听节目服务管理规定》（2016）、《互联网直播服务管理规定》（2016）、《网络表演经营活动管理办法》（2017）、《网络音视频信息服务管理规定》（2019）、《网络短视频平台管理规范》（2019）等法规，均与互联网音视频行业平台主体责任的建构密切相关。加强对互联网音视频行业平台主体责任的建构，有助于规范音

视频产业的市场竞争秩序，及时协调和处理该行业间存在的市场竞争争议和违法问题，进而推动音视频在文化各领域的深度应用与音视频产业的转型升级。

（四）关注内容层面，警惕对个人信息过度收集为主要议题

随着移动互联网时代的到来，各大互联网平台均开发出相应的 App 客户端，但在 App 客户端推广和应用过程中，对个人信息的过度收集与索权成为行业发展普遍存在的现象。尤其是个人信息构成的各类数据成为重要的商业资源之后，个人信息所蕴藏的巨大价值被充分释放，“对个人数据的收集、分析和解释，已经发展成为一个‘数据淘金’产业”。[①] 因此，防范互联网平台对个人信息的过度收集，过度索权，保护个人隐私，推动这一“数据淘金”产业的有序发展就成为当下互联网平台主体责任重点关注的内容。2019 年，中央网信办等四部门开展“关于 App 违法违规收集使用个人信息专项治理”，发布《App 违法违规收集使用个人信息行为认定方法》，最高人民法院、最高人民检察院施行《关于办理非法利用信息网络、帮助信息网络犯罪活动等刑事案件适用法律若干问题的解释》等，标志着对用户个人信息与隐私的保护纳入互联网平台主体责任建设的范畴之内。

近年来，治理互联网平台对个人信息非法收集与交易，保护互联网个人数据和隐私也得到世界其他各国的重视。2017 年日本施行新版《个人信息保护法》引入“个人信息数据库”的概念，保护利用由互联网而产生的个人信息。2018 年欧盟通过《通用数据保护条例》（GDPR）明确“‘自然人享有的个人数据保护的权利’的保护，并为企业在收集和利用个人数据方面制定了‘严格’的规则”。[②]2019 年新加坡修订并发布新版《个人资料保护条例》，将对互联网平台监督机制从合规性监督转变为问责制监督。而 2020 年 1 月 1 日正式生效的《加利福尼亚消费者隐私法案》（CCPA）这一被美国称为“最严厉、最全面的个

① ［荷］西斯 · J. 哈姆林克. 赛博空间伦理学. 李世新 译. 北京：首都师范大学出版社，2010：117.

② 杨延超.《欧盟通用数据保护条例》解读与启示. 经济参考报，2018-06-13.

人隐私保护法案”，不仅明确界定“个人信息”，而且“全面加强消费者对其个人信息的控制”，是一部“着重处理企业与消费者之间的关系的‘消费者保护法’”。[①] 可以说，对互联网用户个人信息的收集、使用与保护，已成为重要的发展趋势，各个国家均通过法律法规体系的完善来推动互联网平台主体责任的建构与治理，以强化和规范互联网平台及相关产业的运营，促进互联网相关产业的健康发展。

（五）价值观念层面，互联网伦理重构是主要挑战

互联网平台肩负着道德伦理构建的职责，但这种道德伦理依托的具体环境是互联网，语境不同，道德伦理的准则就不同。“道德问题必须在对具体环境的复杂解释中，通过诉诸相关的历史和文化传统，参考批判性的体制的和职业的规范及美德，主要依靠比较案例分析方法来得到解决。”[②] 当前，随着互联网人工智能技术的广泛应用，出现了“一键换脸”“一键脱衣”和“逢脸造戏”等引发国内外广泛讨论问题事件。这些事件涉及道德伦理问题已不能简单地用衡量“人与人”关系的传统道德标准如良心、诚信进行检验，而是凸显出技术尤其是人工智能系统在新历史语境下的道德选择。因此，在互联网平台主体责任建构的价值导向上，重构道德伦理已成为时代的命题。

世界各国对互联网道德伦理建设均给予了高度关注。2017 年，英国成立数据伦理与创新中心，作为“‘世界第一个（数据伦理领域的）咨询机构’，审查当前的‘治理格局’，并就‘包括人工智能在内的数据伦理、安全和创新使用’向政府提供建议”。[③] 发布《英国人工智能发展的计划、能力与志向（*AI in the*

---

① 晋瑞、王玥．美国隐私立法进展及对我国的启示——以加州隐私立法为例．保密科学技术，2019（第 8 期）．

② ［荷］西斯 · J．哈姆林克．赛博空间伦理学．李世新 译．北京：首都师范大学出版社，2010：4.

③ *AI in the UK:ready, willing and able?* 107.https://publications.parliament.uk/pa/ld201719/ldselect/ldai/100/100.pdf.

UK: ready, willing and able?)》，认为需要更完善的伦理以保护人工智能的数据和竞争。2018 年，德国成立数据伦理委员会，并于 2019 年 10 月发布“数据伦理委员会建议”，要求相关道德准则应在互联网平台的“数据”和“算法系统”及其对互联网的监管中得到贯彻。① 我国在探索互联网伦理领域基本与国外同步。2017 年 7 月，国务院发布《新一代人工智能发展规划》，这不仅是一个产业发展规划，也对人工智能伦理问题做出明确要求，提出“重视人工智能法律伦理的基础理论问题研究”，“开展人工智能行为科学和伦理等问题研究，建立伦理道德多层次判断结构及人机协作的伦理框架”。②2019 年 7 月提出“组建国家科技伦理委员会”。由此可见，互联网道德伦理已成为互联网平台、互联网产业、互联网科技发展过程中不容回避的重大问题，它不仅仅是构建一种全新的道德伦理体系，更是要以全新的视角重新审视和构建互联网技术与互联网产业主体、政治、社会、经济、文化、法律等各领域间的关系。

某种程度上，我国在围绕互联网平台主体责任的建构与治理过程中，呈现出的主要特征与趋势，既体现了我国互联网文化产业发展和决策治理特殊性，也彰显了世界在面对时代转型时所遇问题和所采取措施的普遍性和一般性。因此，对互联网平台主体责任的建构与治理，并不是一项独立于世界的、封闭的命题，而是新历史语境下各个国家及其互联网平台主体共同应对的新挑战。

四、问题与思路：互联网平台主体责任建构与治理的着力点

互联网平台主体责任的建构与治理，是一个多方共治的整体性概念体系，它既涉及国家主体，即互联网平台应承担起维护国家网络信息和意识形态安全

---

① *Opinion of the Data Ethics Commission*. https://www.bmjv.de/SharedDocs/Downloads/DE/Themen/Fokusthemen/Gutachten_DEK_EN.pdf?__blob=publicationFile&v=2.

② 新一代人工智能发展规划. 来源：http://www.gov.cn/zhengce/content/2017-07/20/content_5211996.htm.

的责任，又涉及行业产业发展，即需要相关法律法规保障、创新驱动、产业规范等要素的支撑，还涉及互联网用户，即在满足互联网用户文化娱乐需求的同时，应确保内容健康和价值引领。因此，从这个层面来说，互联网平台主体责任的建构与治理，需要协调统筹各利益攸关方，共同破解主体责任建构与治理中遇到的障碍与问题。从总体来说，互联网平台主体责任的建构与治理应着力厘清与之相关的“四种边界”。

（一）厘清互联网平台娱乐与导向的安全边界

各大互联网平台在承载信息传播功能的同时，以“互联网＋娱乐”为核心的泛娱乐产业崛起，互联网的内容产品日益娱乐化。从本质上来说，这种娱乐化并不只是说互联网作为一种媒介为我们展示出娱乐性的内容，而是说互联网媒介把娱乐本身转为表现一切内容的形式。正是在这一总体趋势下，“一切公众话语都日渐以娱乐的方式出现，并成为一种文化精神。我们的政治、宗教、新闻、体育、教育和商业都心甘情愿地成为娱乐的附庸，毫无怨言，甚至无声无息，其结果是我们成了一个娱乐至死的物种”。[①]波兹曼这一预言绝非危言耸听，时下“某相声演员荤段子调侃京剧艺术前辈”等乱象，无不是把娱乐为导向的价值原则推向极端的体现。同时，利用互联网优势加强对我国进行意识形态的渗透和大数据的收集，成为西方某些国家文化殖民的新战略，所采取的方式也随着娱乐化表现形式的包装变得更加隐蔽，对我国互联网安全、文化安全乃至国家安全提出了较大挑战。

因此，加强互联网平台主体责任的建构与治理，把握文化娱乐和价值导向之间的平衡，是维护互联网文化健康与文化安全的核心要义。实现这一平衡，一方面互联网平台应强化对自身的内容审核和安全管控，加强行业自律和自我监管，改善内容推荐算法，及时排查不良隐患，坚决摒除各类有害信息，坚持正确的平台责任导向；另一方面要为互联网提供“寓教于乐”的文化内容，不

① ［美］尼尔·波兹曼．娱乐至死．章艳 译．桂林：广西师范大学出版社，2004：4.

断优化和提升内容供给的品质，让更多吸引人、鼓舞人、感动人的优质的文化产品占领互联网文化平台，压缩境外和境内滋生与传播的各类不良信息生存和蔓延的空间。所以，厘清互联网平台娱乐与导向的安全边界，是互联网平台建构与治理的基础，也只有立足和确保信息内容健康、文化安全的互联网平台，依托其存在的互联网文化产业发展才具有可持续性。

（二）厘清互联网平台生存与发展的成长边界

互联网平台以产业实体的形式存在，生存权是其得以维持自身存在的一项最基本的权利，也只有充分保障其生存权，互联网平台才有可能最大限度地发挥其所肩负的各类主体责任。互联网平台在激烈的市场竞争中得以生存与发展，源于依托其存在的互联网文化产业不断在内容和技术等层面的创新。但这种创新除源于内在的“创造性破坏”之外，还源于跨区域、跨行业、跨部门的知识融合。但目前互联网文化产业在快速发展的过程中，却出现忽视内在和外在的知识创新与创造，盲目追求企业市值和规模的不良倾向。“暴风影音”自2015年上市后被冠以“妖股”的称号，到2019年6月“第三次被列入失信者名单”，轰然倒下陷入低谷。“暴风影音”的大起大落绝非个案，它彰显出互联网文化产业在资本的推波助澜下，忽视创新驱动，放弃自身产业定位，过分依赖资本能力，加之“自我膨胀又想凭运气”[①]的做法，终会损害产业生态，催生巨大的资本“泡沫”。

互联网文化产业的发展应是可持续性的，“挣快钱”、高溢价收购等不应是产业谋求发展的路径，也非真正的成长之道。“文化产业改革要去‘虚胖’强‘筋骨’”，“把工作重心放在创新供给上”，[②]才能真正地培育和发展对产业和社会具有巨大带动作用的“独角兽”企业。所以，厘清互联网平台生存与发展的成长边界，旨在强调互联网平台及其相关产业应始终保持理性思维，去伪存真，

① 缪因知．轻资产企业应规避“暴风”风险．中华工商时报，2019-08-01.

② 宋志红．文化产业改革要去“虚胖”强“筋骨”．中国新闻出版广电报．2017-06-22.

警惕泡沫繁荣，把内容和技术等创新视为产业成长的真正根基。

（三）厘清互联网平台责任与义务的法治边界

互联网平台的主体责任与义务应有明确的法律依据，只有建立在法律之上的主体责任才具有真正的约束力。《网络安全法（2017）》《电子商务法（2019）》尽管对互联网平台主体责任的建构与治理具有重大意义，但是法律制定与实施本身具有先天滞后性，所以在面对信息互联网、消费互联网向产业互联网全面转变，新业态、新模式不断涌现的语境下，现行法律法规针对性与操作性不强、法律效力层级较低的缺憾便凸显出来。一方面，法律的设计规定过于宽泛，缺乏配套的法规和标准。[①] 尤其在产业和市场细分的整体趋势下，对某些框架性界定的司法解释或法律间的衔接关系到互联网主体责任的认定。如“诉斗鱼客户端以旁观者模式直播电竞赛事案”“《奇迹神话》游戏画面抄袭案”等均涉及“类电影作品”这一概念的理解。另一方面，相较于实施的法律，对互联网主体责任的认定部门法规数量居多，这就决定了其效力层级较低，同时《公司法》等对我国企业社会责任、道德责任的认定也是一种倡导性条款，缺乏必要的强制约束力。这也就意味着，对互联网平台主体责任的建构与治理存在无法可依、有法难依的尴尬困境。

所以，厘清互联网平台责任与义务的法治边界，就是从法律的角度明确互联网平台主体责任的内容及其相关监督机制。这既是健全与完善互联网法律法规的重要内容，有助于提升互联网文化产业的治理能力和治理水平，也能够确保互联网平台及其相关产业本身在合法有序的区间运营。韦伯指出：“在完全相互依赖的市场上，有许多情况是立法者所未料的，因为市场是建立在私人利益基础上的。正是这些怀有私人利益的当事人会千方百计地歪曲法律的真正意义。”[②] 因此，正确理解法律法规的内涵和外延，破解互联网平台主体责任建构与

---

① 何治乐.《网络安全法》有效性评估及提升路径．中国信息安全，2018（第 7 期）.

② ［德］马克斯·韦伯．论经济与社会中的法律．张乃根 译．北京：中国大百科全书出版社，1998：34.

治理的尴尬困境，一方面需要根据现实的发展变化尤其是大数据使用、人工智能、短视频等互联网垂直领域及时进行立法、修法，且根据已发生的案件“以案释法”，加强司法解释，防止不良产业实体对法律法规的恶意曲解，实现有法可依。另一方面要加强执法力度，完善《网络安全法（2017）》确立的“1+N”（1 指国家网信部门负责统筹协调，N 指国务院电信主管部门、公安部门和其他有关机关在各自职责范围内负责网络安全保护和监督管理工作）网络安全和相关监督管理机制，高效促进互联网平台履行主体责任。

（四）厘清互联网平台中立与工具的道德边界

互联网平台应坚守产业的道德底线，产业的伦理与道德对规范产业平台的运营和维护良性的竞争秩序意义重大。与互联网平台应包含的其他内容主体责任相比，道德责任更多地体现为行业自律以及产业各链条共同遵守的价值观念。尽管相关行业主体发布了一些行业公约，如《中国新闻工作者职业道德准则》《北京网络直播行业自律公约》，但违反产业伦理与道德的事件仍层出不穷，如 2019 年年初《甘柴劣火》引发的“洗稿”争议，彰显出道德责任在产业发展中的缺位。究其根源，道德缺位不仅是互联网平台在经营运作中只顾及法律的约束而自动放弃了对道德的诉求，“而是反映了企业内部缺乏一种机制给予道德因素和财力因素相同的重视与考虑，也体现了企业内部人员缺乏进行公开道德推理论证的能力与自信”。[①] 易言之，互联网平台尚未完全建立起道德约束机制，尤其在“科技中立”观念的影响下，一些互联网平台从“工具—独立”的视角出发，提出“用隐私交换便捷”[②] 等论断，出现“大数据杀熟”等现象，把平台本身从社会构成中剥离出来，把互联网技术视为纯粹的工具，未把道德视为互联网平台整体运营的重要组成部分。

所以，厘清互联网平台中立与工具的道德边界，就是在整体社会经济活动

① ［美］理查德·T. 德·乔治. 经济伦理学. 李布 译. 北京：北京大学出版社，2002：22.
② 孟飞. 李彦宏的错觉从何而来. 经济日报，2018-04-03.

中，坚决破除“科技中立”的不良价值观念，把技术或平台本身作为与社会经济发展具有密切关系的变量，凸显平台或技术本身的道德责任。从互联网平台主体责任建构与治理的层面来说，强化互联网平台的道德边界意识：一是加强平台本身的自律意识和内部管理，恪守道德底线，如建立总编辑内容管理负责制、先审后播制度等，增强平台自我管控能力。二是加强对核心算法的改进与设计，树立“算法善用”“科技向善”的价值理念，寻找技术与传播内容、价值观之间的平衡，切实发挥互联网平台作为技术中介的最大社会效用。三是行政监督部门应开展定期与不定期的专项整治行动，遏制互联网平台利用平台优势侵犯用户隐私、利用大数据优势侵犯用户权益等行为。

从整体而言，互联网平台主体责任建构与治理过程中遇到的多方面问题，体现了这一命题的复杂性和综合性。因此破解这一命题面临的问题与挑战，既需要从国家高度进行顶层设计，在法律法规完善、行政管理体制改革等层面战略性地调整和提升行业的治理体系和治理能力，又需要从行业发展的视角，发挥平台肩负的各种主体责任，平衡源自各方面的利益诉求，同时，还应注重用户反馈对互联网平台及其治理体系自我完善的重要性。由此可见，互联网平台主体责任的建构与治理始终处在发展变化中，是一个伴随互联网实践而不断进行调整、开放的范畴体系。

后　记

文化新业态是近年来文化政策、文化理论研讨中出现的一个高频词。文化新业态的出现是文化产业在以互联网为代表的数字科技驱动下，不断拓展自身产业边界的结果。从文化产业实践的角度讲，文化新业态的出现代表着中国文化产业发展进入了一个新阶段，即以文化科技融合为支撑的新业态兴起成为中国文化产业发展新阶段的核心特征。

《拓展业态的边界：文化产业的转型升级与跨界融合》是笔者近年来对文化新业态观察与研究的一个阶段性总结，部分成果被纳入社科基金重大项目“文化产业伦理研究”。本书对一些问题的研究得到金元浦教授、李建盛教授、张晓明教授、范玉刚教授的指导，高宏存教授对部分章节的思路、框架和段落的确立付出了汗水与智慧。对一些问题形成认识并最终成文，还得益于与王岸柳博士、胡娜博士、意娜博士、柴冬冬博士、桑子文博士等诸多师友的思维碰撞。在此，对各位师长、师友给予的提携、眷顾与帮助表示感谢。

本书得以顺利出版，感谢金元浦教授主编丛书时给予的特别关爱，感谢中国工人出版社葛忠雨老师、傅娉老师对本书的认可以及严谨、高效的工作。

欢迎各位师友批评指正。

王林生

2021 年初春于北京

图书在版编目（CIP）数据

拓展业态的边界：文化产业的转型升级与跨界融合 / 王林生著.
-- 北京：中国工人出版社，2021.3
ISBN 978-7-5008-7588-8

Ⅰ.①拓… Ⅱ.①王… Ⅲ.①文化产业—产业发展—研究—中国 Ⅳ.①G124

中国版本图书馆CIP数据核字（2021）第037089号

拓展业态的边界：文化产业的转型升级与跨界融合

出 版 人	王娇萍
责任编辑	傅 娉
责任印制	黄 丽
出版发行	中国工人出版社
地 址	北京市东城区鼓楼外大街45号 邮编：100120
网 址	http://www.wp-china.com
电 话	（010）62005043（总编室） （010）62005039（印制管理中心） （010）62379038（社科文艺分社）
发行热线	（010）62005996 82029051
经 销	各地书店
印 刷	北京盛通印刷股份有限公司
开 本	710毫米×1000毫米 1/16
印 张	22.25
字 数	325千字
版 次	2021年7月第1版 2021年7月第1次印刷
定 价	68.00元